名师工程 教师成长系列

# 从**新**教师到**卓越**教师

CONG XIN JIAOSHI DAO
ZHUOYUE JIAOSHI

■ 钟发全 著

西南师范大学出版社
国家一级出版社 全国百佳图书出版单位

图书在版编目（CIP）数据

从新教师到卓越教师 / 钟发全著. -- 重庆：西南师范大学出版社, 2020.4
名师工程
ISBN 978-7-5697-0049-7

Ⅰ.①从… Ⅱ.①钟… Ⅲ.①师资培养－研究 Ⅳ.①G451.2

中国版本图书馆CIP数据核字（2020）第050061号

## 从新教师到卓越教师
CONG XIN JIAOSHI DAO ZHUOYUE JIAOSHI
钟发全　著

| | |
|---|---|
| 责任编辑： | 陈才华 |
| 责任校对： | 廖小兰 |
| 封面设计： | 起源设计 |
| 排　　版： | 重庆大雅数码印刷有限公司·瞿　勤 |
| 出版发行： | 西南师范大学出版社 |
| | 地址：重庆市北碚区天生路2号 |
| | 邮编：400715 |
| 经　　销： | 全国新华书店 |
| 印　　刷： | 重庆共创印务有限公司 |
| 幅面尺寸： | 170 mm×240 mm |
| 印　　张： | 12.5 |
| 字　　数： | 237千字 |
| 版　　次： | 2020年6月　第1版 |
| 印　　次： | 2020年6月　第1次印刷 |
| 书　　号： | ISBN 978-7-5697-0049-7 |
| 定　　价： | 42.00元 |

# 目 录

引　言　影响发展的是方向和速度 …………………………………… 1

第一章　读懂职场　让教育情怀落地 …………………………………… 1
  1. 警惕多走五年弯路 ……………………………………………… 3
    案例1-1　林子老师的跨越 ………………………………… 6
  2. 看破"一代不如一代" …………………………………………… 12
    案例1-2　她如何破茧成蝶 ………………………………… 14
  3. "0经验"也要追求成功 ………………………………………… 18
    案例1-3　曾败走麦城的她 ………………………………… 21
  4. 有主动精神能赢得多种可能 …………………………………… 27
    案例1-4　七年的差距 ……………………………………… 29
  5. 长板发展　跨越峰顶 …………………………………………… 33
    案例1-5　小全老师的成长之路 …………………………… 36

第二章　明晰"教什么"　用行动撬动课堂 …………………………… 41
  6. 教难点　做好分解 ……………………………………………… 43
    案例2-1　《纪昌学射》教学案例 ………………………… 46
  7. 教本体　凸显学科特点 ………………………………………… 52
    案例2-2　《凡卡》教学案例 ……………………………… 55
  8. 教非本体　体现人文性 ………………………………………… 60
    案例2-3　《富饶的西沙群岛》教学案例 ………………… 63
  9. 教适用性知识　建构保底工程 ………………………………… 70
    案例2-4　她已不是那只"丑小鸭" ……………………… 73

第三章　锁定"怎么教"　成为更具胜任力教师 ……………………… 79
  10. 会的不教　严防无效课堂 …………………………………… 81
    案例3-1　课堂热闹为何收效甚微 ………………………… 83

11. 不会的才教　考验教学智慧 ………………………………… 88
　　案例3-2　光说不动假把式 …………………………………… 91
12. 教得主动　激发能动性 ……………………………………… 96
　　案例3-3　预设的主动 ………………………………………… 98
13. 学生能教　放手让他们教 …………………………………… 102
　　案例3-4　"看把戏" …………………………………………… 104
14. 因材施教　知人善教 ………………………………………… 109
　　案例3-5　小萝卜头的"凤凰涅槃" …………………………… 111

# 第四章　明晰"学什么"　追寻有质量课堂 ……………………… 115
15. 学情分析　把好调查关 ……………………………………… 117
　　案例4-1　学情分析带给课堂的充实 ………………………… 119
16. 修炼教学语言　夯实自身修养 ……………………………… 125
　　案例4-2　什么原因让她又等一年 …………………………… 127
17. 课堂观察　把握好维度 ……………………………………… 131
　　案例4-3　雏鸟的嬗变 ………………………………………… 133
18. 教学活动化　重在规划 ……………………………………… 140
　　案例4-4　讨回的要诀 ………………………………………… 143

# 第五章　明晰"怎么学"　突破可能性的极限 …………………… 149
19. 构建课程意识　注重物化生成 ……………………………… 151
　　案例5-1　"循环周记"显奇效，课程开发出成果 …………… 154
20. 向专家学　建立开放网格体系 ……………………………… 160
　　案例5-2　群文阅读的美丽绽放 ……………………………… 162
21. 常态课中学　增添课堂内涵 ………………………………… 168
　　案例5-3　常规课堂，教师成长的摇篮 ……………………… 170
22. 公开课中学　增加露脸机会 ………………………………… 177
　　案例5-4　厚积薄发，华丽变身 ……………………………… 179

主要参考文献 ……………………………………………………… 185
后　　记 …………………………………………………………… 188

# 引 言
## 影响发展的是方向和速度

> 支配这个时代最主要的动力,是变革的速度。这种速度的推动力对人生、心理乃至社会方方面面都有巨大的影响力……过去有关变革的研究,只重视变革的方向,而忽略变革速度……变革速度的意义完全不同于变革方向;就重要性而言,变革速度有时甚至超过变革方向……要界定变革的内涵,绝不可忽略变革速度的影响力。
>
> ——[美]阿尔文·托夫勒

【论题】读书,是从庸俗迈向高贵的最低门槛。

我从不否认,做任何事都有目的,包括读书,也有目的。生活中那些不乐观的人,他们真不爱读书;相反,越是优秀的人越爱读书。

有人曾与我谈读书,说道:"你读了什么书,就代表你有什么水平。这就像你与什么人在一起,你就成为什么样的人。"这告诉我,读书影响发展,影响做人。从那以后,我理解了其中的深意,读书再没有随性,而是有选择性地读。

一个人的时间和精力都是有限的。现今,为把有限的时间和精力用好,我养成了一个习惯:非经典不读,碎片化的书不读。我所读的书多是一些大部头,甚至是一些难啃的跨界书,如黑格尔、康德、尼采、叔本华、保罗·科利、费尔南多·佩索阿、胡适、冯友兰等"大家"的书。

读书,最大的益处莫过于治愚,使我这最脆弱的"草根"心向阳光。我若没有主动走向苏格拉底、柏拉图、瓦·阿·苏霍姆林斯基、杜威、陶行知、于漪等"大家",便少有思绪在文字间穿梭,缺乏心灵在书香润泽的旅程,精神止步于阅读阶梯的初阶,视野只会被锁定在缥缈的地平线下。我向往成为最有思想的"草根",虽自知潜质差,底子薄,但因嗜书如命,鲁钝的程度与以往比总算有所减轻。

扎根时代,丰富阅历,通向未来。除了读书,我知晓还有其他方面影响人的发展,比如方向和速度。

## 由不可通约到趋同

【论题】目的往往指向行为方向,等同于明确为了谁。

得出人们最易忽略行为目的的结论,源于见到很多教师一生没有专业发展方向。在同一职场内寻找从新手到卓越的最大公约数,哪怕尝试同一范式,明显不可通约的是彼此间发展路径的不完全重复。但凡职场内一群人专业化水平处于同一最低层级，集体性无发展意识，都有着相同的缘由，只是皆因发展范式相同而被熟视无睹。

但有两点必须提及：一是师者"教学相长"，这是一种共同观念建构的结构，并使这种结构成为动力；二是师者的利他思想，成为千百年来人们约定俗成的最大公约数。这两个论题其实皆因行为目的混淆，导致存在"二律背反"和悖论。正如我曾提出："教的主要目的是为了学生的发展，不是教师的发展。教师要发展，应有与之相匹配的主要目的和主要行为，只有这样才能真正保证教师发展。哪怕包括教和教以外的一切行为，出发点只有融入教师发展的目的，才可收到很好的结果。"

从新手到卓越，教学难以达成通约。事实是，我们依然不可忘记读书是可以促进趋同的强大力量。读书，并非特指拿书本阅读，一切学习活动都可以纳入读书的范畴。我以为，带着"为谁发展"的目的所进行的一切学习活动，才是从不可通约到趋同的捷径。

美国未来学家阿尔文·托夫勒认为，力量有三种基本形式：暴力、财富和知识。国防大学金一南教授指出还有第四种力量，那就是信仰。我认为改变国家、民族、种族、个人的命运，读书学习知识是促进人类文明发展的最恒久的力量。读书的作用在于累积影响，这种力量均衡、公平，只要带着目的而读书，时间长了，便会发现在无形中靠近目标。

近年，人们除了关注方向，更是关注发展的速度。从新教师到卓越教师，职场也是如此。我将"教师专业化发展"纳入个人研究方向，长时间观察、思考影响教师专业化发展的关键因素。近来发现：一些源于取得信息的不平衡因素，成了教师群体差距日益扩大的主要原因。如人们往往会把教学环境与生存环境认定为影响职场幸福的主要因素，却忽视专业化发展的方向和速度是建构人生结果的主要变量。

近来，我在设计教师专业化发展模型时，采用数学抽象方法，忽略考察现象群中尽可能多的信息，从中仅仅抽象出对理解其行为有影响的必不可少的特征，最终得出了一个让人非常惊讶的结论：每一位教师的工作场域非常相似——教师、学生和课程浓缩成三个点阵，构成的模型上，其他的都可以被排除，很明显，致卓越的关键因素，整体都指向教师自我，重点在于自我潜能体现出的可能性以及转化成现实的比例，课程力提升取决于内驱动力持续发展的方向和速度，成为决定性因子。总之，一切源于教师行为的目的，最终决定其专业化发展的高度，与其他庞杂信息无太多关联。

引领教师自觉走好人生每一步，把握住发展的关键年、转机年和转型年，以完全发展的方式实现跨越式成长,这尤其显得重要。我曾在刚刚出版的著作《卓越教师的发展"图谱":教师职场的精进之路》中多次表达"发展须精进"的观点。我的目的在于让人们明白教师不能只是教书,这是因为我把专业化发展看成是抵达卓越的方向,明晰职场规则之后必须即刻行动。

从新教师到卓越教师,这之间有一个长长的跨度,需要找到趋同的路径。新教师必须先通过努力成为合格教师,再通过努力成为优秀教师、卓越教师。在专业化发展过程中,每向上提升一个层级,都需要付出努力,关键在于能抓住每一个层级发展的节点,少走弯路,提升发展的速度。我发现,从新教师到卓越教师需要"三个五年",并以这个时间进度分为三个阶段,对每一个阶段应该做什么进行了诠释。

我更是坚信,专业化发展的节点只有两个:发展方向和发展速度。需要指出的是,专业化发展的规律是有通约之处的,不因为你所教学段和学科的不同而影响你专业化发展所达高度。每一位教师的专业化发展之路都没有可复制性,每一位教师都有专属于自己的那一条路,只有努力地朝着卓越方向前行,抓好方向和速度融合后的设计与构建,才可能彰显通约的优势。

最怕的是,在人生的坐标轴上,横轴上的时间在无限延展,却没有找到纵轴上推动目标实现的动力。职场就像一个导演,只不过给了不同的人不同的角色,只是戏路不同,但通约的方向是趋同的。我们坚信:不管起跑线多么滞后,只要前进方向和目的明确,只要我们坚持专业化发展,定会心想事成。

## 寻觅根部的力量

**【论题】秩序是动力源持续存在的佐证,是发展方向和速度的保证。**

从新手到卓越,关键是少走弯路,但人们喜欢将特例拿来作实证,实则是有害的。比如,John Goodenough,在97岁高龄拿下了2019年的诺贝尔化学奖,成为有史以来年龄最大的诺贝尔奖得主。同时他也被人称为"业界传奇",因54岁才开始研究电池,90岁开始研究全固态电池。于是很多人借此高谈大器晚成,这可作为通约的路径吗?

我是一个理想主义者,近来,我经常自我批判。一本书的面世,少有以前欣喜,总是担心其间负能量掺杂。好在我执笔时非常明确,目的是让年轻人开启"精进之旅",从毛坯修炼至卓越,目标是专业化发展。也许,这些经验对广大青年教师是有一些价值的,在专业化发展过程中,能让他们少走弯路甚至不走弯路,抑或促进跨越式发展。

说到这里,要给大家介绍一位新"朋友"——原规则。作为本书的读者,你肯定会问:什么是"原规则"?我从事"原规则"研究二十余年,我认为"原规则"是规则的根。我一直在寻找给予根部的力量——给予卓越教师专业化发展的课程力,一种持续推动教师专业化水平提升的内驱力。

我真希望给予每一个年轻的教师"根部"的力量,一种源于内驱动力的持续提升。就像前几天,我随一位农业专家下乡,到果园给农民传授桃树的修枝技术。农业专家见农民们种植的桃树发出感叹:"你们种植的是景观树,不是果树。"原来,不懂得修枝的农民种下果树后,总以为桃树枝繁叶茂就是好,他们不懂得植物生长存在顶端优势的道理,造成成片的桃树林只长枝条,只开花不结果。桃树要结又大又甜的果子,必须给予充足的阳光和养料,才能将有限的能量用于促进果实的生长。通过修枝控制枝条生长的方向,控制花苞的数量,人为精算控制来年挂果的总量,这些尤其关键。这些道理属于"原规则"研究的范畴,似乎与年轻人的职场发展有通约之处。很多道理原本不是奥秘,属于缄默性知识,人们不知晓才影响生长的方向和速度。

多年来,我致力于教师专业发展研究,我认为:"秩序顺了,什么都顺了;秩序乱了,什么都乱了。我们的努力,在于找到适合万物发展的秩序。"年轻的朋友们,如果你问研讨"原规则"有什么目的,或问这本书让你阅读后有什么好处,答案只有一个:努力帮你找到适合自身发展的秩序——或许真能让你持续不断地拥有支撑致卓越的方向和速度的动力源,因充足的根部力量,少走弯路。

## 一切只为合目的性

**【论题】**一切行为以及目标只有合目的性,从新手到卓越才可真正通约。

人生短暂,很多时候我们应习惯精进,正如华为总裁任正非所言:"除了胜利,我们已无路可走。"方向定了,向前精进的速度非常关键。我以为每一次朝向目标前行,包括朝着不同方向用力向前,全都只属于成就人生的"中间成就值"。但我们必须认清,只要锁定方向,只要体会到一切只为合目的性,一切只为尽最大努力减少破坏性和阻力,定然能让自己的人生达到一个新高度。

有时合目的性的行为,表征就像九九归一的关键词,就像万箭齐射的靶心。包括全书锁定的几个章节,讲述"教什么""怎么教",讲述"学什么""怎么学",在致卓越的征程中,需要每一位教师用一生努力才可参透其内涵。但我坚信,只要一切行为都为达成合目的性,一切都趋同于朝向卓越层级发展,定能寻觅出一条专属于自我(草根教师)的星光大道。有一点必须肯定,这不是包治百病的药,只是从教学通论的视角着力,针对教学行为进行一次归因。只要致卓越的方向确立,你可能还会发现其他路径也能达成通约效果。

为促进自我专业发展,走跨越式发展之路,拥有促进第二次成长持续的动力源,非常重要。职后第二次成长就像用智能手机,每天都要充电一次,才能保证后续正常运转。现实是,我们远离手机真还不行,出门要是没有带在身上,好像掉魂似的。然而,某一天忘记学习充电,却少有自责或掉魂,为什么呢?我们必须明晓,一个人工作之余若能多个渠道、多个角度、多个层次地学习充电,那么以后的工作、学习和生活才会精神抖擞,充满生机与活力!

从新手到卓越,一切只为达合目的性,读书是一种非常好的方式,我坚信读书的累积力量。我喜欢读书,原因有两个:一是我本就是一个写书的人,知道写一本书的痛苦。比如,我完成《为自己的教师》《职后发展性格的形成》两本书,差不多用了一年。我完成后大脑严重透支,本就记忆力差的人,遗忘性加剧,调理了很长一段时间。写一本书难,但购买一本书用不了多少钱,我用平时不抽烟的钱购买书,如此轻而易举地就获得了他人智力成果,真是非常划算。这也只是我喜欢购买书的第一个原因。二是我以自身的经历告诉大家,任何一个作者在完成一本书稿的过程中,都会将大脑里储存的相关信息给挖尽,从不会藏着、掖着(没有写好,只可能是作者自我水平有限)。在生活、学习与工作中,不时会遇到很多困难,给我感受至深的是:求人还不如求书,因为书本从不会藏着、掖着。

从新手到卓越,在广袤的原野上建设自己的乐园,一个人只有做好规划和设计,才可能真正地迎来发展的春天。最近,我发现很多的行为与目标与"一切只为合目的性"相背离。正如作家余秋雨感叹:"有人把生命局促于互窥互监、互猜互损;有人把生命释放于大地长天、远山沧海。"两部分人的现实写照,比对往往残酷,诸如人人十年内都会走三万八千里的路,只不过有的人走到西天并返回,完成取经重任;有的人就像一头驴,一直在原地拉磨打转。

万里行径为合目的性,讲究契合非常重要。年轻人啊,从新手到卓越,可能你会是一个孤独的侠客。踏上专业化发展征程,何尝不是如此?有的人选择堕落和放纵,有的人选择沉淀和升华。面对孤独,关键是做出何种抉择。前行的路上,你现在可能正是内驱动力最弱的时候,一定要学会思考和抉择。包括行动方向的把握,行动速度的保持,必须融入智慧才可通约。

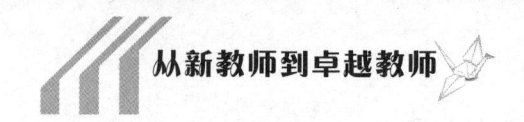

跨越式发展的阶梯有四个,即"教学主张—教学建模—典型课例—课程延伸"。这些真真切切的可拾级而上的阶梯,促跨越式发展的阶梯,让潜力变成现实的阶梯,合目的性依然是前提,这才有到卓越的保障。在我看来,从新手到卓越,抓住专业化发展的需求和形式做取舍,才能把握住发展的方向。

年轻的教师啊,我真希望大家能抓住一切机会至卓越,达成通约效果。

年轻的教师啊,累了,建议立即休整。

年轻的教师啊,休整妥当,建议趁早赶路。

# 第一章

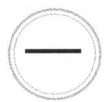

## 读懂职场　让教育情怀落地

我的前方是谁？是未来；
我的身后是谁？是过去；
我是谁？我是现在，
我在寻找你吗？不，我在完成我自己；
有时候，我不是我，我是每一个人。

——李钢

## 从新教师到卓越教师

职业是什么？如果说职业只是一个目的，落实到"找"字上，很多人从为师的第一天起就已经完成使命——你已经真真实实地找到了一份工作。如果一个人一生就只有这一个目的，想想看，这将是多么可怕的一件事情！

职业是事业的开端。职业里不只是占有，职业里还拥有创造。教师这个职业包含着一位教师的生命，也包含着一位教师的灵魂。职业具有多维度的目的性，它就像一块广袤的土地，在这块土地上，你追逐什么就获得什么，你描绘什么就成就什么。只要你敢想、敢去争取，并付诸行动就一定有收获。

职场是什么？职场不是围城，职场是通道。我们前行的途中，很可能会遇见隘口，往往会出现堵车，堵得让人心慌。寻找到解决的办法，才会走得顺畅。寻找的过程也是寻路的过程，采用一维的思维解决问题，往往就会进入死胡同，多维的思维方式才能解决问题。

在教师职业这一广袤的土地上，或许有一条堵车的路，你采用一维的方法走不通时，完全可以采用多维的办法走出一条新路。行走在职场的通道上，若能遇水架桥、逢山钻洞，地上不通走天上，一切问题不就解决了吗？

追逐专业化发展，新教师[1]本就犹如一位蹒跚学步的孩童，开始时需要被抱着走，接下来需要被扶着走，而后才可大胆地自己走。本书也许能抱着你走一程，也许能扶着你走一程。读懂职业与职场的内涵，再前行吧！

于开篇处，摘抄笔者在《卓越教师的专业修炼》一书前言结尾处的小段文字，与大家共勉："只要你注重自我的专业发展，哪怕在幼儿园教书，依然可以成为幼儿教育领域里的专家、学者，依然可以成为幼教方面的教授式的大学问家。"

---

[1] 笔者长期观察发现，师者在专业化成长历程中，只有经历毛坯、合格、优秀、卓越四阶，才堪称"进化"完美。真实情况是，无数教师长时间停留在毛坯至合格、合格至优秀两阶段。为此，笔者把概念"扩大化"，将处于专业化较低层级亟待发展与提升的统称"新教师"。

## 1.警惕多走五年弯路

周期的道理,应该给大家讲一讲。树木一年一个周期,而人20年左右可以算一个同期。树木在经历一个四季的周期之后,又建立起新的起点。人也是如此,当经历第一个周期之后,也会重新建立起一个起点。作为年轻的职场新人,当你感觉眼前的一切都是新的,其实非常符合人的认知规律。对于像我们这样工作20年的教师,回首往事时猛然发现,20年前的决定近乎影响了20年后的人生,20年前的人际交往似乎在20年后悄悄地经历了一次大的更换。入职初期,对于每一个新教师来讲尤其重要。不少人都像我们当年一样经历无数挫折,会走很多弯路,甚至会感觉为师人生的渺茫。为此,我们特别在本书的开篇与大家谈理想、谈未来,谈一些与你们切身利益和发展相关的事情,以帮助大家快速地通过人生的沼泽期,用阳光姿态迎接美好的明天。

我与年轻教师交流,不得不谈一些最现实的话题,比如你的收入、你的发展、你的新家等。在我看来,交流这些内容可能比直接与大家交流修炼教学基本功的方式方法更管用,比直接谈专业化发展的知识更具有价值。每一个人都生活在现实的社会中,需要满足生存需求,才会去追求自身的价值,才有可能去考虑发展。否则,就现实的话题与各位年轻人交流,似乎有画饼充饥的嫌疑——现在没有的东西,却在交流中非得说将来大家都会有。其实,虽然年轻教师的职薪收入微薄,但只要擅长家庭规划并努力经营,在工作十年左右时一定会有一个幸福温暖的家。在这些轻重有别的发展点中,我们认为每一位教师的核心点都应集中在专业发展这一个轴线上。只有专业真正地发展了,其他的一切才会随之而来。在《卓越教师的理性成长》一书提到一个重要观点"专业化的附加值=财富+尊重",建议大家应该为专业发展做好对应的准备,而不能因为不明事理而阻碍专业发展。

**原规则:人的成熟期在35岁左右。努力到那时,方才会人有我有。**

处在专业化层级的起点,起点只是人生的开端,在很多方面都很不成熟,比如,人的思想。人们的专业化水平只有经历至少十年的发展和提升,才会感知到自我专业化水平的存在感。一个人智力到达顶峰时期,他在职场中方才会感觉到应对一切游刃有余。对年轻人而言，有的是精力，但精力不等于思维与智力。[1]职初阶段至合格期，处于思维与智力的不成熟时期，不免对职场中出现的人、事、物缺乏应有的判断力。年轻人精力旺盛，但经验不足，与太多需要满足的欲望和自身冲动相互叠加，反而阻碍了自身的专业发展。在入职初期，遇到困难、挫折，也是非常正常的事。对于每一位年轻人来说，最为重要的就是能提前防范不理智的欲望和冲动的产生。当真正遇见问题时，能快速地做出应对，能不受困难和挫折的影响继续奋勇向前。如对工资与专业化发展的认识，很多年轻人只是认识到工资是国家财政给的，与校长无关，但他们往往认识不到入职后的学习机会是最大的红利，更认识不到一个年轻人的发展机会是自己用努力工作和与人为善等行为争取来的。最不理智的行为，就是像我们当年那样不待见校长，并且有意无意地给校长找茬。[2]这不是年轻气盛的错，这是因为我们不懂职场规则的错。这也是我经常给年轻人做讲座时提醒的"不要得罪你的校长"的缘由。

老教师因为经验丰富才显得"老"，名师因为爱钻研、善教学而得"名"。作为年轻人，由于自身阅历的有限，要看穿事情和悟透很多道理确实有些困难。最好的解决办法是多读书，多向有经验的人请教。比如，很多学校都会按照常规惯例，安排刚入职的新手上汇报课。对于初入职的你而言，被匆忙地推向前台，尴尬几乎是不会少的，甚至出丑也是有可能的。这是人生的第一课，很大的概率是紧张、焦虑……新教师的普遍问题决定了这一课的失败。其实，老教师、名师的第一课大多也都是失败的，甚至千疮百孔。几乎每一个刚站上三尺讲台的老师都是战战兢兢，动作僵硬迟钝，表达语无伦次。"被抛出巢穴，雏鹰举翅便已获重生。"我们必须明白，把"失败的第一课"上成"人生成功的第一课"是上策，真正给上成了"人生失败的第一课"而后知困而勇是中策，那些因此受到刺激或一蹶不振则完全不应该。我们每一个人面对职场困惑，最不需要的是妄自菲薄或自以为是，特别是自我对教师职业产生怀疑而又跟随他人一道说它的坏话，这种不从自身专业化发展迟缓等方面找原因，实则是不可救药的体现。

---

[1]纲目.全面突破用人界限：用人要疑 疑人要用[M].北京：中国纺织出版社，2002.
[2]王克明.治校方略录[M].兰州：兰州大学出版社，2001.

## 【现象纪实】

专业化水平处于较低层级,职场境遇多不理想,甚至会产生困顿。[1]困于当下,踌躇不前,普遍表现在以下四个方面:

一是物质生活上捉襟见肘。密密麻麻的课程表上,教导处的教师总是把你的课塞得满满的,而那冰冷不言的工资表里,总务处的教师却总是舍不得给你增加一个数字。你难免抱怨:"一头壮实的牛犊,比一头疲惫的老牛多挤那么多奶,为何得到的草料少了那么多?"除去房租、水电等日常生活开支就所剩无几,掰着指头花钱的日子真是无颜面对心爱的恋人与慈祥的父母。但是,你要知道,即使薪水不是和资历成正比的,但那也一定不是和青春成反比的。资历尚浅,意味着你如喷薄而出的朝阳,正蓬勃向上,处于曲线的上升阶段。

二是精神世界里单调乏味。如果你是毕业就在城区学校工作的幸运儿倒好,但如果你是被"发配"乡村任教的定向生,空空的院落和放学的校园一样冷清,能陪伴你的就是漫漫的长夜,可供打发时间的要么是自备的书籍,要么是热闹的网络,要么是哗哗作响的麻将。

三是教育工作中疲于应付。从大学里相对清闲的生活突然转变到每天繁忙的教务,还真一下子适应不了。每天批改不完的作业,应付不完的检查,解决不完的纠纷,参加不完的赛课,感觉自己就像陀螺一样转个不停。不停地重复着工作,感觉没有时间去反思、去充电,不知道这样的自己是否会有进步?

四是人际交往上危机四伏。学生的乖戾冒犯,家长的抱怨中伤,同事的冷眼旁观,领导的监督管理,如背几座大山。受功利教育的影响,部分家长太过注重考试成绩,而平时总是疏于对孩子给予更多的关心和教育。当最后发现问题时,总是用责打孩子来解决。这样的教育让孩子失去敬畏,让家长失去耐心。同时,由于经验上的不足,家长普遍对新教师持不放心态度。种种因素带来的结果就是师生关系日益尴尬、家校关系日趋紧张。作为一个年轻人,只有充满信心,迎难而上,路才会走得更顺。现实里最怕的真还不是困难,而是缺乏自信,没有人生规划,看不到灿烂的明天。

---

[1] 赵大莉.中学教师入职培训研究——以郑州Z中学为例[D].新乡:河南师范大学,2017.

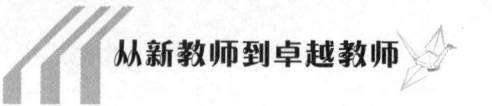

案例1-1

## 林子老师的跨越

林子,2003年毕业后被直接分配到距离县城近百公里的农村小学。

出身卑微、胆小羞涩、生活淡然的她,对工作地点有着比较清醒的认识,不像有的毕业生那样夸下海口:"在哪儿工作都一样,再大的困难也能克服。"但当她坐着同事的摩托车,好一阵颠簸来到这所乡村学校之后,还是傻眼了:这所没有围墙的崭新学校,坐落在距离集镇十多公里的山头上,只有两个教学班,近四十名学生。她和居住在学校附近的一名老教师。房前屋后都是茂密的树林,间或有几座新旧程度不一的坟墓。

那时的她,孤独、无助、恐惧……百感交集,恨不得长出一双翅膀立刻飞离这个荒芜、冷清之地。一个人躺在床上,忆往昔、想今天、望未来,都似乎看不到光明的出路。她辗转反侧,一夜无眠,好不容易才做出决定:留下来!

次日起床,振作精神,她开始尝试面对一张张陌生的笑脸。备课、上课、批改作业、谈心、做饭等日常事项按部就班地推进起来。学生的天真好学、家长的热情淳朴逐渐温暖了她的心灵。一个梦想也在她心中悄悄地生根发芽。

度过了最艰苦的混沌期,心中的愿景也变得更加清晰——一定要做一个优秀的教师,绝不辜负家长的信任和托付。于是,她静下心来,认真地思考,开始制定自己的职业发展规划。

首先,制定每天的作息时间表。从衣食住行开始细化,什么时段干什么都有明确的规定,这不仅让她的作息更有规律,而且给她每天的业务学习提供了时间保障。其次,制定每年的学习进度表。她除了向身边同事请教常规提升途径,还规定自己每年必须完成多少本教育教学书籍的阅读,夯实自己的理论素养。最后,明确自己从教的发展目标。大到多少年后成为什么级别的教学骨干,小到课堂教学语言的锤炼,她都制定了长短期目标。

在太阳的东升西落中,林子努力地付出,悄然地成长着。她的课堂,不再青涩;她的脾气,不再冲动;她的生活,不再乏味。教学语言生动活泼,课堂气氛自然活跃,教学内容富有张力。她从镇里"赛课能手"成长为区级"优质课大赛一等奖"获得者;任教班级的测试成绩在所辖片区也由倒数几名提升到名列前茅;辅导的学生参加县各类大赛频频获奖……看着林子的蜕变,同事、领导都肃然起敬。毕业班课程、教研工作、各种大赛也更多地成为她锻炼、展示的舞台。

六年后,林子凭着自己的努力,在公开遴选考试中脱颖而出,调到城区教任。与其他人不同的是,在这里,她开始了更加瑰丽的筑梦行动。站在更高的起点,她又给自己制定新的规划,一步一个脚印地开始打拼。工作时,她一如既往地尽职尽责,深受学生、家长欢迎,教学骨干、教育名师等各种荣誉接踵而至。生活中,她怡然自得,相夫教子,还不时利用周末或小长假自驾到周边城市逛逛。如今,她仍在平凡的教学岗位上续写着新的传奇。

【新思考】

　　林子只是庞大教师队伍中的普通一员,尤其是作为乡村教师中的一名新兵,能在短短的六年时间里从那么艰苦的环境中成长、成熟,不得不说超越了同龄人。其秘诀究竟是什么?人的一生是非常短暂的,工作期间只不过就是"八个五"。第一个五年是打基础的五年。任何人不可能越过打基础的阶段直奔第二个使人优秀的五年,更不可直接飞奔至第三个使人卓越的五年。我们完全可以想象美好的未来,但关键是当下需要认真地规划,并踏实地走好每一步,特别是在困难的时候,走出当前的能看得见的每一步更为重要。

　　自以为是,必然会自毁前程。然而,自我矮化、得过且过,也必将让人故步自封,一事所成。人生的每一步,只有且思且行、且行且思,才可能走得更稳。林子做到了,她在短时间里调整好自我,努力地适应当下,绝不因环境条件的恶劣而自暴自弃。

　　好的状态应该是努力地付出、努力地追求,不强求结果,毕竟有很多因素制约着结果。[1]我们必须拥有正确的人生态度,才能正确地理解,坦然地面对。要知道,既然困境是现实的存在,就一定有存在的理由,当然就一定有解决的办法。不少年轻教师勤勤恳恳地耕耘,甚至花了比老教师多得多的时间和精力对待工作,却发现领导似乎并没有特别关注他们,同事也不曾对他们刮目相看,教学业绩、家校关系都不如预期的好,甚至与他人眼中那些行动迟缓、理念落后的前辈相差了一大截。这种结果会让年轻教师产生巨大的心理落差,从而进一步放大理想和现实间的距离,滋生自我矮化、自暴自弃等消极情绪。其实,这一切都是我们可以预见的事。但此时关键的是练就强大的内心,在脚踏实地中仰望星空,想象未来的自己,无疑是一个非常实用的方法。想象不是天马行空、毫无目标指向地痴心妄想,而是虚心请教,面向未来发展的职业规划。

　　人的成功,如果专业化达到理想层级,大多会在35岁左右实现。也就是说,每一个年轻教师只要认真地对待人生,在35岁左右的时候,方才会拥有成功的人生。如若一个年轻人不能认真地打理好前期的职业发展,真到了35岁的年龄段,也难以保证他(她)会获得成功。对于年轻的女教师而言,由于生理特征和所肩负的家庭责任的特殊性,人生关键的年限更是靠前。一个女教师

---

[1] 于治成. 20几岁,不能再犯迷糊了[M]. 北京:企业管理出版社,2010.

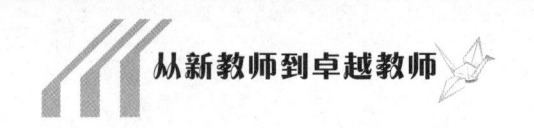

若错过了入职初期的黄金时期,后期的发展由于结婚生子等原因,便比男教师更困难。年轻教师由于人生经验的不足,往往会处于一个困惑时期,大家真还不能急于求成。

每个人的生命发展过程都是独特、多彩而不可逆的,为自己做一份详尽、科学的规划作为人生导航很有必要。职业规划是对职业生涯乃至人生进行持续的系统的计划过程。一个完整的职业规划由职业定位、目标设定和通道设计三个要素构成。它是结合个人与组织的实际情况,对整个人生的主观条件、客观条件进行分析,确定最佳发展方向与目标,并为实现这个目标做出合理的行动方案。一个人如果没有规划好自己的人生,且不清楚自己的目标,即使他的学历很高,知识面很广,那么也只能是一个碌碌无为的平庸之人,又或者只能一辈子做他人的跟班,做一个等着时间来把自己生命耗尽的人。生命清单是必需的,它能使人树立一种精神、理想和追求。

不要高估自己的能力,但也不要低估自己的潜力。我们应该明白,成长来自肯定,成熟来自"折磨"。苏格拉底说:"未经省察的人生没有价值。"所有的成功都跟痛苦相关,但不是经历了痛苦就会铸就成功。如果仅仅是泪水,痛苦只会滋生软弱,迅速干涸。只有经过咀嚼、反思、彻悟,痛苦才能够成为精神的财富、人生的养料。只有这样,才能不断超越自我,才能让每一天成为永恒。每个人都渴望被肯定,希望在别人的肯定中体现自己的价值,在别人的肯定中看到自己的成长,坚定自己的信心。但光有成长还不够,在成长的基础之上是成熟,成熟的标志就是能够理性地认识自我和外界。成熟往往来自磨炼。当别人否定我们的时候,当别人对我们提出看似不合理的要求的时候,当我们做自己并不愿意做的事情的时候……我们如果都能"忍受"并珍惜这份"折磨",也就是我们成熟的开始。不要害怕别人的"折磨",因为有人愿意敲打你,是一种幸运,更不要轻易推开那只"折磨"你的手,因为这恰恰是帮助你成长、成熟和成功的手。

## 【行动指南】

一件物品,只有利用它的本性,才可能被放到最有价值的位置。一个人只有思路清晰,做事效率才会更高。对于每一个新手而言,只有保持清醒的头脑,才会知道怎样走好当前的每一步。人生之路,若没有起点,亦不会到达终点;若没有规划,亦不会有归宿。认识自己,规划未来,尤为重要。

### 1. 端正态度,虚心起步

"态度决定一切。"一个人能否成功,就看他对待事业的态度。成功人士与失败人士之间的区别就是:成功人士始终用积极的思考、乐观的精神支配和控制自己的人生。[1]失败人士刚好相反,他们的人生是受过去的种种失败与疑虑所引导和支配的。没有什么事情做不好,关键是你的态度问题。事情还没有开始做的时候,你就被吓趴下,那当然不会取得成功;或者,你在做事情的时候不认真,那么事情就不会有好的结果。

年轻人的成长需要时间,所以不应该气馁。工作中,书本上所学到的知识并不是唯一所需要的,甚至经验才是最重要的筹码。新教师已经具备了很多专业知识,但经验显然远远不足。很多老教师所具有的能力与经验并不是我们一朝一夕可以超越的。因此,一定要对自己的能力有清楚的认识,内心不要太过于膨胀,要有虚心学习的心态。一个人的专业化层级是决定一个人的地位价值的重要因素,始终把自己放在合适的位置,坚持用谦卑的态度多学多问,有付出终会有收获。

**2. 合理规划,稳步前行**

"心有多大,舞台就有多大。"人生路上,不仅要有克服困难的勇气,更要有明确坚定的方向。否则,忙碌也只是徒劳。

当一个人选择并且从事一种职业时,其职业生涯就意味着开始。斯蒂芬和沃尔夫曾提出并描述教师成长的生命周期理论:任何一个终生从事教育的教师都要经历六个相互区别而又相互联系的发展阶段(实习教师、新教师、专业化教师、专家型教师、杰出教师、退休教师)。如果发展顺利,在五年内可以达到国家教师标准,即成为合格的专业化教师;如果发展不顺利,则会在某一个阶段停滞很长的时间,甚至退出教师队伍。[2]

因此,第一个五年规划将决定你的未来。科学制定职业发展规划,就要求客观分析个人现状(包括自己的兴趣、优点、不足等),分段确定发展目标,把握每一个发展点。普通教师至卓越教师,多会经历"普通—优秀—专家—卓越"四个梯级。审视积极向上的人的发展轨迹就会发现,高原期对其影响不是以"扁平"的方式呈现,它会以"群组"的螺旋向上的方式呈现——笔者将这一现象称为专业化发展的"高原期群现象"。每一个层级都将经历无数次高原期休整,处于低层级的人,经历"高原期群"的时间越短,出现频率越快,便可说明其专业化发展处于一个良性期,迈向邻近向上层级的时间一定不会太长。

笔者针对"高原期群现象"观察还发现,人们的专业化发展进程呈梯级状态,各个层级都有对应的素养。由低层梯级素养迈向更高层级素养,"高原期群"的出现,是判断其专业化发展是否进入良性发展的关键点,也是促进其专业化发展和提升的"拐点"。这期间,当进入某一个素养梯级阶段,如若专业化

---

[1] 马安利. 成功教育的思考[J]. 青年与社会,2014(15):165.
[2] 孟万金. 职业规划:自我实现的教育生涯[M]. 上海:华东师范大学出版社,2004.

发展水平得到快速发展和提升，必然相伴"高原期群"的经历，体整时间明显缩短。当经历一次又一次的高原期后，短暂的休整很快便会结束，而后快速地再出发，其整个发展轨迹全然呈一个梯级递进似的开放的向上的状态(相反，无数人在处于低段第一梯级时，其向上的步伐便已停止，没有继续迈向第二梯级的内驱力，实属根本没有"高原期群"的经历，长时间总处于这一阶段已经不是在经历高原期的休整，而是其专业化发展早已进入停滞期，一种病态的休眠状态)。如若我们追求卓越，一生必会经历多个特殊的时间段，必然有着"高原期群"的休整和突围，并拾级而上。我们只有在如此的经历中，一次又一次地整装出发，专业化素养经过一次又一次主动更替，才有可能提升到较高层级素养发展区域。

"千里之行，始于足下。"有了发展规划，还得有效执行。把理想束之高阁是没有任何意义的。事业才刚刚起步，我们有的是精力、热情和创造力，在困惑中寻找出路、在现实中追逐梦想是唯一明智的选择。所以，工作中少一些抱怨，客观理性地看待周遭的一切；多一些反思，积极尝试进行正确的自我评价和调整；[1]多一些行动，努力朝着职业生涯规划这颗指引人生道路的北极星方向前进。我们只要用行动去落实规划，坚持不懈，努力前行，就一定能实现职业梦想，让自己的生命精彩。

也许前辈的今天是你的明天，但你的明天不应该仅止于此。

**3.抓住契机，高调做事**

学校的发展是通过培养优秀的教师和优秀的学生来实现的，教师个人的发展更是依赖于学校的发展和学生的发展。学校、教师和学生三者之间是相辅相成、同进同退的关系。教师个人要发展，除了要努力加强个人专业学习以外，还必须借助学校的平台、同事的力量。尤其是职场新手，这一方面尤为重要。这个阶段的教师犹如初生的嫩芽，学校领导、同事、学生就犹如阳光雨露。嫩芽只有在阳光雨露的滋润下，才能长成参天大树。

发展机会是别人给的，但赢得发展机会还得靠自己。处于专业素养较低层级的人，多会关注生存。他们考虑得更多的是：领导是否认可我？同事是否认同我？学生是否喜欢我？很少有人能着眼提升自身的专业能力，成为学校的培养对象。学校的发展平台是给每一个教师搭建的，但很多机会并不是每个人都能拥有。我们来到工作岗位上，一定要能吃苦耐劳，把自己肯干、能干的一面展现出来。

一个教育行动通常都存在四个现象：一是自己主动想参与；二是分配任务保质保量完成；三是接受任务后自己没有能力完成又不愿意学；四是分配任务

---

[1] 邢琴琴.新课程背景下反思性教学问题探析[D].芜湖：安徽师范大学，2007.

想推诿。这几种现象可以用"主动""接受""拖拉""排斥"四个词语概括。这四种现象中第一种是最受欢迎的,第二种也能让人接受,而后面两种大概就没有几个人喜欢了。每一个教师,尤其是职场新手一定要理智分析并做出选择,这样才能得到领导和同事的青睐并找到适合自己发展的空间,成为学校的培养对象。

我们应谨记:**确定目标,合理规划,坚持行动,你将少走五年乃至十年弯路!**

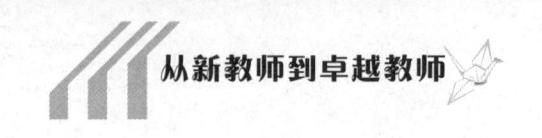

## 2.看破"一代不如一代"

一盆火燃烧得正旺,突然被泼冷水,这将是一个怎样的情景?作为专业化发展初始层级的职场人,带着满腔热情踏上三尺讲台,突然被人指责、轻视,与一盆大火被泼冷水如出一辙。"现在的年轻教师,真是一代不如一代。"因教学基本功不扎实、教学艺术欠缺等而得到老教师如此评价,甚至是更刺耳的话语,都不可避免。对于每一个新教师来说,几乎都会有如此的经历。面对泼冷水般的尴尬,直面问题并解决问题才是上策。人前不如人,对于年轻教师而言,这是十分正常的事。

作为专业化水准处于较低层级的年轻人,需要的是认清自我。面对质疑绝不能因为面子问题和被轻视而丧失信心。初涉职场,专业素养不足,基本是"0经验",处于"0起点",面对学校各方面的规章制度谨小慎微,面对家长的审视诚惶诚恐,面对学生的疑惑力不从心,实属正常。再加上在与他人的职场交往中因缺乏经验,或自以为是,或心浮气躁,更难以得到"老人"们的心灵鸡汤,只能是爱心加胡萝卜似的棍棒。

**原规则:他们也曾被评"一代不如一代",结果总是"一代更比一代强"。**

被动地接受评价与主动地接受评价有着本质的区别。因为被泼冷水,往往会有两种不同的结局:一种是瞬间萎靡不振或偃旗息鼓;另一种是勇敢地面对挫折,采取挽救行动,增添柴火,让火越烧越旺。身在教育中的年轻教师因没有多少阅历,对很多职场情形难以透过现象看清实质内涵。"一代不如一代",如此类似的话语,对于那些老教师而言,在刚刚踏入职场的那段时间里,因专业化水平较低也曾被如此评价,但他们走过了那段尴尬,职后的努力使他们变得强大。以自我的现有专业素养水平作为评价的基础,对新入职的你做出评价,他们只是缘于一种使命感、危机感,并无恶意。老教师更多的是希望教育之星火燃烧更旺,期盼后起之秀一代更比一代强。

任何人都不可能大隐于市,对自我生存的空间不管不顾。特别是作为职场人,更期望得到他人最起码的尊重。作为职场的"菜鸟",没有真正提升自我专业素养,在赢得他人的另眼相看前,是无法改变别人对你的态度的,此时,不能纠结于别人的评价中。你不但需要参透被小瞧的原因,更要弄清造成这种评价的原因,可能是学校的、社会的以及教师自身的原因。无论何种原因,我们不要期待在自己毫无作为的情况下,被人们争相点赞。作为教育人,成就他人的同时,也需要成就自己,不能忘记自己的发展。作家温瑞安说过:"真正的高手会把精、气、神集中于一击。"对新手而言,这"一击"就是自觉地实现自我,完全发展。成就自我,将"精、气、神集中于一击",我们才可能快速地变得强大。

【现象纪实】

一个人的专业素养不等于智力水平。当下很多年轻教师的专业素养不如人意,原因可能有多方面,首先,他们在基础教育阶段所取得的成绩多数只是一个"二流"水平;其次,一些师范院校在培育教师方面存在着诸多不尽人意的地方,很多年轻人依旧还是毛坯时便被"出厂"。

纵观专业素养处于较低层级的教师,有很多不如人意的地方。如自我认识模糊,要么存在"自卑心理",总认为自己这也不行,那也不行,在学校领导面前唯唯诺诺,在学生面前战战兢兢,整天患得患失;要么存在"自恋心理",认为自己是高等师范院校毕业生,比原来的中师毕业生更具优越感,于是便因盲目表现而处处碰壁,导致心灰意冷。特别是那些抗挫能力较差的新教师,在面对工作中遇到的挫折或不公正的评价时萎靡不振。有的教师遇到一次失败的课、家长的误解、同事的批评,不能正确地进行自我反思,甚至"破罐子破摔"。在价值追求中缺乏对教育工作重要性、复杂性的深度理解,自然会在工作中出现茫然不知所措的情况。

无数新手的教学基本功是让人寒碜的。[1]如别别扭扭的普通话、歪歪斜斜的板书以及毫无章法的教学流程,眼中只有教材和班班通,教学重点无法把握,教学难点没有突破,出现多个知识性错误、课堂失控等教学事故。如此,让观摩者产生"误人子弟"的感受也是情理之中的事。

也许这些只是个别现象,但个别现象看多了,也就代表了群体,自然也会出现"一代不如一代"的评价。被评价为"一代不如一代"的原因是多方面的。作为职场新手,应该冷静看待问题,客观分析原因,寻找解决办法,瞄准这些点,坚持不懈,从而不断提升自己。

作为职场新人,只要敢于在教育职场中发力,一个人的智慧所换得的社会价值不会低于那些提前奔跑的人。对于职场中的专业化发展而言,它不是一

---

[1] 刘倩.新课改背景下中学历史教师教学基本功研究[D].扬州:扬州大学,2014.

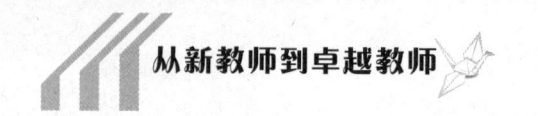

次短跑,而是一次长跑,耐力往往比智力更重要,若有无穷的耐力,方可有成就。

案例1-2

### 她如何破茧成蝶

陆老师是一个参加工作六年的青年女教师,个子不高,略显瘦弱。六年前,校长带领教学管理团队去听她的入职展示课。那堂课上得陆老师汗流浃背,接下来的评课更让她无地自容。有的委婉指出这也不对,那也值得商榷;有的说"陆老师不适合当教师"。总之,那堂课被批得一塌糊涂。

面对众多指责,陆老师面带微笑,眼泪却在眼眶里打转。评课结束,校长把陆老师留下来,想和她谈谈心,疏导疏导。没等校长开口,她拭去眼泪,依然微笑地望着校长:"您想说什么我知道,相信我,一定行!"校长没再说什么,送了她一个"OK"的手势。

接下来很长一段时间,校长没有找她谈过话,只是默默地关注着她。

她开始频频进入教师阅览室,走进老教师的课堂,下载教学视频。晨读课上,她和学生一起诵读;写字时间,她和学生一起练字;讲话课里,她带头做示范演讲。她主动邀请老教师进入她的课堂……

一年后,在新教师合格课验收上,评课者给予了"判若两人"的评价。以前直言"她不适合当教师"的那位领导向她道了歉。她依然微笑着,不过,微笑中多了坚定。校长仍然把陆老师留了下来,与她一道做了一个适合她的职业发展规划。最后,校长问她:"一年前,面对众多指责,你当时是怎么想的?"她说:"我把那些指责当作是缚住我的一层茧,我想用我自己的力量来破除它。"

她依然用自己的学习方式积蓄着破茧的力量。在接下来的几年里,她先后被评为校级骨干教师、县级骨干教师,并兼任学校语文中心教研组组长。2014年,她执教的"当火灾发生时"在重庆市渝东北片区消防教育赛课中获一等奖。2015年,她执教的"扁鹊治病"在开州青年教师小学语文教学技能大赛中获一等奖第一名。

欲成蝶,需先破茧。破茧的力量不仅来源于"茧",更重要的是自己要有"破"的勇气,而后方可成蝶。

### 【新思考】

造成人们认为"一代不如一代"的原因很多。分析众人对新教师的评价会发现,老教师是将自己多年的从教经验与新教师的从教现状进行比较,认为现在的年轻人不如以往的教师敬业乐业，他们否定新教师的"德"而非"能"。他们是带着对教育的使命与责任而"忧心"。细细观察发现，的确有许多新教师不能"安贫乐教"，有的只是把教师当作"副业"来维系，没有当作"事业"来追求。分析源于社会的评价会发现，家长是在将自己读书时的教师与现在的新教师进行比较，他们否定的同样是大家的"德"而非"能"，认为现在的教师对学生缺乏足够的关爱，甚至把学生当作资源收取作改费、补课费。神圣的师生关系被赋予了浓厚的利益色彩，家长与教师之间也形成了利益链条。

如此看来，"一代不如一代"的根源在于我们没有树立对教育的使命感和责任感，自己只想成为一个"工作有规律、假期可休闲"的教书匠。在这个物质至上的浮躁时代，"德"的缺失是整个社会的软肋，身在其中的人难免被浸染。但作为新教师，应该看到自身专业化素养低下带来的阵痛，明白评价者只是缘于对教育的责任感、危机感，并无恶意。随波逐流只能让"一代不如一代"无休止地延续。我们必须更加清醒地认识到，自我的职业生涯面临着重大的挑战，成就自我只有自我承担责任。尤其是刚参加工作的年轻教师们，坚定自己的教育信念，切实规划好自己的教育行程，从改变每个"自我"的行动做起，树立良好的教师形象，"一代不如一代"的观念才因你而改变。

职场新手都会如故事中的陆老师一样，刚入职时都会遭遇"一代不如一代"的评价所裹成厚厚的"茧"——学校领导的不信任、同行的轻视、学生的不喜欢、家长的不理解……陆老师之所以取得成功，是因为她面对挫折与打击，拥有足够强大的精神力量，并将力量化为行动，破茧而成蝶，成就自我，最终超越老教师，延续了"一代更比一代强"的传奇。

要知道，新教师也有自我的优势，特别是吸纳、认同和模仿的能力，以及精力往往比老教师强。因为有技不如人的意识，才给了自我发展的动力。我们应该看到，"一代更比一代强"，这是一种趋势。自我专业素养不如人，只是暂时的。只要我们敢于超越自我，重视方法、技能和本体性知识的掌握、应用和拓展，走过自我的迷茫期，便会在更短的时间里超越自我，成为有经验的合格教师。我们应该明白，走出迷茫至合格期，往往会因为努力的程度不同而存在着长与短的区别，有的只需要一年，有的则需要三年至五年，甚至更长的时间。年轻教师应该清楚，那些越是能提早走完迷茫期、缩短合格期的新教师，他们教育人生的成功概率往往会大于迷茫期过长的新教师。

【行动指南】

职场新手都需要走好人生的关键几步。要想在五年、十年、二十年之后，强过上一代教师，让自我更有作为，让自我专业素养发生嬗变，实现跨越式成

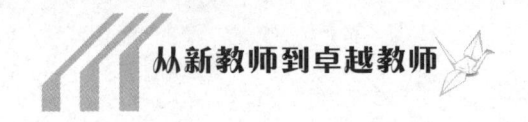

长,能立足当下,不妄自菲薄,笨鸟先飞,是非常重要的。

**1. 认清自我,准确定位**

人受外界的影响,总是不自觉地在给自己"贴标签",这标签往往就成了每个人的人生定位。积极的标签会让人明确自己的努力方向,最终走向成功。作为职场新人,准确给自己定位尤为重要。定位的前提是认清自我。我们入职时,应该好好梳理自己在校的学习历程,清楚自己的优势与劣势,既不"自卑"也不"自恋"。同时,定位要切合实际,不能好高骛远。要结合自己工作的环境和个人的潜能,找准自己的发展方向,明确奋斗目标,制定个人五年发展规划。这样一来,心中有目标,行动才有方向。认清自我,准确定位,主动与优秀者为伍,这是一个行之有效的方法。

**2. 细化措施,分步实施**

有目标,无措施,只能让目标成为空头支票。因此,要在准确定位的前提下,将中长期目标分解为阶段小目标,并从小事做起,产生中间成就值,才可让自我拥有无穷的耐力,支撑自我奔跑向前,直到大目标的实现。比如可以将阶段小目标转化为一个小问题或小课题,在工作中多学、多思、勤问、勤实践,分阶段逐一攻克。久而久之,因得到中间成就值的支撑,自己的专业素养会不断增强。这样一来,一步一个脚印地走下去,如此良性循环,成功便会不期而至。

追逐专业化发展,我们应努力制定好自我的人生总目标和阶段目标。阶段目标要求具体,以解决自我的当前问题而制定,需要接地气,这样才可能让自我的问题解决,就像打攻坚战一样,将困难一个又一个攻克。制定人生总目标时,尽量要宏伟。一个人能有大作为,这与他多年前的生涯规划一定有关系。特别是二十年前所设定的目标,往往会影响二十年后的人生格局。正如日本企业家稻盛和夫总结的那样:"心想事成"是宇宙的法则。其实,笔者入职初期所设定的"教书育人,读书育己,写书育世"[1]的人生目标,对于一个当初只是中师生的人来说,几乎是天方夜谭。然而二十年后的今天,我所经历的风风雨雨化成丰厚的成就,这是最好的证明。为此,每一个人在设定宏伟目标时,不能只局限于眼前。只要用心,无论从事哪一块教育,都能成为大学问者。

**3. 持之以恒,成就自我**

我们最容易患的毛病是"三分钟热度"。想到自我专业素养处于低层级亟待提升,往往情绪高涨,有激情,踌躇满志,开始学习专业素养知识。一旦被泼了"冷水",便很快没兴趣,丧失了初心。我们既要正确面对表扬与批评,还要善于将困难与诱惑当作磨刀石。在各种困难与诱惑的打磨中,让自己的心理不断成熟,提升抗挫能力。如此一来,我们方能坚守自己既定的专业化发展方

---

[1] 钟发全.造就卓越的不是"短板"[J].教育实践与研究,2010(7):24-25.

向,持之以恒地努力,从而完成超越,成就自我,实现自己的教育理想。

对于每一个新教师而言,必须清楚专业素养的形成并非一蹴而就,需要多年地磨炼,需要心中目标的专一,需要持之以恒,才可能成就自我。在某一个时间段里,心中只有一个小目标,我们为了一个目标而前行,往往所获得的成功要比心中有多个目标所获得的成就更大。当然,能在专一的目标上打拼至少三年,需要审慎,更需要笃行,自我有定力,才可能真正感受到自我内驱动力系统的提升,才可能感受到生产动力的存在和变化。

**我们应谨记:超越别人,首先得认识自己和超越自己!**

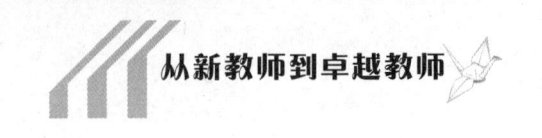

## 3."0经验"也要追求成功

什么叫新教师？一切从"0"开始，"0经验"，这样的教师便可称新教师。一个专业化水平处于初始层级的教师，也可以称新教师。一个人看问题的角度不同，对待事物的态度就会不同；态度不同，行动的取舍也会不同；取舍不同，产生的结果也会不同；产生的结果不同，最终的影响也会不同。

我想与作为年轻人的新教师交流，目的在于调动大家的正能量，使新教师能以积极的态度迎接一切挑战，新人新样，新人新气象，期许明天成为卓越教师。但这些都只是一些理想化的期冀，现实往往与理想之间存在着很远的距离。比如就因为新教师的新，他们容易被周围一些世俗的观念影响。所以，我们有时发现，一个原本非常单纯的年轻人，踏上三尺讲台没过多久，其思想中许多消极情绪会显示出来。一个人，一个年轻人，一个新教师，如果思想中负面因素太多，他的上进心势必会被这些负面因素消耗殆尽。一个人必须从烦琐中真正解放出来，提高专业素养，才可能有大作为。如果一个人的理想因为现实的困难而降至冰点，可以想象他整个人生将会面临多么可怕的事情。在这里，我想与大家交流"0经验"时期，新教师如何正确面对现实职场的话题。我希望每一个新教师都能够追求成功，都能从现实中走出来，而不是被现实"迫害"。

新教师的"0经验"时期，是整个人生的高危时期。要做有理想的人，必须学会面对现实，面对外在力量的专横，能做出智慧抉择。有这样一个故事：一位哲学家坐在一只小船里渡河。他问船夫："你了解哲学吗？""我不了解。"船夫回答道。"那么你就失去了三分之一的生命，"哲学家又一次问道："你懂文学吗？""不懂。"船夫回答道。"那么，你已失去了三分之二的生命。"哲学家感叹道。正在这时，小船撞到了河里的一块大石头，并且开始往下沉。"你会游泳吗？"船夫问道。"不会。"哲学家回答道。"那么，你已失去了全部的生命。"船夫说道。严峻的现实问题出现时，哲学家消失得无影无踪，这告诉我们：一个人遇到沉船事故，所掌握的哲学和文学无济于事，生死存亡的瞬间，要么会游泳求生，要么被淹死。新教师当下最需要的是拥有求生的本领，身处职场不被"淹死"，才算是走稳了人生的第一步。这里涉及理想与现实的问题，最重要的是，通过自身的努力提升专业化层级，让自我站稳讲台、赢得讲台。

我将在后续的交流中,向大家阐释:一位教师在专业化提升的过程中,不能将学生的成绩作为自我专业化评价的唯一依据,还要通过不断打造自我的课程力,促进物化产品的生成才能实现自我提升。面对现实,教师要获得社会的认可,重要的是学生的学习成绩。我们只有将理想落到现实中来,才可能在后续的发展上有更大的空间。新教师获得职场的认定,是从获得学生成绩开始的,这是社会评判一位新教师的基本标准。然而,新教师要通过自我努力让学生获得较好的成绩,这也并不是一件容易的事。这里,我提出注重专业化发展的主张,并不是说只需要葫芦,而对藤蔓上的叶不再关照,就像我们不能因为追求太多的现实,而放弃自我理想的追求。我们只有持续提升内驱动力系统,才可真正收获满满。一个人如果看到的只是现实,再也看不到理想时,只有冲破现实的羁绊,相信专业化附加值是财富和尊严,才会更有作为。

**原规则:对新教师而言,学生成绩=教师的时间+汗水+期望值+专业素养的提升。**

接受现实的评价方式,满足现实的要求,这是获得职场安全感的基本方式。刚踏入教师行业的新教师,往往会因为现实与理想之间的差距而迷茫。职场的现实往往并不给新人停下来喘息的机会,往往会以成熟教师的标准来要求新人,有的甚至更苛刻。特别是当新教师发现自己曾经所学的教育教学理论与学科专业知识无法运用于现实,被批判为无用时,职场现实又残忍地指出要取得成绩需要用时间守候,这更会让年轻人茫然。此时,年轻的教师们需要真正认识到自我专业素养不高、教育经验不足。面对以"0 经验"状态出场的新教师,我要提醒的是,在这个所学理论用不上而又无太多技巧给予支撑的特殊时期,不能忘记自我的需求。为此,在入职初阶,新教师应努力达到两个目的:一是你的一切努力要让社会知道——社会已经将教育这一项工作交给了一位适合干这项工作的人;二是应该让自我不再被那些毫无根据的结果忽悠。

新教师必须处理好学生时代的理想与现实社会要求之间的矛盾,即职场期望值与自我发展之间的关系。那些依靠讲台而又愤恨讲台的老教师们,总感觉教书无望而又离不开教育,这样的教师负面思想是非常严重的。此时,每一个新教师处理好为谁教书的问题,对于后期的发展非常重要。新教师努力的方向可以设为两个方面:一是为学生成绩而努力,二是为教师自我专业素养提高而努力。作为教师职场新人,社会往往倡导为学生成绩而奋斗。这是社会与职场给出的诱人条件,结果是很多人满足了社会和职场的要求,最终忘记了自我发展,让自我进退两难。对于每一个年轻人来说,干好本职工作是自我应尽的职责,但并不影响专业化提升。到某种时候,职业会与道德牵扯。教好书是道德的事,发展自我的专业素养是自我的事。①每一个教师在设定期望值时,可以将全面提高学生成绩作为第一期望值,同时也设置自我发展的期望值,这样才可能防止将来出现专业水准不理想的状态,如产生对一切不满意的思想,包括对职业的不满意,对自我也不满意。面对一份职业,追逐专业化发展,这既是认真对待自我的体现,也是获得尊重的基本要求。讲台是最干净的地方,也是最神圣的地方。只要我们对专业化发展足够重视,这里会满足我们的需求。当前,最不应该做的事是甘愿让社会把我们列入最差的序列,我们必须为现实而战,为荣誉而战,让自我充满勇气。

【现象纪实】

谈到现实,我们必须提醒,现实其实不可能事事让人满意。这些不满意会让多方面产生不和谐。比如,一种是内在的智力、情感、意志的不和谐,一种是自己的意识与他人的意识很难产生共鸣,导致不和谐。②一个人的行为与他人行为的和谐本身就是困难的事,这里依旧需要做好妥协。同时也要学会竞争,才可能更好地保护自我。

很多新教师深刻地意识到,大学学习的东西不足以支撑当好一名教师。现实的教育教学技巧非常重要。在老教师面前,新教师就是"菜鸟",就是毛手毛脚的新手,就是自以为是的"哲学家"。"0经验"是刚入职的新教师的劣势。但是"0经验"意味着无限的可能,新教师要清楚地认识到自己的经验为"0",他们才会去思考在"0"上面的"1、2、3……",从而开辟更广阔的世界。抛开系统而丰富的理论修养不谈,就实践的经验积累而言,新教师和老教师相比,新老师的优势在哪里呢?充足的时间、充沛的精力、满腔的热情、强烈的成就动机……利用并发挥好这些优势,"0经验"的"菜鸟"一样能获得成功。

当前的教师评价方法主要有两种:一种是"教学输入式"评价,就是根据教师在工作过程中的表现来评价教师;另一种是"教学输出式"评价,就是根据教师在工作中取得的教学结果来评价教师。③我国目前进行的教师评价仍然以"教学输出式"评价为主,即以教师所教学生在各级各类考试中所取得的成绩作为衡量教师的主要指标。新教师要想获得成功,提高教学业绩是必须跨过的第一道门槛。教师要拥有良好的教学业绩,至少需要"教学工作环境""教学专业水平""教师的投入程度"三个要素。④对新教师而言,"教学工作环境"是

---

① 戴岳,易连云.论大学德育中道德批判力的缺失[J].教育学报,2008(1):41-46.
② 李艳.试论情感、意志在人的活动中的作用[D].贵阳:贵州师范大学,2008.
③ 于晓波,李臣之.基于学生"学"视角的教师课堂教学自我评价[J].教育理论与实践,2014,34(35:44-46).
④ 刘中琼.突破教师专业成长的几个瓶颈[J].继续教育研究,2014(6):59-60.

不可控因素,"教学专业水平"是未来发展要素,只有"教师的投入程度"是现实可控的。对于新教师而言,教师的投入程度(包括投入时间、精力、汗水、热情……)与教师的教学业绩是成正比的。

一个医院不可能让一个刚从医科大学毕业的学生独立完成一个比较复杂的手术,一个设计院也不可能让一个新的工程师独立去设计一座大型的办公大楼。在所有的职业中,大部分的职业都有一段时间的学徒期,但教师这个职业例外。当新教师第一次踏进教师行列的时候,对教学"0经验"的他们的要求和对有经验的教师的要求是一样的。因为从公众的角度来看,要求教师的教学要达到一定的技能水平不是没有道理的,毕竟学生不应该在新教师的班级里接受次一级的教育。所以,新教师刚入职,就要面对来自学校、社会、家长、学生、同事甚至自己的巨大压力,尤其是因为专业素养处于最低层级、教学经验为"0"而导致的教学成绩不佳的压力。

在实际工作中,有的新教师个人素养极高,对某一专业领域也颇有研究,课堂教学给人清新的感觉,但学生的成绩却不见提高。有的新教师认为自己每个知识点都教了,当时学生也学会了,可就是考不好。有的新教师几乎投入了自己所有的时间,用于备课、批改作业、辅导学生,可学生的成绩整体水平却并不高。有的新教师和学生打成一片,深受学生的喜爱,学生评价也很高,但学生的成绩并不理想。相反,有的新教师教学成绩名列前茅,可他们对学生非常严厉,导致师生关系紧张、疏远……

新教师在这样的压力、困惑与矛盾中饱受煎熬,不知道何去何从。这阶段应该理性,没有理由绝望,唯有应对社会的考核,风雨过后才会现彩虹。

案例1-3

### 曾败走麦城的她

有一位新教师,师范专业毕业,分配到一所乡镇小学,担任两个班的语文教学。这对没有任何教学经验的她来说,是一个很大的挑战。

为了弥补经验上的不足,她不断摸索、不断总结,比别的教师花费了更多的时间和精力在教学上。早上,别的教师还窝在温暖的被窝里,她已经在辅导学生晨读;晚上,别的教师在家享受家庭的温馨,她却一个人守着办公室备课、批改作业。尽管如此,她任教的其中一个班的语文成绩却在期末考试中考了全区倒数第四名。当时,她很沮丧,甚至怀疑自己当初的选择,觉得自己不能当好一名教师。

一位老教师对她说:"每个做教师的都会有这样的经历,我也是这样走过来的。要做个好老师,就要用爱心去教书育人。当你真正走进学生心中的时候,你也就成为一名真正的教师了。"听了老教师的话,她豁然开朗,下定决心,改变自己,赢得学生的信任和尊重。课堂上,她更多地关注学生、相信学生,始终围绕教学目标,组织学生开展学习活动。课余时间,她主动和学生交流,倾听他们的心声,了解他们的需求,熟悉他们的特点,掌握他们的喜好。

功夫不负有心人。随着时间的推移,她和学生的关系越来越融洽了。走在校园里,学生都会主动和她打招呼。学生在学习上和生活上有什么问题,也愿意告诉她。她也不再把学生当成学生,而是像对待自己的弟弟妹妹一样。

随着师生关系的拉近,学生的成绩也不断进步。在第二年的全区教学质量检测中,她担任的两个班的语文分别取得了全区第二名和第三名的好成绩。

【新思考】

在大力推进素质教育的今天,素质教育并不是不要教学成绩,只是反对单纯以教学成绩来评价教师的工作和学生的学习。[①]就当前的教师评价和学生评价来看,教学成绩仍然是衡量教师和学生的重要指标。正如工厂的工人,种地的农民,付出了劳动,就要看到相应的收获。作为一名教师,也应该重视教学成绩,把教育效果的优劣作为衡量自己工作能力和水平高低的重要指标。特别是新教师,更应该把教学成绩作为自己的教学形象来树立。试想,一位教师若教学水平低下,其社会认可度和信任度怎会很高?

教育教学经验的不足是新教师经常遇到的问题。如何解决这些问题,首先在工作中新教师要有积极、主动、负责的态度。新教师要提高教学成绩,就要舍得投入时间、投入精力,舍得流汗、甘愿付出,扎扎实实做好本职工作。认真备课、认真上课、认真批改作业、认真辅导学生、认真组织考试或检测,是被称为教学常规"五认真"的基本环节。每个环节都不可少且必须细致,才能切实保证教学成绩的提高。教材解读乏力就上不好课,课堂效率低,教学成绩的提高就成了空谈。同样,作业批改不细致、辅导不到位、考试或检测不严谨,就难以及时准确地反映学生学习的信息,教学就会变得无目标、无重点。尤其是课堂教学,它的有效性是判定课堂质量的第一要素。学生不仅要学得好,还要考得好。所以,新教师必须牢固树立目标意识、效率意识、学法指导意识、学生参与意识、全员达标意识,保证让学生每一节课都学有所得、学有所用。事实证明,凡是工作态度认真、踏实,课堂教学目标达成度高,课下通过作业、辅导、考试或检测及时反馈、及时补救遗漏知识的教师,即使教学艺术水平一般,其教学成绩也较高。

---

① 王春红.语文教学中的宽容教育探索[D].济南:山东师范大学,2009.

时间加汗水,这是新教师必须拥有的态度,这也是没有妙招时最简单的办法。但最需要注意的是,这里不能缺失自我的期望值。这是因为,只有自我拥有期望值,才会让自我更加明白自己在干什么、自己需要什么。有的新教师投入了时间流了汗水,也未必有预期的教学成绩,就如案例中新教师的经历一样。她后来的改变,表面是因为师生关系的融洽,其实深层次的原因是"皮格马利翁效应"在发挥作用。有调查研究表明,教师对学生形成不同的学习期望,导致学生的学习目标不同,努力程度不够,影响了学生的学习成绩。[1]教师对学生的期望不同,原因主要是教师对学生认知不准确。一方面,教师在对学生产生学习期望时,往往会对学生的家庭环境、性格、成绩好坏、品德等多方面产生不准确的认知,并根据这些方面判断学生,因而对学生产生的期望有所不同。另一方面,部分教师对不同的学生产生不同的期望是因为年轻、缺乏经验,或者是因为教师对待学生有歧视的心理,不能平等地对待每一个学生。如案例中的这位新教师对每一个学生都有同等的期望,真正走进每一个学生的心里,在投入同样时间、付出同样努力的前提下,教学成绩反而超出预期。

## 【行动指南】

教学成绩是新教师入职初期给予评价的主要方面之一。作为新教师,应建立首战必胜的思想。但此时应该明白,想要取得好的教学成绩,对于"0经验"的"新毛头"而言,不能投机取巧,唯一的法宝就是"时间+汗水+期望值"。

### 1.教师的时间需要科学地管理

教师的时间分为在校工作时间和业余时间,教师的在校工作时间又分为课堂教学时间和课堂教学以外的时间。尽管教育教学工作千头万绪,但新教师最好能有固定时间用于专业化提升的专题学习,对学年、学期、学月、学周、学日进行时间结构规划。首先,要确定教育教学工作的优先顺序,确保重要的事情先完成。其次,要制定明确详细的工作计划,做到整体筹划、有序推进。再次,要克服惰性,保证自己"在正确的时间内做正确的事"。

课时结构规划是重中之重。因为课堂教学是否有效直接关系教学成绩的好坏,课堂教学的四十分钟是教师提高学生成绩的关键时间。课堂教学时间的浪费,要靠课后成倍的时间来补,这样既加重了学生的课业负担,也增加了教师的时间成本,是得不偿失的。所以,要使学生在有限的四十分钟内有条理、有重点地学习最有用、最有效的知识,教师就必须认真预设各个教学环节所用的时间,合理掌控时间比例。同时,把握最佳时域,优化教学过程,提高课

---

[1] 段伟.教师的课堂期望值不同对学生学习成绩的影响[J].课程教育研究,2012(16):26.

堂教学效率。据心理学研究表明,课堂教学的最佳时域,是学生思维精力最集中的那段时间,上课后的5-20分钟。[①]新教师要很好地把握这一时域,保证在最佳时域内完成主要任务,解决关键问题,并辅以精心设计的方法,使教学过程一直向着预定目标行进,学生也一直处于积极专注的状态,从而提高课堂教学效率。

一个人的专业化发展离不开教学之余的努力,如利用好课堂教学外的在校时间,用于批改作业、收集学生的反馈信息、向有经验的教师取经、及时进行教学反思等。新教师的业余时间,可以用来丰富自己的精神生活和学科文化,以提高自我和完善自我。著名的教育家陶行知、苏霍姆林斯基、魏书生、李吉林、窦桂梅都是利用业余时间的高手。正所谓名师之名,往往在于他默默独处时内蕴的积累,即对业余时间的充分利用。

**2.教师的汗水要流得有价值**

教育教学是一项实践性很强的工作,从设计教学、准备教案到课堂教学、班级管理,再到作业批改、课后辅导、对学生与自我评价,都需要专业素养做支撑。新教师在入职初期的拜师学习与模仿阶段,自觉发展意识非常重要。新老师要逐渐熟悉一些常规性的工作,也要多观看优秀教师的典型课例,多向老教师讨教提高教学成绩的方法等,积极主动地在实践中积累经验,力求转化成教学主张和教学思想,方才真正促进专业素养达到卓越层级。

作为新教师,既要课讲得好,又要做到对不同学生掌握知识的程度了然于胸。课要讲得好,有效备课是前提,要备能用、有利于学的课,才能让学生学得高效而扎实;课要讲得好,有效指导是关键,讲授要清晰明了有节奏,提问要及时反馈有价值;课要讲得好,有效练习是保障,目的要明确,难度要适中。要做到对不同学生的知识掌握程度了然于胸,必须勤奋、用心、舍得付出。每个学生的课堂表现,都要平等细微地关注;每个学生的作业,都要认真细致地批改。乐于进行角色代入和换位思考,细细思索他们的学习现状,找到他们所遇的困境,了解他们掌握知识的情况,从而有针对性地进行引导式教学。新教师还要根据学生的需要和对课堂教学的反馈,及时补充自己的教学业务知识,不断更新知识结构。

在学校工作的每一年里,新教师要有意识地建立并充实自己的"教学资源库"。这个资源库包括教学设计、课件制作、优秀课例、教学反思等。这一切都需要年复一年地进行积累,并且按一定的逻辑加以编排。特级教师魏书生建议新老师梳理教材体系中的知识点,形成知识树,使教学事半功倍。一些有经验的数学教师在15年的工作时间里积累了相当可观的成套的代数和几何习

---

[①]小学新入职教师课堂时间管理的现状及对策研究[D]. 大连:辽宁师范大学,2017.

题,并且能巧妙地在对学生进行个别作业辅导时使用这些习题集。新教师必须积累供学生使用的大量习题,并对这些习题进行分类、筛选、研究、分析,找到习题反映出的教学重点和难点,根据学生解题情况探寻规律,发现学生解答习题所需要掌握的方法和能力,在课堂教学中加以引导,从而提高教学成绩。

### 3.教师的期望值应适度

某学校对教师课堂教学的观察和问卷调查结果显示:在课堂上,当学困生回答问题的时候,等待时间较短的教师占80%,等待时间较长的教师占20%;对学困生回答问题的失败而给予鼓励的教师占20%,给予批评的教师占80%;对学困生解题成功给予表扬的教师占60%;在课堂上比较关注学困生的教师占50%;在课堂上跟学困生互动较少的教师占80%;对学困生在课堂管理、考试评分、作业布置方面区别对待的教师占100%;课堂上提问针对学困生的教师占30%,给优生提供更多学习机会和资源的教师占70%。[1]从这些调查结果可以发现,教师对学生的期望不同,学生的奋斗目标和学业努力程度就不同,产生的学习效果也不同。

在课堂教学中,教师对优生和学困生的期望容易产生不同,他们会更多关注优生并提供更多资源,对学困生虽然在课后辅导上花费功夫多,但期望却是消极的。事实上,学困生更需要教师在课堂上更多地组织活动,更密切地关注他们的学习。不少学困生课堂参与度极低,对于教师的课后辅导形成依赖,结果往往是事倍功半。这样一来,既加重了教师的负担,同时也拉低了班级的整体成绩。所以,对待学困生教师的期望应该是积极的。教师要引导学生朝着积极的学习方向去做,要鼓励学生尽自己最大的努力取得好的成绩。同时,教师要把更多的精力和心思花在教学上,让学生感受到学习的氛围,给学生信心。

在对学生产生期望之前,教师要对学生进行全方位的了解,分析学生的综合素质,包括学生的语言智力、逻辑智力、音乐运动智力等因素,全面看待学生,形成准确的定位,给学生适当的学习目标和要求。在课堂教学中,教师要意识到,学生在学习能力和学习兴趣上有很大差异。教师要切合实际,根据不同的学生个体差异形成适度的期望,给予学生略高的期望值,使学生发挥最大学习动力,提高课堂学习效率。同时,教师对学生的期望不要随时间而淡化,要保持对学生灵活适度的看法,看到学生好的一面,看到学生的改变,从而促进学生往好的方向发展。

新教师在学生成绩的提升中成就了自己的教学业绩,绝不能仅仅只停留在学生的成绩上。教师除分数以外的教学业绩,还应有学生的学科学习兴趣,

---

[1]段伟.教师的课堂期望值不同对学生学习成绩的影响[J].课程教育研究,2012(16):26.

学生的学科学习能力,学生的学科核心素养,学困生转变的成效,学生对教师的认同度,良好的师生关系,学生发展上的投入产出比……[1]新教师应该在提升学生学习成绩的同时,努力提升自己的专业素养,让经验转化成理念,让思想转化为教学主张,形成个人的教学理念和自己的教学风格,能针对自己的学科做研究,提升自我的教学影响力。

我们应谨记:"学生成绩=教师的时间+汗水+期望值","0经验"的新教师一样可以成功。

---

[1] 殷世东.学科基本素养与学科学习力:相依与迁移[J].贵州师范大学学报:社会科学版,2015(4):137-142.

## 4.有主动精神能赢得多种可能

　　一个人的成功,有诸多的偶然因素,也有诸多的必然性。与新教师探讨人生的话题,主要的目的在于,让大家提前找到成功的起点,或找到迈向成功的方式。作为初入职场的年轻人,需要思考自我在职场群体中的适应性,以及自我追逐的专业化发展点在不同时间、地点的适用范围和强度,从而促进我们在现实社会和现有环境中的发展。

　　做好本职工作是一个人成功的基础。多次与年轻人交流,我都在强调还有更多于本职工作以外的事需要我们做。我特别强调主动做事,拥有主动精神是人生取得成功的关键。前几日,与几位朋友一块闲谈何为智慧的话题。有人指出:今天所做的事,如果为明天埋雷,这样的人可谓愚蠢之极;今天所做的事,只有为明天获得更大的发展而做铺垫,这样的行动才包含着智慧。与新教师谈主动精神,主要的目的在于告诉大家:从意识到自我专业素养需要修炼的这一天起,就应该让自我充满智慧,为自我的事业成功打下基础。

　　**原规则:做事并不吃亏,而是为自我赢得发展的极富空间。**

　　什么是主动精神?主动精神就是主动去做事。时代在向前发展,纵观当下的新教师,多数人的成长没经受多少挫折,加上物质生活的优越,很多年轻人被硬性从温暖的巢穴拽出,初入职场不免依旧养尊处优。其实,千千万万的年轻人初入职场都如此,都在同一个平台,都有相同的状况,最关键的是谁能先走向独立并自强,谁能在第一时间内树立理想,并拥有主动性。也就是说,谁能醒悟得更早一点,谁就可能在同一起跑线上比别人跑得更快,谁就有可能最先抵达卓越层级。

　　这一本书是介绍教学基本功训练的,笔者却谈了一些教学基本功修炼以外的话题,除了让大家真正理解主动精神的内涵非常重要之外,还有一个主要原因在于:现代社会非主流的现实主义现象存在,部分人深受过度地追求物质与金钱思想的影响。以至于让很多年轻人牢记一份劳动一份报酬之外,很难主动多做教育教学之内的事,包括教育教学基本功的修炼。我提议每一个年轻人主动去做一些事,主动做事不但不吃亏,相反因为主动做事而让一个年轻人拥有更多的能力,赢得更多展示才能的机会。

【现象纪实】

　　一些年轻人发展速度很快,另一些年轻人发展速度缓慢,这是为什么?是两者的潜质存在差异吗?笔者认为不是这样的。只要是凭着自我努力从高等学府毕业的年轻人,其自身智力绝对不会输给其他人。很有可能,他在某一个方面超越了你,但是你的优势智力却也能超越他。可能读者会问,为什么不同的年轻人在而后的几年里会有很大的发展差距呢?回答这样的问题有些难,因为不同的人获取成功的因素都不一样,但是纵观多数成功的年轻人会发现,他们虽然都主动做事,但主动做事的目标不同,而有不同的发展点,才导致不同的发展。有人这么说:发展目标决定不同人的智力高低。

　　主动做事,对于每一个新教师而言,是一个有意识的行为。其实,很多年轻教师由于初涉职场,不懂得主动做事的道理,往往会遇事就躲避。对于新人而言,主动做事,需要的是会看事,看到了有需要做的事,就会主动去做。这是一个意识问题,每一个年轻教师需要有意识地去发现自我能做的事,自我应该做的事,自我能做好的事,而不是完成了自我的教育教学本职工作,其他的任何与学校管理、经营、科研、形象等相关的事都与己无关,这会让自我成为一个边缘人独立于学校的教师群体之外,最终还会因为过多的独立而被孤立。

　　朝着目标主动做的事多了,便会由量变到质变,个体受到职场大众的关注度也会发生质变,个体的精神面貌也会在他人审视中发生变化。主动性让个人在认定的目的里,会有独特的理解和工作方法,为此会在完成既定任务、达成对应的目的同时,让自我拥有了幂次方级数的成就。这些对于年轻人而言,可能与之交谈还会显得空洞。但事实是:一个又一个成功的教师,他们年轻时都是如此走过来的。真正能主动做事,并朝着既定目标做事,坚持多做事的教师不多,这也是只有不超过20%的教师能进入优秀及至卓越层级的原因。

　　对于年轻人而言,有着比中年人更好的精力。做事,并且做与教育教学相关的事,做与学校发展相关的事,具有个体主动性的同时,依旧还需要体现出主动精神。个体主动性是思想的范畴,是解决实践过程中的问题而反映出的一种积极性。在成为一个富有上进思想的年轻人的同时,依旧还需要让自我充满朝气,在主动做事的过程中影响他人,影响环境。一个人的能量并不只是体现于独自的发光体,会因此而发挥辐射带动作用。只要彰显主动精神,便会体现出一种独特的气质,但这种气质是通过做事呈现出来的。对于初入职场的新教师而言,主动做事体现出来的是智慧。对于多做事、坚持做事的中年教师而言,体现出来的是领导风范。为此,我们进一步指出,任何一个年轻人体现出的主动精神均是可贵品性与人格。

案例1-4

### 七年的差距

为落实"新竹工程",对于每年新分配来的教师,学校都要安排师傅:一是让年轻教师尽快地进入角色,实现有效的课堂教学;二是为了促进"老"教师进一步地钻研业务,达到课堂教学的高效。

七年前,学校分来了一批新教师,个个精明。作为分管教学的我当然高兴,所以在师徒结对的时候,我有幸带了两位老师,成了他们所谓的师傅。

私下里,两位教师我都同样对待,有话都是当着两位教师一起说。当然,也免不了把自己成长过程中总结的经验与观点告诉他们:年轻,多主动做事就是赚到。其中,A老师非常勤快,有事没事都往我办公室跑,经常主动和我交流班级管理中遇上的难题、教育教学中遇到的困惑。当我说到一个教师需要有一手漂亮的字的时候,他硬是找来字帖每天坚持练习,还经常把练的字给我看。一有公开课的任务,他总是主动请缨,在一次次的锤炼中收获成长。两年后,他在全县优质课比赛中拿到了一等奖,在班主任基本功大赛上获得了二等奖。我写活动方案、排课、组织教师检查学校教师常规工作,他都主动帮忙。后来,许多事情他都能脱手帮我完成。有时,我开玩笑说:"你就相当于我的一个教导主任,完完全全可以独当一面了!"再后来,学校每次派老师出去学习、学校间教研活动都少不了他。而如今的他,已经是另外一所学校分管教学的副校长了!

另外一位新教师就恰恰相反,不但从来不主动请缨,而且对分配的任务总是变着法想推脱。就算我这个师傅要去听他的课,也是一拖再拖。到现在,这位教师连独立上一堂课改合格课都还是问题。

【新思考】

一个人潜质无限,并不是任何发展都有可能。一个人的发展,更多地与个体富有主动性和主动精神相关。新教师有着无数的变数,但这并不表示有着无限发展的可能。如果真要提前预测一位年轻人的发展,观察其个体主动性和主动精神,也许能知晓一二。其实,对于年轻人而言,你所做的任何事,他人都可能会知道;你没有做的事,他人也知道;你努力做了什么事,他人也都知道;你没有尽力做事,他人同样知道。主动做事或被迫做事,虽然都是做事,呈现的效果却迥然不同。

许多人说现在"80后"或"90后"是不被看好的一代,是眼高手低的一代。在大多数人眼中,现在的年轻一代总把理想挂在嘴边,老是做着遥不可及的梦,却不会努力向梦想靠近。对于初入职场的年轻教师来说,由于现在教育水平的进步,教师的门槛或许已经提高到研究生或更高的学历。所以,现在年轻一代的教师都拥有不错的文凭。这也是很多年轻教师不愿意放下所谓的"身段"去做一些很小的事情的原因。在职场中,甚至发现一部分年轻人自己不主动做事,对别人主动做事又投去鄙视的眼神。这种自我不努力,而又希望他人同自己一样不做其他与自己没有直接关联的事,有这样心境的人,实则是他已经达到不可救药的程度。

拥有主动性而主动做事,这里面包含着一个人的精神世界。初入职场,作为年轻人是没有太多经验的。[①]话说多了,可能出现错误。然而,事做多了却不是这样。人们往往会因为主动做事,而对年轻人产生很好的印象。为此,在主动做事的过程中,每一个年轻人应该成为有主见的人,不能拈轻怕重,不能人云亦云。应该明白,只要是属于职场内的事,都是自己应该做的事;只要是需要人去做的事、谁都可以去做的事,都应该主动去做;只要是自己参与能让事做得更好,就应该主动去做。

很多时候,人如果太现实,一有行动便要报酬,带着这样的目的去做事,往往不会产生很好的结果。年轻人因为经历不足,需要在大量的工作实践中去磨炼自我。如涉及教育教学教研,涉及班级管理组织,涉及学校学生家长联谊等,这些本就是应该主动去做的事。只有做事,才可能让自我拥有更多的职场经验。很多时候,很多事不需要很多人去做,真能承揽到任务的只是少许人。作为年轻人,主动去做事,主动申请去做事,获得做事的机会,其间必然付出了心血和汗水。但是,就因为这样主动做事,你才有了锻炼的机会,从而也学会了其他人没有学到的知识和技能。我们换个思维,做事、多做事,也会让人生变得充实快乐。

当下的教育体制,对于任何年轻人而言,都有非常大的发展空间,但并不表示每一个人都一定有发展。每一个年轻人从意识上必须明确的是,不能输在起跑线上。年轻人在起跑线上是输不起的。现代社会竞争激烈,如若在起跑线上就比他人慢半拍,不但成功的机会减少,最终也会导致自我发展受阻。虽然本人曾多次讲过,一个人的智力成熟期在35岁左右,但也曾分析过职场人生不过"八个五年",指出过前"三个五年"的重要性。特别是在第一个五年

---

① 庞夕同.哈佛销售课[M].武汉:华中科技大学出版社,2012.

是关键的打基础的五年,要是这一阶段没有主动发展,后续的发展机会便会减少。尤其是对于年轻的女教师而言,在走向社会踏上讲台的最初几年更是宝贵。如若没有主动做事的精神,没有像小荷一样露出尖尖角,在后期更难有大的发展。作为年轻人,拥有主动精神,走好每一步,这无疑是为自我前行保驾护航的重要动力。只有我们自我愿意多付出、多做事,我们才可能获得更多的收成。

【行动指南】

当下不是空想的时代,只有脚踏实地才能应对社会的各种变化。我们必须从心底里明白,主动做事并不意味着吃亏,而是对自我的锻炼,更是对自我的提升,自我的能力也会在不断主动中得以展现。新教师作为教育战线上的新人,主动做事实质就是一个主动做事学习的过程。这里包含着作为一个新人身上所反映出的正能量,需要我们能像太阳一样予以呈现,无论走到哪里,都能驱走前行中的黑暗与困难,带给他人火一般的热情。唯有如此,我们才可变得越来越强大。

1. 端正态度,脚踏实地

俗话说,态度决定高度。我们要明白,梦想是建立在实际的基础上的,只有脚踏实地,一步一个脚印,才能攀上梦想的阶梯。新教师入职时,在思想上应该摆正自己的态度。在学校中,主动融入新的生活圈子,主动对学生进行关怀,或许只是一些很小的事,都会让他人对你的看法发生改变。当然,不要为了挣表现而做事,因为这已经失去了做这件事的初衷。

2. 主动做事,寻求机遇

主动做事即发自内心地去做某件事情。对于每一个新教师而言,专业化的初始阶段,获取经验才是最重要的目标,而且这会是在今后职场路上很重要的筹码。我们必须清楚,不要把做事当成是在吃苦,而要明白这正是获得经验的好机会、获得发展的好机会。要知道,发展机遇只留给那些有准备的人。人生处处充满机遇,但机遇从来不是放在那里等我们去摘取。每一个新教师都要明白,踏踏实实地做好每一件事,机遇总会如期而至。也只有主动做事,当机遇来临时,我们才有能力,也才会将其抓住。

3. 丰富经历,迎接挑战

经历是人的一生中最宝贵的财富。人的一生是在一次次做事的过程中度过的。学会在过程中享受,会使我们更加热爱学习和工作,更加热爱生活、热爱人生。对于新教师,刚开始的工作或许一成不变,或许枯燥乏味,甚至可能

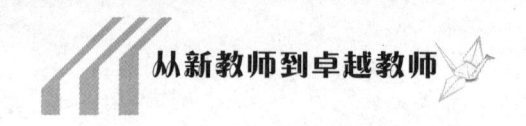

缺乏挑战,但只要留心观察,会发现不论什么事情要做好总是充满挑战,我们要直面挑战,才能一点点地积累经验。可以说,主动做事,为我们的人生(教育生涯、专业发展)赢得多种可能。

  涉及教学的,体现主动精神的事例非常多。但需要注意的是,日常教学属于常规性本职工作,是所有工作的基础,我们把它看作"1",只有尽可能地将"1"做好,不是将"1"变作"0.9"或更少,而是将"1"变作"1.1"或更多,后续的其他努力才可能作为"1.1"以幂次方的关系紧随其后,从而让个体自我的价值逐步放大。

  **我们应谨记:主动做事积累经验,赢得机遇,人生发展才有多种可能!**

## 5. 长板发展　跨越峰顶

人，都是"梦想工厂"里的员工。在这里，制造梦想，为自己圆梦。在这里，有美梦成真的故事，也有梦想破灭的故事。无论梦想设计者的水平是高明还是低劣，是持之以恒还是一曝十寒，都离不开投身梦想的行动。

作为新教师，作为青年人，正是产生梦想的高峰期，但他们可能一天一个梦想，也有可能几天又换一个梦想，有的可能富有现实性，有的则可能带有幻想的色彩。对每一个年轻人而言，实现梦想最重要的一条，便是不能忘记发展自我，能根据自我专业化发展规划而努力达到自我期望值。在此，可以明确地告诉每一个年轻人，学生时代的发展与职后的发展有着本质的不同。

学生时代的发展为的是全面提升个人的素养，为人生打好基础。正如"木桶理论"说的，整体发展水平的高度由那块最低的短板决定。很多人信奉"木桶理论"，认为世间的一切都像那只木桶，决定装多少水完全由最短的那块木板决定。其实，"木桶理论"只适用于未成年的学生时代。如果现在依旧采用这一理论来弥补自我的短板以圆梦，那可能注定你这一只木桶一生难以达到理想的高度。

对于成年人而言，真正决定自我人生价值的不是短板，而是对长板应有的潜能价值进行再开发。为此，本人在讲座时，时常提醒年轻人应加强"长板发展"。

在现实的工作与生活中，很多人都没有搞明白"长板发展"与"短板发展"之间的区别。特别是一些对未来无限憧憬的年轻人，如若真不能理解两者之间的不同，哪怕付出同等的努力，定然会有不同的发展层级。有的人投入了很多的心血与汗水，只获得少许的成就与价值。相反，有的人投入相同的心血与汗水，却获得较高的成就与价值。两者间比较，努力就有成就的论题，若不考虑具体的适用环境，就会发现它会成为伪命题。

大量的事实证明，作为成年人，创造人生价值的过程，往往会选择朝两个不同的方向来提升自我。一个是选择从短板开始弥补自我的不足，力求促成自我各方面完美。但不论怎么经营，在短板处发展，因为受到自身潜质的限制，总是难以达到最高的层级。另一个是选择从长板处开始修炼自我，力求在自我的优势智能上得到突破。这样经营的结果，长板越来越长，成效越来越突出。每个人自有的天赋秉性不同，长期经营发挥优势会使自我在某一个方面

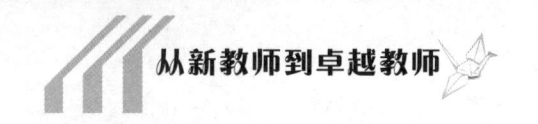

达到他人难以达到的层级。其实，一个人的精力与能力是有限的，当在发展长板促成自我在某一点上大有作为与成就时，对于存在的短板，只要不涉及道德范畴的，又能对人生有多少影响呢？

**原规则：职场人只有"长板发展"，才可能缔造神话。**

　　心想事成，是宇宙法则。当然，"心想"还是难以企及，只有"心想"的同时相伴创造性的行动，才会事成。我已经不是第一次提及，二十年前的梦想决定着二十年后的成就。事实也是这样，当很多有着成就的人回过头去总结成功经验，便会发现多年前自我制造梦想的影子。他们因为当初决定的正确性，而后坚持一步一步地走下去，最后成长之路越来越明晰。

　　成功的人往往在某方面具有天赋，而这天赋是他们及早发现自我长处，并通过多年努力才能通过成果得到证明。我们每一个人其实都有某方面的天赋，如果你早一点发现，也像他们一样通过多年努力，依旧可以得到证明。不难看出，每一个人要想真正获得大发展必须满足两个条件：一是要找到天赋的基点，即自我的长处；二是只有坚持从长处发展十年、二十年，甚至更多年。这两个条件必须同时存在，缺一不可。否则，一个人哪怕再努力，他也难以达到人生应有高度，人生只能称作平平淡淡。

　　实现"长板发展"，第二个条件，是任何新教师都可以去做的事。但是，真要满足第一条件，发展自我的长板，能找到自我的优势智力，真不是一件容易的事。这是因为，认识自我本就是大的难题，长板涉及个性化的东西。认识自我，虽然不要求像画家那样画出自我的肖像轮廓，如果不能对自我作透彻的了解，可以肯定地说，想找到自我发展长板，这几乎是不可能的事情。

　　个性的东西，便是"我"的东西、独有的东西。关键在于我们要真正找到专属于自我的量能种子，一切身心个性发展才真有可能。尺有所短，寸有所长。认识自我、发展自我，从专属于自我的很多东西中，挑选出极富量能的种子，我们才有大发展可能。有了发展的种子，加上后期的努力，提供适合发展的阳光、雨露、空气、土壤等，又怎么不会长成一棵参天大树呢？

### 【现象纪实】

　　谈发展的话题，特别是谈专业化发展的话题，必须谈可能性。一颗种子决定着长成什么物种，同时也决定了它应有的高度。这里，绝对不能只凭客观的一厢情愿，它必然包括发展条件的达成。每个人都具有无限潜能，只有让潜能变成现实才具有意义。聪明的人，他们会尽可能地让自我潜藏的可能变为现实。对于新教师而言，工作时间不长，无论是教学设计能力，还是课堂驾驭能力，或是撰写文章所需的文字功底，都不是想象中的那样出类拔萃。这个阶段是人生最为迷茫的时期，是自我压力较大的时期。迷茫和压力，也可能会给人生带来动力和希望，在一段时间内，便会促使自我朝着既定方向努力前行，并不断提升发展的速度。

  知不足而后勇，很多年轻人因为看到了自身不足，想到学生时代应对的办法，哪里不足便开始弥补哪里。如属于技巧性的工作，年轻人只要加以学习往往生效。但是，他们在尽最大地努力之后，可能会发现，当发展到一定层级时，似乎再难上升到一个新高度，期许在某一个点上获得超人业绩，近乎没可能性。其实，新教师可以适当弥补教学基本功，是有必要的。如果真要把如此的学习当作专业化的发展点，因此而锁定自我人生大发展方向，这其实是混淆专业化发展的概念。这种沿袭采用学生时代"短板理论"引领职场的做法，往往会让人不知不觉地走进一条死胡同，最让人犯难的是后续不知道该朝哪个方向努力，该如何攻破职场的那块"天花板"。

  对于年轻人而言，没有找到专业化发展的方向，是一件非常糟糕的事。努力付出后，没有收获，就会心浮气躁，开始垂头丧气，开始怀疑自己是不是真的适合做教师。此时，如果不进行适当的心理调整，不找到新的突破口，往往会致使另一种严重的情况出现：呈现出亚健康心理状态。这个时候应静下心来重新寻找自我的发展点，除了弥补教育教学基本技能技巧之外，更需要努力解读自我，找到自我的潜在优势智力在哪儿。值得说明的是，虽然这种优势的确存在，但它在专业化发展层级初期并不显眼，甚至弱小到难以察觉。有些年轻人可能会说，自己没有强项，找不出优势智力所在，这说明他是在跟他人的优势智力作对比。其实，任何人只要不跟他人作比，自己跟自己比，总会找到一项专属于自我的优势智力，其优势远远高于自己其他方面。我虽然没有办法提前给证明那就是你的优势智力，但请相信顺着优势智力方向努力发展，在多年后定然会有较大的成就。

  一个人不能正确地审视自己，自然难发现自己的长处。若一个人真正找到了发展的点，他就已经迈入畅通的高速路，只要没有障碍物，便会快速前行到达目的地。让人痛心的是，现实中有很多教师天天过着按部就班的日子，备课、上课、批改作业等，成了工作的主旋律。工作之余，看看电视、打打小牌、吹点闲牛，日子过得闲适而轻松。他们似乎不再需要去发展自我，没有时间静下心来审视自己，去发现自己的长板，找准自己的发展起点，从而确定自己的发展目标，心甘情愿糊里糊涂地让时间在岁月中一天天流逝。

那么多教师真愿意这样甘于平庸吗？这只是一种表面现象，任何人都希望得到发展，都希望实现人生价值的最大化，之所以有如此的工作生活现状，苦于没找到促进自我成功的发展点，并且长时间如此，最后采用了自欺欺人的方式，选择自甘堕落。当下，教师最需要的是在专业化发展的道路上实现突围，长处只要被发现，并努力地开发，优势价值就会被体现出来。对于年轻人而言，除了明智，更需要的是理性行动。

案例1-5

小全老师的成长之路

小全老师师范毕业后，分配到了县里最边远的小学教书。最初的几年里，小全老师用尽全力教好自己的学生。他认为，只要自己尽十二分心，便可挣得业绩。真是这样的吗？

最让小全老师感觉困顿的是，普通话不标准，加上书写差，已经严重影响他专业化层级的提升。他主动要求上公开课，努力弥补短板，但由于这两大弱项天生的存在，致使他不管如何努力，总难达到一定的高度。在参加的活动上，哪怕教学设计精巧，教学流程科学，教学效果优异，就因他那几句普通话和那几笔字，最终就只能获得三等奖。悲哉，在那教学艺术代表教学成就的年代，努力补短让小全老师总找不到成就感，让他失落了好几年。

其实，小全老师在刚入职的那段时间里，也不知道长板发展的道理。能让他彻底理解长板发展带给人生无限价值体现，那已经是在他工作十余年之后。不得不提及小全老师自我发现优势智力的过程。那年，课题研究下移，小全老师决定转向，源于他逐渐清醒，既然受限于短板，想通过公开课实现职场突围的路被封死，不如另辟蹊径着力于教育理论研究。这一转向正好对应了小全老师的长处，他的创造思维强于很多人，通过努力发展长板让他迎来了人生的春天。

小全老师从做"对讨论式教学的研讨"的小课题开始，踏上教育理论研究的征程。小全老师一切从零开始，早先做课题不知道如何下手，便找到相关的理论书籍学习，他一边学习，一边在课堂教学中开展课题研究的实践，一边进行着经验总结和提炼，不知不觉三年过去了，终让他收获人生的"第一桶金"——留下十余万字的课题研究手稿。他在课堂中也自发地围绕确立的专题进行了多次教学实践。

如今，已经著作等身的小全老师在回忆当初时，他说那三年是他打基础的三年。而后的几年，因为小全老师的勤奋，加上小全老师专业化素养发展与提升，他发表的教育教学论文越来越多。在而后短短的又三年里，他便发表了近

100篇论文,并有文章发表在《人民教育》《中国教育报》等权威报刊上。

机会总是留给有准备的人,总是留给努力者。小全老师经过十年的努力,不但成为了很多报刊的专栏作者,也出版了教育专著多达三十多本。

现今,小全老师成了山沟里的"金凤凰"。不只是在当地小有名气,他的著作与思想在全国几乎都产生了影响。现今,他从事专门的教育科研工作,并且不时地在全国各地作讲座,推广他的教育思想。

小全老师的成功,就是一个"长板发展"优于"短板发展"的佐证。其实,"长板发展"虽不能等同于另辟蹊径,但它绝对是促成专业化发展达到理想高度的桥梁和保证。

【新思考】

"长板发展"获得发展的实例并不少见。教师发展自我,做好自我行动前的选择,是对教师个人智慧的检验。如小全老师书写能力差,哪怕再努力也难练成书法大家。上帝关闭一扇门时,同时又会打开一扇窗。有些教师文化素养不足,可因他肢体语言发达,他转向对艺术及艺术教育的追求,最终获得大成就者的实例也不少见。如何发展,面对这道人生的选择题,我们必须谨慎。

"长板发展"需要的是智慧,更多的时候是一种选择,选择最适合自我的发展方向。不知大家发现没有,大凡优秀的人,大多都是"长板发展"之人,他们的发展多属于在一至两方面有超凡的能力,并在此点上做出了卓越的成就。当下,我们无数教师在发展自我中,缺乏理性思维,可能因为自己讲课死板,就把优质课、公开课上崭露头角的教师当作明星一样奉为楷模,想从这个方面来大展拳脚,发展自己的个性。这有错吗?没有!但是,通过上公开课来张扬自我的个性,这路不一定适合每个人。别人的解药对你来说可能是一剂毒药,别人的通天大道对你可能是一条走不通的死胡同。

有的教师在与别人的对比中发现了自己的不足,于是,便在不足方面下功夫。弥补自我的短板,表面来看是缩短了与他人的差距,但因为忘记了努力"发展长板",无形间又与其他教师拉开了距离。一个人在"短板"处求发展,或在"长板"处求发展,是两种不同的人生经营模式,结果会截然不同。"木桶理论"左右了很多人的奋斗方向,却没有引起人们的警觉。着力发展"短板",忽视"长板"的经营,不一定完全错误,至少反映出教育理论的不健全。

无论自己身处什么环境,都不能放弃自己的梦想。常说环境造就人,这句话得看是什么情况下用在什么人身上!有的人身处一个喧嚣的环境,极为浮躁,随波逐流,忘了自己的初衷,糊里糊涂跟人走了许久,才发现自己弄错了方向,来不及回头重新定位,就将错就错,走到哪儿天黑就在哪儿歇脚。有的人却完全不一样,无论在什么环境下,就算孤身一人,从不忘记自己前行的目标,即使偶尔迷茫,也能立刻调整思想,改变策略。我们每一个年轻教师都应明白,不论所处地是偏僻、清静或是有纷扰,如若静心思考,明智的选择前行方向,一步一步地向着目标靠近,定能使理想达成。

为了实现跨越式和可持续发展,新教师必须学会辩证地看待"短板"与"长板"对一个人发展的影响,从而做出正确的人生抉择。正确认识自己,发展自己的长板,才能缔造专属于自我的神话。每个人都不是十八般武艺样样精通,也不是浑身上下一无是处。如果能够正确认识自己,不与周围同事或者朋友比短处,能从自我身上找长处,并以此作为发展点,拓展其高度,定能独上高楼、独占鳌头。

弥补"短板",还是于"长板"处开拓是两种不同的路子、两种不同的信念、两种不同的发展方向、两种不同的拼搏历程,最终会换来两种不同的成就,造就两种不同的人生。显而易见的是,短板本身就是劣势,在这方面求发展,可能付出得多,还收效甚微。而长板本身已是优势,自然发展起来如鱼得水,发展的速度和效率就会高得多,也更容易彰显个性,而且长板的发展在很大程度上能弥补短板的不足。

【行动指南】

机会总是青睐积极进取的人。我们应该寻找机会、抓住机会,发展自己的长板。我们应明白,当自我优势可能在某次机会中得以发挥的时候,千万别错失良机;优势只有在发挥时,长板才会被发现,寻找机会迎上,跟着机会走,梦想才会实现!

每个教师身上都会是长板与短板并存,而教育人生中却很难十全十美。一个人想要锥立囊中,获得专业化发展,于"长板"处求得个性张扬,不仅是一种观念的更新,更是一种实践的创新。在此,建议如下:

1.好好认识自己,想象自己的成功时刻

意念是意识而成信念的精神状态。意念在不断深入和持续的过程,会创造出你生命的奇迹!当发现自己的长板时,你完全可以设想自己就是这方面的专家。比如你擅长演讲,就把自己当演说家,训练演说技巧,摄取不同知识,各种场合亮出自己,一次比一次优秀。最后,不成为演说家,也会是这方面的佼佼者。

但是先飞的笨鸟,如果方向搞错了也只能是劳而无功。据观察,一位教师在教育思想匮乏时,最无主见,也容易相信和接受偏见。多年来,教育领域里的盲目跟风和追风,常常是一群人影响着另一群人的表现,最可怕的是一个时代的人都跟着盲目追随。当今时代,教师对"木桶理论"的跟风近乎达到迷信程度,不注意发展自己的长板,或者不注意开发自己的长板,致使很多教师哪怕勤学苦练,也没有达到一个崭新的高度。新教师只有找对方向,才不会南辕北辙,即使成功很慢,但终究会成功。

新教师要结合自己在学生时代,以及走入教育职场的表现,对自己进行一次全面的分析和审视,并综合自己的职场现状,发现自己最有可能发展成功的方面,而后朝向这个方面去实践、去努力。

**2. 树立目标,善于向同事探讨学习**

在扬长发展的过程中,我们不能匆忙前行,要适时地停下来,围绕自己的目标和规划,全面审视和反省一番。如发现偏离了目标,或者路径不对,或者走得艰苦,就应及时矫正,让自己的专业化发展方向更实在、更接地气。朝既定目标启程,你才会享受到发展过程中因达成小目标而拥有的中间成就值。

个人优势虽然在同事或同龄人中独具魅力,但在某些情况下,也容易形成曲高和寡的尴尬局面,如自我教育主张或者见解没人应和、没人点评。这个时候,最希望听到一个赞同的声音,最好有相同价值取向的人对你价值肯定。此时,我们应善于向同事探讨学习,或主动寻求盟友的帮扶,提醒和鼓励会让你步履更加稳重而坚实。

**3. 一步一步接近目标,让优势逐步凸显**

有这样一个寓言故事:唐太宗年间,长安城的一个磨坊里,一匹白马和一头黑驴非常要好。有一天,白马被唐玄奘选中,跟随他去西天取经。17年后,白马凯旋归来看望驴友。老朋友见面,话自然格外多。说起一路上的风险和半生的体验,驴子非常羡慕,吃惊地说:"太神奇了,这么远的路,我想都不敢想。"而白马却说:"其实,我们走了差不多的行程。我向西域前进的时候,你也一步没有停止。不同的是,我有一个遥远而清晰的目标,而你却被蒙住了双眼,一直围着磨盘打转。"同样的路程,一个由于有清晰的目标而"闻名天下",一个因为没有目标而"原地踏步"。[①]所以,目标就是指导行动的纲领。

"长板发展"之路,也不是所向披靡、一帆风顺的,它需要时间和精力来做保证。如果性子急躁,想在短时间立竿见影,往往会欲速则不达。任何长远目标都需要一段一段截分成近期目标,在每一段近期目标达成后,再跨出下一步,一步一步靠近最终目标。或许,大家都还在塔底迈步的时候,你才会因另辟蹊径到达塔顶。这时候,就是你优势凸显的时候,是你个人特色展现的时

---

[①] 党书国. 海尔管理模式全集[M]. 武汉:武汉大学出版社,2006.

候,但依旧需要你能保持清醒,明白后面的路应该朝向何方拓展!

### 4.有机会发展长板要争取,没机会也要创造机会

人的一生,是机会改变轨迹。有的机会往往在你没来得及反应时,便匆匆擦肩而过。这样的遗憾,可能每个人都有过。为了能把握住不确定的机遇自己完全可以在职业规划初期找准自己的强项,立足"长板发展",做一个有准备的人。

在我们专业化层级较低的时候,需要能找到突围的办法。就算少有机会,也应寻找机会和创造机会。一旦确定了自己的长板,找到自我专业化发展点,并向其前行的时候,不能再封闭于课堂,而应主动寻求开放式的拓展路径,以求得高人指点,少走弯路,逐级提升专业素养,以获得彰显人生价值的平台。

我们应谨记:同样的里程,一个人会因有清晰的目标而"闻名天下",一个人也会因没有目标而"原地踏步"。

# 第 二 章

## 明晰"教什么" 用行动撬动课堂

他祖传的手艺，
无非是，把一尊佛；
从石头中，
救出来，
给他磕头；
也无非是，把一个人，
囚进石头里，
也给他磕头。

——张二棍

与"教什么"相比，年轻教师对"怎么教"更感兴趣。"教什么"相对固定，"怎么教"则是从"0经验"开始积累；"教什么"或许存在教学内容不合理，"怎么教"则可以通过对教学内容的选择而反映出一位教师的教学水平。

"教什么"，理解很简单，一套成体系的教材，是专家学者多年潜心钻研的结晶，内容基本锁定。一位教师只要拿到了教材，近乎就已经知道应该"教什么"，若能按照课程标准的要求执行教学计划，就能八九不离十地达到"教什么"的教学要求。

"教什么"，实践起来却不容易。很多教师教了一辈子书，随着教龄的增长却越来越不知道"教什么"。年轻教师以为知道"教什么"，却未必真知道"教什么"。

教师"教什么"，学生才"学什么"。审视授课教师"教什么"，往往能让人感知到教师专业素养的高低。审视授课教师"不教什么"，除了让人感知教师专业素养所致的影响，还能让人感知授课者呈现出的教育教学理念带给课堂教学的影响。

"教什么"与"怎么教"，两者存在着认知与发展不均衡的现象。由于一些教师视野的局限，对"教什么"重视的人多会对"怎么教"忽视，对"怎么教"重视的人又多会对"教什么"忽视。两者不兼顾，会影响教师专业素养的提升。

当其中一个方面受到重视，而被忽视的另一方面就会变成阻力，甚至成为一道坎，一道难以逾越的坎，严重影响教师的教学基本功修炼。这也正是很多教师在专业化提升的过程中，发展到一个层级后再难有超越的原因。

在本章中，将与大家一起探讨"教什么"，如对教重点和教难点、教本体、教非本体、教适用性知识、不教非适用性知识教学内容的探讨。我们将从不同角度对"教什么"进行解读，由于具体的语境不同，探讨的角度自然也会不同。希望每一个新教师在教学实践的过程中，能以我们的提示为引子，而后辩证地处理好"教什么"。

人专注一件事，才能做好一件事，才可能促进专业化层级的提升。在某一时段内，由于人思维惯性的作用，往往只会对"教什么"和"怎么教"的修炼做出单一的抉择。但也应该清醒，教师长时间习惯性只关注"教什么"或"怎么教"其中一件事，真还不行，容易导致思维固化。教师明晰"教什么"，然后考虑"怎么教"，才能让课堂教学更加有效，才有利于自我专业化发展。

## 6. 教难点 做好分解

提及教学难点,不得不涉及教学重点,因为两者是教学预设和生成的关键点。换句话说,一位教师把握教学难点与教学重点的水平,决定着教育教学的成败和高度。有很大一部分中小学生学习时几乎没有重点和难点的认知,听不懂的只要通过教师讲解听懂了,不会做的只要通过教师讲解会做了,就算完成学习任务。但我们教师不能依照学生的学习效果,把课堂标准设定为只要学生能懂会做就行。一个教师在教学的过程中必须拥有课程意识,课堂教学质量与效率按照对应的要求同步提高,才算达成基本教学任务。教的过程可以划分成三个阶段,即课前预设、课堂生成、课后反思。每个阶段的重要性,形成三种不同声音:有人强调课前预设的重要性,指出决定一堂课85%以上的成败主要看课前预设;有人强调课堂生成的重要性,指出课堂决定成败,只有课堂中全面提高质量,才可能真正收到好的教学效果;有人强调课后反思的重要性,指出只要坚持三年课后反思,不想成功几乎不可能。这些论点的形成都是因为不同的生成语境,致使各有不同的主张。每一个新教师关键在于能围绕教学内容,在课前抓住教学重点的同时,能准确地预测教学难点,在课堂中能结合具体的教学情境,教的时候重点突出、难点突破,在课后反思环节,对教学重点和难点内容的生成情况进行成败归因,才可能真正快速地提升教学基本功。

把握好教学中的预设、生成和反思三个阶段,三者之间存在着教师角色的转换和把控。课前预设阶段,围绕教学内容设置的重点和难点,严格地说,这依旧是教师心目中的重点和难点,在这个阶段是教师主体意识的体现,几乎不关乎真正意义上的学生,只是一个假设状态。课堂生成阶段,虽然是课前计划的执行,但重点和难点的主体已经发生转移,转移到学生身上,高明的教师能够根据课堂具体的学习情境调整教学,不再是以教师意识为主体,而是以学生意识为主体。课后反思阶段,依旧带有教师的主观色彩,更多的时候是教师根据自我的课堂认知做出经验总结。在这三个阶段中,新教师最需要的是掌握抓住重点和突破难点的技能与方法,在专业化提升的道路上才不会走弯路。只要深入具体的教学,便会发现在课前预设以及课堂生成的过程中,教学的重点都在两个左右，教师们预设时都能结合学科教材内容抓住教学的重点，甚至有的还能在充分理解教学内容的基础上提出个性化的"主问题"以引领。相对难点而言，课前预设准确度和课堂生成时的突破就显得困难多了，可谓是课前预设时感到困惑，课堂生成时的驾驭更感到困难。为此，我们将围绕教学难点进行技能研讨。

**原规则：教学难点往往是课堂教学的拐点，甚至需要当作"儿子"一样精心培育。**

教学需要教师有着正确的教学观。教学重点是课堂教学的支点，教学往往都在围绕着教学重点推进；而教学难点多是课堂教学的拐点，教学往往因为拐点而显得精彩有高度。很多教师在确定教学难点时，往往会显得无能为力，既无相关理念的指导，又无对应的方法以解决教学中的困境；既无间接经验的吸纳，又无直接经验的获取。很多教师对教学难点的理解，多源于对新课程标准指引的理解，如教学难点即是"学生学习过程中，学习上阻力较大或难度较高的某些关节点"，或"学生接受比较困难的知识点或问题不容易解决的地方"。这里只对教学难点产生的现象和何时易产生难点进行了粗略的概述，并没有对判断真假难点和对教难点进行深入指引。仅靠这面上指引而被打折扣的课堂，比比皆是。在实际课堂中，有效的教学难点的产生，多是在学习教学重点的过程中产生。对于教学难点的辨析，每一位教师必须明白，在教学过程中并不是教师难以给学生教懂的，或学生难以理解的，就是教学的难点。如在数学教学中，同样是对数的认识，幼儿可采用数小棒、掰手指的办法；低年级孩子需要采用的是抽象与具象混合数数的方法；对于一个中学生而言，则需要数列规律等抽象办法的运用。由于每一个年龄段对应的思维方式不同，便需要找到对应的学习方法。只有把握住孩子们学习能力的连续性和累积性的特点，才有利于教学。然而，有的教师因颠倒连续性和累积性，产生了难点，在具体的教学中经常见到让低年级孩子运用数列规律找到答案的现象，让中学生用数字与美学的关系求证的现象，这种因为错位而产生的所谓难点，违反认识规律的设定而教，教学只能是低效，甚至是无效的。预设中做出难点的判断，在生成过程中带领学生突破难点，只有真正找到难点，才能有效教学。每一个教师需要谨记，教学难点是在围绕教学重点的基础上产生的，是在重点学科知识、重点学科方法和重点学科能力实施过程中产生的，一切脱离教学实际而产生的难点（非真难点）的教学，多数都是低效或无效的。判断教学难点的真伪，而后去伪存真，才可能因突破难点让课堂更有效，才可能因为教难点让课堂更精彩。

教难点，难点意识的形成，能在具体的教学中突破教学难点，完全可以作为所有教师的一个专题去探讨，如难点知识的教学分解方法、突破难点的教学技巧、现代教学技术的应用等研究，这样才更有利于专业素养的提升。纵观当前的教学，教学难点使用频率较高的一个词便是"突破"，提示教师教学时需要围绕"突破"二字下功夫。对于教学中确认难点、突破难点的教学方法，以及结合具体学科和学情让学生主动去学、去解决问题，几乎都没有给出明确的提示。现在让人担忧的是：多数教师因为专业发展的过程中存在着惰性，从不会主动地去摸索与探讨如何教难点，基本没有教难点的意识。这种无攻克难点的思维意识状态的教学，是课堂难以提质的主要原因之一。

【现象纪实】

课堂教学是一线教师每天的主要工作，要想提高教学质量，让教师教得轻松、学生学得愉快，必须建立科学的教学体系。科学的教学体系的建立往往影响教师教学意识的形成、教重点意识的形成、教难点意识的形成。教重点和教难点都属于"教什么"，因为教难点内容的不确定性，导致一部分教师在教难点内容时感觉困难，甚至干脆敷衍过去。深究原因，其实是教师在具体的教学中不清楚教学的难点内容是什么，如果不知道什么是教学的难点内容，更谈不上教学难点内容的有效预设。教师没有教难点的意识，又怎能真正教好教学的难点内容？可能有人会说，教师在课前备课环节中都预设了一个教学难点。其实，这样的预设大家都心知肚明，多数只是一个摆设，所发挥的功效不大，有也几乎等于无。其实，"教什么"常规的要求就是教重点和教难点，每一个新教师在全面提升教学基本功的过程中，加以对教难点的研讨，不敷衍、不搞形式主义，课前借鉴他人、课中积极应对、课后总结摸索，建构了教难点和教重点的意识，才算找到了修炼的方向。

当前，对于确定教学难点和教难点，存在着一些误区。有的教师在教学中不分重点和难点，有的教师认为教学参考书中规定的难点就是教学的难点，不去调整，直接作为自己教学的难点。教学重点是由知识认知水准结构决定的，教学难点更具有随机性，对教师的要求更高。一般来说，难点由两方面决定，一是所学知识的难易程度；二是学生基础知识、生活经验和接受能力。如果相关知识较抽象，逻辑性强，与学生的生活距离较大，那么教学难度就大；反之，难度就小。如果学生基础知识扎实，知识面广，解决问题能力强，难度就小；反之，难度就大。教学中，教师若有教难点的意识，只要出现学困的教学情形，第一反应便是判断是否为难点，而后再思考如何教难点。很多新教师在课堂中遇见学困问题就绕开走,让教学缺乏了应有的高度。教学越是绕开走,越是有问题,越是有难以解决的问题,越不能放弃。

课堂提质的关键,在于我们每一个教师除了拥有教难点的意识,还能够睿智地处理所教的难点。教难点,明白难点在哪儿;教难点,聚集教学预设中的难点和教学生成中的难点。难点难以判定,教难点时除了"教什么"会给教带来困难,"怎么教"也会给教带来困难。课堂因教材、学生、课程、教师而形成具体的教学情境,任何因素的变化,教学难点都会随之变化,它不会像教重点那样保持着相对的稳定性。在具体的教学中,难点的不确定性经常会让人误判,把重点当难点、把难点当重点。其实,很多所谓的难点不一定是重点,有些内容既是难点又是重点。难点需要根据学生的实际水平来定,同样一个问题对于不同班级或不同学生,就不一定都是难点。[①]在一般情况下,只要大多数学生感到困难的内容,我们就要着力想出各种有效办法加以突破。否则,不但这部分内容学生听不懂、学不会,还会给理解新知识和掌握新技能造成困难。

在教学中把准难点的分水岭,是对教师专业素养的考验。对于我们每一个教师(包括新教师),教难点的意识构建是专业发展中的重要内容。

案例2-1

### 《纪昌学射》教学案例

《纪昌学射》一文是人教版小学语文中的一则寓言故事。本单元的单元主题是故事长廊,在教学中让学生感受故事的魅力,体会故事所蕴含的深刻道理。结合单元主题和寓言文体的特点,即"小故事,大道理",本课难点定为:理解该寓言所蕴含的深刻道理。

教学过程:

第一板块:看图猜故事,导入新课。

上课伊始,教师用大屏幕展示有关寓言故事的图片,并提问:看到这张图片,你们想起了哪个寓言故事?

故事分两个层次,第一组为课内复习:亡羊补牢、南辕北辙、刻舟求剑。第二组为课外延伸:叶公好龙、掩耳盗铃、滥竽充数。在此基础上,让学生字正腔圆地朗读六个寓言故事。而后教师导课:有人说寓言是一个魔袋,袋子很小,但告诉我们的道理很深刻。今天,我们要一起学习一则新的寓言,看老师写课题,指导学生读准"纪昌"这个词语,写好"昌"这个字。

第二板块:据题质疑,整体感知。

1. 看了这个课题,你们有什么问题想提的吗?(纪昌向谁学习射箭?怎样

---

① 刘本娜.运用多媒体技术突破化学教学难点研究[D].济南:山东师范大学,2007.

学习?结果怎样?)

2. 根据提出的问题自由朗读课文,要求读准生字新词,读通故事,思考刚才的问题。

3. 交流刚才提出的问题,随机检查生字的朗读。在此基础上,让学生用自己的语言概括课文的主要内容。

4. 厘清文章结构:"练眼力"这一部分内容,作者写了多少语段?"学射箭",作者用了多少语段?结合课题,让学生提出问题。

第三板块:聚焦重点,感悟内涵。

第一个环节:细读品味,引领学习"练定力"。

1. 默读课文第二自然段,边读边想象,画出纪昌练眼力的句子。

2. 交流讨论,研读句子:纪昌回家之后,就开始练习起来。妻子织布的时候,他躺在织布机下面,睁大眼睛,注视着梭子来回穿梭。"注视"是什么意思?飞卫老师注重的是什么?随即介绍"梭子"。然后,教师用尺子代替梭子在学生眼前穿梭,指名学生体验,引导学生读好飞卫老师的话,明确训练的要求。体验以后,让学生说一说注视尺子穿梭的感觉,联系实际比较:我们平时注视过什么?我们的注视和纪昌的注视有什么不一样?在学生充分交流的基础上,进行情境引读:透过这个句子,我们仿佛看到春去秋来,纪昌一直……寒来暑往,纪昌依旧……一天又一天、一月又一月、一年又一年,纪昌就是这样长年累月……朗读以后,让学生用一个词语来形容纪昌练眼力的勤奋。在此基础上,让学生想象:在整整两年中,纪昌会遇到哪些困难?夏天来了,他会遇到什么困难?冬天来了,他又会遇到什么困难?每天从早练到晚,他又有什么感觉?他的妻子又会说什么?周围的邻居又会说什么?每当这个时候,纪昌会怎样想? 学生充分想象以后,让学生再一次有感情地朗读这个句子。

【设计理由】在研读句子的教学中,紧扣"注视"这个词语,环环相扣、步步深入。通过练习实际、对比体验、情境朗读、想象说话等手段,使学生深深感受到纪昌的勤奋好学和坚持不懈,实现了工具性和人文性的完美结合。

3. 有感情朗读第一次练眼力的经过,并让学生思考后回答:这一段,作者先写什么?再写什么?最后写什么?

第二个环节:举一反三,放手学习"练张力"。

1. 默读课文第三自然段,与第一次练眼力的情景进行比较,有没有相同的地方?

2. 交流讨论,使学生明白两个段落的结构相同。

3. 学生运用刚才的学习方法对照插图自学第三自然段。

4. 通过分层朗读,检测学生的学习效果。让学生按照飞卫老师的要求、

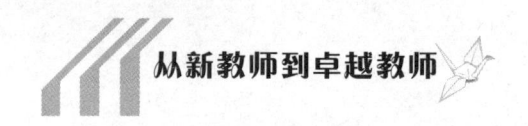

纪昌练习的情景、练习的结果三个层面开展检查,要求学生读好"极小""很大""每天"等关键词语。

【设计理由】教是为了不教。在这里,充分利用文章结构相同的特点,放手让学生自学,体现了学以致用的教学思想,体现了教为学服务的教学新理念。

第四板块:揭示寓意,拓展延伸。

1. 自主讨论:学射箭,为什么要先练眼力?
2. 动笔写寓意:给所有学习本领的人,提一个学习建议。

通过以上层层剥茧:文章用大量笔墨写纪昌练眼力,只用了一句话写他学射箭,练好眼力是学好射箭的重要基本功。由此可见,扎实的基本功对学好本领的重要性。本则寓言揭示的道理呼之欲出——学习需要打好扎实的基础。

摘编自新课程(教研版)

【新思考】

前面我们谈到教学难点的确立,提及它是教学新内容与学生已有的认知水平之间的落差。要想解决落差,分析这个落差,搭建合适的台阶,便是教学艺术性之所在。要想攻克教学难点,极其重要的一条就是循序渐进。一个5米高的峭壁,没有专门的工具,没有经过专业训练的人是很难攀登的,而以险著称的西岳华山高2154米,一般的人都爬得上去,就是因为华山开凿了一般健康人都能攀登的台阶。[①]可见,搭建平台、循序渐进的重要性。教学也是一样的道理,无论是教案的设计,还是教师用于课堂教学的课件制作,都要遵循循序渐进、层层递进的原则。每节教案、每个教学难点都是经过精心设计后得出的。但在实际授课中,教学难点的出现往往存在偶然性。突破教学难点时,有的教师觉得得心应手,效果颇佳,但也有的教师则觉得别别扭扭,死板教条。我们在突破教学难点上,不能采用单一而固定的方式,往往需要技能、方法等的恰当应用。

课堂教学中往往存在着教重点和教难点两个环节,缺一不可。探讨教学的重点以及难点,意图主要在于提升课堂教学的有效性。纵观一些虚假繁荣的课堂,课堂中没有学生不懂的,所有的教学内容似乎都不需要教师教。这种重点突出而没有难点的课堂,其导致教学的有效性被破坏。我们追求真实的高效,在突出重点的教学中,通过学情的反馈,出现学困时,学生存在知识点、思维方法以及技能的错误时,看到对教师教学素养的考验。只有教师采用积极的态度、正确的处置方法,才会被认可。其实,这样的教学才可称高效,才不

---

① 刘文,张宏伙.巧设阶梯式问题 突破课堂难点教学[J].中学课程辅导(教学研究),2013(4):86.

会因学困而受到影响,才会使难点成为教学的拐点,看到更美的风景。

在课堂教学中,教师面对课堂教学难点出现时的态度尤其重要,对教难点的忽略,往往会让课堂因为缺乏教难点的环节而表现不完整性。那种遇见问题绕着走,对教学难点问题视而不见,按照课前预设的程序一步一步进入下一个环节的教学,更多地反映出教师对课堂教学的预设不足,没有对教难点做充分的准备,缺乏对教难点的判断,欠缺处理问题的能力,致使课堂少有教难点的教学环节。虽然课堂教学中少了针对学困而出现的教难点的环节,不算是教学事故,但学生在课堂中反馈出的问题依旧摆在那里,只不过因为教师的强势推进,教学流程将其掩盖了。这样的教学没有或少有引导学生质疑问难的设置,不管怎么教也只算是低效的教学。

会找难点,能判断真难点,需要明白形成难点的主要原因:一是对于学习的内容,学生缺乏相应的感性认识;二是在学习新知识时,学生缺少相应的已知基础,陷入认知的困境;三是旧知链接新知时,起了干扰作用,因而在旧知向新知的转化中,学生注意力常常集中到对过去的回忆上,未能运用于新的学习之中,反而成为难点;四是教材中一些综合性较强、时空跨越较大、变化较为复杂的内容,使学生一时难以接受和理解,而这些内容往往非一节课所能完成。衡量教学是否有效的基本标准之一,就是看教师在教学中能否突出重点,能否根据学生实际情况突破难点。在确定教学难点时,应注意以下几个要点:

教难点,能根据教材的知识结构,从知识点中梳理出重点。对于一篇新课文,首先是要理解这部分内容整体的知识结构和内容间的关系,再把相应的教学内容放到知识链中去理解。其次是理解整个单元的知识点,特别是要详细地知道每节课的知识点,在教学中做到不遗漏、不添加。如果知识点是某单元或某内容的核心,是后续学习的基础,那么它就是教学重点。教学重点一般由教材决定,对每个学生是一致的。一节课的知识点可能有多个,但重点一般只有一两个。再是根据学生的认知水平,从重点中确定好难点。教学难点与学生的认知结构有关,是由于学生原有认知结构与新学习内容之间的矛盾而产生的。教学难点是针对学生的学习而言的。因此,我们要进行实际分析,了解学情、分析学情,根据学情来确定难点。要了解他们的兴趣、需要和思想状况,了解他们的学习方法和学习习惯。

教难点,做好难点分解非常重要。每一个教师应该建立一个意识,学生在教学过程中出现了错误或疏漏,这里一定是教师教学时需要智慧的地方,需要判断出课堂教学中的难点是否出现。出现学困的点,不一定都是在教重点的基础上呈现出来的难点,但这是难点出现频率最高的地方。教师有教难点的意识,能引起学生思维的碰撞,让学生积极主动地解决困难,需要教师掌握一定的教学技能。通常学困点一般有三个:一是学科知识,二是学科方法,三是学科技能。教难点只要方法得当,一切就会迎刃而解。如遇到学生理解困难的知识,或学生无法解答的问题,教师便可以采用困难分解的办法,针对教学现场实际情况,适时提出子级问题。当学生依旧对知识点还不够理解时,只能说明教师提出的子级问题还不够清楚,还需要进一步分解成二级子问题或三级子问题。只要教学时间允许,坚持让学生自主探究学习,不轻易给出答案,不急于讲解,便能感知到教难点带给教学的精彩。子级问题可能与原教学设计有所不同,也可能在原教学设计中没有预见。教师最好是从课堂现场发现,强化具体指导。

教难点,在做好分解的过程中,把注意力集中到学生思维过程上来,学会做出心理判断,善于发现学生的思维断点和思维困惑所在尤其重要。教师在每提供一次子级问题的同时,只有提供所需要的时间和机会,鼓励学生继续探索,课堂教学的有效性才会通过学生的学情反映出来。我们应该明白,一堂课的教学预设重点往往会在两个左右,并且与教学中的难点往往不对等,但多会在教学重点解决的过程中产生教学难点。若能根据课堂现场情境及时判断,提出子级问题的同时,做好对学生的引领,课堂会因为学生的"折腾"和教师的"启发、点拨和引导",出现教的高峰体验和学的高峰体验。

【行动指南】

找到所教的难点,找到所教的方法,突破教学难点,技巧很多,或化抽象为具体,或结合知识特点解决,目的都是为了化难为易。反观我们的教学实践经验,教难点,将难点突破,可以采用以下方法:

1. 创新教学理念的实践

教学中,难点往往是课堂教学的刺激点,如果对此无动于衷,只能说明我们的教师已经失去教的敏感,教学让他变得麻木。教学中出现难点,它往往是以破坏性的方式出现,打乱了原本流畅的课堂。这主要反映在学生身上,表现出来的情感虽然不强烈,但完全可以根据学生的表情发现他们内心的不畅。此时最佳的处理办法是为学生的不满提供解决的途径,除了找到不满的原因,并找到带给学生刺激的方法。正如伯特兰·罗素在《自由之路》一书中指出:人们应该尽力为爱好刺激的人提供建设性的发泄方法。世界上没有什么比突然的发现或发明更使人感到兴奋的了。在课堂教学中,当整个课堂受到刺激时,教师的第一反应尤其重要。最怕的是教师成为教学矛盾的点火者,而后又成为一个折磨者,一个暴君,一个看客,无意识地对学生的反应置若罔闻。

一个不入流的教师奉送真理,一个优秀的教师则教人发现真理。[1]教难点与教重点存在着最大的不同,就在于学生往往对重点内容的把握非常快,越来越少的知识难以成为教学内容的难点,能让他们受到刺激,而后让学生集中所有的时间和精力去从事那些有效果的创造性的活动,让他们找到发泄点,让他们在思考、讨论、激励、了解和鼓舞中,突然发现新知。如此快乐地教,教学艺术不再只是传授的本领,而在于激励、唤醒和鼓舞学生学习的过程,直指内心地发现真理、自我肯定与尊重。

### 2. 能辩证地处理好教重点与教难点的关系

教学中,"教重点"与"教难点"本是一组有机的组织,就像后面大家将要一起探讨的"教本体"与"教非本体"、"教不会的"和"会的不教"等一样,彼此之间存在着严密的逻辑关系。在具体的教学中,几乎不存在只教难点而不教重点的现象。重点内容是难点内容的基础,难点内容是重点内容的高度,教重点内容是课堂的保底,教难点内容是课堂的提质。一个教师如果在教学中只是教重点而没有感知到难点的存在,或只教了重点而没有感知到也教了难点,可以说这样的教学定然少了高度,也难以对课堂的质量有所保证。能辩证地把握好教重点与教难点之间的关系,无疑是一位教师能在课堂中有所作为的前提。

教学难点突破的方法和技巧,是一位教师除了理念之外应有的素养。如课堂中遇见学困的时候,能及时提供子问题来分解难度,同时教师能对学生提出合理的要求,促进他们结合教师的子问题思考、探索,能写关键词和画草图,引导他们发表观点、发现问题,能进行思维活动等。

### 3. 能借助多媒体教学解决困难

当前,云课堂的兴起,以及翻转课堂理念对传统课堂的颠覆,现代教育技术广泛地应用于教育教学中,有现代教育技术改变教育的趋势。在课堂教学中,教难点,借助网络资源和网络工具,解决传统教学不能解决的问题,能产生很多神奇的功效。新教师作为年轻人,结合教学内容,积极主动地找到有用的教学资源,并开发解决问题的新资源,这正是构建新素养、超越老教师的有效途径。当前,多媒体在课堂教学中的优势,广大教师已经有目共睹。其中最大的优势就是形象、生动和直观。恰当地利用多媒体辅助教学,以开放的姿态应对学困现象,有利于专业素养的修炼。

**我们应谨记**:教学中的难点并非教之难,关键是需要我们拥有教难点的意识,掌握教难点的方法。

---

[1] 梅花.新赠言[M].大连:大连出版社,2011.

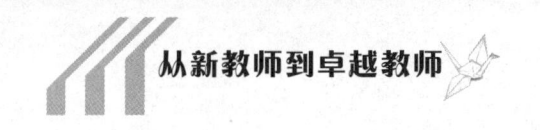

## 7.教本体 凸显学科特点

"教什么"的问题,人们一直争论不断,却始终没有取得多少实质性的进展。自教育学产生以来,工具性与人文性的问题,始终被认为是思辨中最重要的问题。无数人苦思冥想,争论不休。无论是教育理论专家,还是一线实践的教师,仍然没有形成统一的解决实际问题的意见。比如,工具性是什么,人文性是什么,怎样体现工具性,怎样体现人文性等。诚然,各门学科的基本特性存在着类似的混乱和不一致性,有时还有不同声音充斥其中,但可喜的是各门学科追求有效教学的目标依旧没变。

对工具性与人文性的思考就是如此:教的时候总想体现这两个特征以提高课堂教学效率,结果却反倒没有提高课堂教学效率。这其实就是进入瓶颈期,没有很好地找到突破口的体现。任何事物都遵循着继承和发展的理念,工具性与人文性也是如此。

打破这一僵局的是上海师范大学从事语文教学研究的专家吴忠豪老师,他围绕语文学科"荒了自己的田、肥了他人的园"这一顽疾进行追踪,而后提出了教"本体教学内容"与教"非本体教学内容"的教学理念。教"本体教学内容"(缩写成"教本体"),是指教本体知识,属于课程独有的,反映课程本质特征的教学内容,包括学科知识、学科方法和学科技能。[1]教"非本体教学内容"(简称"教非本体"),是指教非本体知识,属于非学科课程本质特征的各科共同承担的教学内容,包括情感、态度、价值观、审美教育、多元文化等。

很明显,"教本体"教的是学科本质特征的教学内容,所教的学科知识、方法与技能,属于教且反映工具性的体现。不得不说,这是基础理论的又一进步,是在早期工具性属性基础上的新发展,是对工具性的具体化,更能让教师围绕学科教得明明白白。"教非本体"教的是非学科课程本质特征的各科共同承揽的教学内容,包括情感、态度和价值观,[2]各种审美教育和多元文化等,是对人文性的具体化与拓展。"教本体"和"教非本体"的理念,不只是在语文学科中适用,在其他学科中同样适用。本小节,我们将重点对"教本体"加以研讨,至于"教非本体",我们将在下一小节中拓展。

---

[1]徐章韬.师范生面向教学的数学知识之研究——基于数学发生发展的视角[D].上海:华东师范大学,2009.
[2]钟发全.试论语文教学观念从"非本体"到"本体"的转变[J].教师教育论坛,2015,28(12):47-49.

**原规则**:本体知识是教学的命脉。课堂缺乏本体知识,全然是空头支票。

对于新教师而言,入职开始需要对"教本体"这一理念有了认知、理解、掌握与运用。从踏上讲台开始,便着手围绕所教任学科挖掘出专属于本学科的教学点,包括学科知识、学科方法和学科技能,这样的教学实践在提升自我专业化成长的过程中更易避开教学中的困惑。"教本体",以前人们更多的是朝工具性方向努力,并没有明确提出怎么教学科知识、学科方法和学科技能。相反,课堂中充斥着更多的是非本学科所特有的而所有学科都在教的非本体的教学内容,所体现的是人文性的教学内容。在以前的争论中,几乎谁也没有真正说服谁,最终采用了折中的办法,指出工具性与人文性都重要,都应在教学过程中充分体现,如此才结束了这一口水战。带着这样的理念指导教学实践,结果只能是一个模糊的认知状态,结论仿佛既体现了工具性的教学,又体现了人文性的教学,似是而非,让教学不实,学生很难从一堂课中学到真正的东西。

一个教师若认识到自己没有把孩子教好是不道德的行为,便会努力地去教。但是,有时会因为缺乏方向,不懂得如何教本体知识,走得越远,越感到困惑。我们可以说,一个教师没有把学生教好,是不符合职业道德的行为。本体知识属于教学的基础,教的过程就像给一幢房屋修建地基和搭起骨架,地基的牢固程度和骨架的高度决定房屋的高度、决定着后续的整饬。很多教师的教并非不努力,关键点还是在于体现工具性时拓展不得法,本体内容教得不多,非本体教学内容喧宾夺主。所以,为了自己的教学实践更具价值,每一个新教师一头扎进学科本体教学内容的思考、研讨和求证是十分必要的。

【现象纪实】

本体知识,是属于课堂教学独有的概念,反映课堂教学的有效性,包括学科知识、学科方法和学科技能。在教学时只有把握好学科性知识的本体性,才可能体现出学科味,教本学科该教的知识。

新教师海绵式的学习,是他们嬗变的优势。然而,这也可能成为他们的弱势。当前,人们在教什么上依旧没有达成统一,甚至很多教师教了一辈子书,都还没有明确教给了学生什么。青年教师往往靠的是模仿,靠老教师的传帮带,靠课程标准和教参教案的引领。不难看出,青年教师向谁学,学什么,都是需要认真考虑的事情。由于缺乏教学经验的支撑,往往是知其然而不知其所以然地生硬照搬,结果便只能是步人后尘。每一个新教师站在三尺讲台前,需要清楚的是怎样通过教达成目的与手段的统一,以找到前行的方向。

当众人都处于瓶颈期时，往往难以找到可供学习借鉴的经验。当下，需要每一个新教师敢于学习前瞻的充满继承性的理论，而后再展开教育教学实践。"教本体"，实则是每一位新教师应当去仔细琢磨的事。否则，一个新教师经历迷茫期的磨炼后，虽学得了很多，但因为吸纳的不是真经，自己不免也会像很多老教师那样搞形式主义，自己做了假道士而不自知。这样的结果是，不但害苦了学生，也害苦了自己，让自己的专业化水平得不到提升。

新教师的修炼，不但需要解决学什么，还得解决向谁学的问题。整个修炼教学基本功的过程，特别是对教什么的研习，这是一个需要自己独立做出决断，不断实践的过程。当向老教师很难学得真知时，向教材很难讨得真知时，你就需要大胆地实践。只有对教本体有着源于实践的理解，才可能真正有新的突破。为此，每一个新教师在自己的教学实践中，只有不断地摸着石头过河，才能习得真知。当然，这里依旧需要防止进入一个漫长而低效的过程。

解决向谁学的渠道非常广泛，但需谨慎。其实，不管是青年教师还是从教多年的老教师，他们的很多课堂普遍直奔人文情感的任务而去，过多过重地关注学科非本体性任务，对非本学科内容进行了深刻而全面的分析，对思想内涵进行深度、广度的挖掘，而无形中严重偏移了本体性任务的扎实训练，使得本学科教学任务的完成仿佛空中楼阁，看着甚美，实则虚空，学生最后收获到的最多就是某种思想教育，或者某种情感或励志的心灵鸡汤，而鸡汤的熬制过程、主料配料、做工火候通通被忽略掉了。

一堂又一堂课结束时，学生到底有什么收获，教师和学生都说不清楚，更无从检测。在"教本体"的基础上再"教非本体"，很多教师可能一时转不过弯来，不知道该如何具体操作，以至于我们的课堂总是模糊低效。新教师往往向公开课学，学习和模仿课堂的形式、内涵，这其实也是学习教的主渠道。而现在许多所谓的优质公开课为了博人眼球，做足了华而不实、内容堆砌的功夫，想方设法把众多的教学内容巧妙地串联起来，在课堂上潇洒走一回，博得满堂喝彩，捧回金奖银奖，这种课更多地属于"教非本体"过多的课。新教师由于缺乏鉴别能力，只把表面的热闹形式学过来，运用到自己的课堂上，却丢了西瓜，捡了芝麻，无意中荒了自己的园，肥了人家的田，这也是普遍存在的事。

深入教本体知识的研习过程中，若有科学理论的支撑，又能找到学习的对象，定然能促进自我快速取得真经。比如很多名师为何成名，一个主要的原因在于他们能让教的目的与手段达成真正的统一，并且能让"教本体"与"教非本体"相得益彰。如很多名师在语文教学中，他们在教什么上下了不少的功夫，通过立足教材、立足教学和立足教育等，认真钻研语文的本体性内涵，从字词句篇、语修逻文、段落大意、中心思想、写作方法和表达技巧中选取该教的本体性知识,结合学生认知水平、年段特征,找准知识获得点、语言训练点、能力提升点和方法习得点,让学生在听、说、读、写各方面得到训练和提升,最终形成语文能力。

案例2-2

## 《凡卡》教学案例

《凡卡》是小学语文课本中的经典课文之一,由于极浓的悲情基调,容易煽情,容易讲出效果,很多教师喜欢把它选为公开课来上。

这篇课文有两处典型的对比描写:一是描写凡卡在城里学徒生活的悲惨;二是描写凡卡回忆在乡下和爷爷一起生活的快乐。这是许多教师上这一课时必抓的教学点,但不同教师抓这个点的教学目的和用意却大不相同。

我曾多次听过《凡卡》的公开课。大致就分为两派:一派是用这两处对比描写激发学生对凡卡的同情,懂得课文是通过凡卡的悲惨命运揭露资本主义制度的黑暗,让学生感受生活在社会主义祖国的幸福;另一派是用这两处对比描写感受作者的表达技巧,如何通过对比描写这种表达方法来凸显人物的悲惨命运。其中两堂课给我留下深刻印象,在选择教什么上各具典型性和代表性。

王老师是某县冉冉上升的青年教坛新星,在一次县级公开课中选上了这一课。初读课文之后,直奔主题,让学生找到两处对比描写,通过各种方式朗读,让学生说出读这两段时的不同感受。学生自然说出对凡卡当学徒时深表同情,而在乡下跟爷爷一起时的快乐,希望他永远留在爷爷身边。接下来,王老师抛出最沉重的问题,难道爷爷不爱凡卡吗?既然城里那么悲惨,爷爷为什么要狠心把凡卡送到城里去受罪呢?学生进行了各种各样的猜测,最后,还是王老师的谜底最具权威性,这是所有学生想破脑袋也想不出来的原因。

王老师表情严肃地说:"爷爷也舍不得把幼小的凡卡送到城里去受罪,但是他也没有办法。在乡下跟爷爷生活在一起虽然快乐,但那是短暂的。爷爷要是去世了,凡卡连活都活不下去。送进城里当学徒虽然挨打受饿,但凡卡也许还能活下去。在黑暗的资本主义社会里,像凡卡这样命运悲惨的孩子还有千千万万,要改变他们的命运,唯有推翻那种黑暗统治。"然后,王老师又回到现实生活中:"看看你们现在多么幸福,每天在窗明几净的教室里学习,有父母的疼爱,老师的关心,你们要感谢父母,感谢老师,感谢我们的祖国,用努力学习来回报父母、老师,将来长大了报效祖国。凡卡用写信表达对爷爷的思念,你们用什么来表达自己对远在他乡工作的父母或亲人的思念呢?现在用手机就能给自己的父母打个电话,表达对他们的思念之情。"于是,同学们借用老师的手机，纷纷开始打电话。"妈妈，感谢您……""爸爸，我想您！"……几分钟以后，老师所要的效果出来了，一个学生开始哭了，接着有更多的学生哭了。哭声感染了老师，听课的老师也开始抹眼泪……下课了，学生和老师仿佛还沉浸在刚才的悲情当中，回过神来，对王老师这堂课纷纷啧啧赞叹。王老师的这堂课成了这几节课中当之无愧的第一名。

王老师因此名声大震，不久之后被选调进城区小学。

时隔几年，我在王老师所在的小学再次听了他同样内容的课。老师的教学点没变，但重心发生了转移。他让学生自读这两段内容之后进行小组合作学习，讨论这两段用了什么表达方法。然后，学生在讨论中，总结出了对比、衬托、插叙等表达方法。在全班汇报交流中，师生共同思辨，越辩越明白。第一，讲凡卡的悲惨遭遇时，作者的叙述、凡卡的信和他在写信过程中的回忆三部分内容穿插在一起，互相映衬。第二，采用了对比、反衬、暗示的表达方法。文中以引用写信的内容为主，凡卡向爷爷倾诉当学徒所受的虐待欺凌，基调是"苦"；文中插叙回忆的内容，主要讲在乡下生活的快乐，基调是"乐"。诉苦为主，以"乐"相衬，形成内容、情感上的对比，再加上对凡卡写信环境、动作、神态的描写，使读者更加深刻地感受到凡卡内心的"痛"。最后，课文以凡卡的梦结尾，暗示了他愿望的破灭，给人留下深刻的思考。

最后，教师总结，用对比、衬托的方法，可以突出表现事物的某一特征。然后，运用这种方法，写一两段话，当堂展示，师生共评，效果很好。

通过这样的学习，相信学生收获的是实实在在的表达方法、技能技巧，是看得见、摸得着的语学语用上的明显收获，马上就可以运用，当场可以检测。这就是语文的本体性任务，而不是虚空的思想教育。至于人文思想教育重要吗？重要，但不能在语文学科中因噎废食。所谓坚守好学科教学的根本才是正道，不能上着上着，跑到别的菜地里施肥浇水去了。

【新思考】

"教本体"，需要的是合理解决教学内容的取舍问题。造成教什么难以确定的主要原因，还是自我理论支撑缺乏科学性和自身经验的不足。以上案例中，同一个老师，同一教学内容，对教学本体的认识不同，教学方法与教学效果就完全不一样，可谓一个感知"教本体"的教学典型。教材是例子，需要教师根据例子去找到和明晰需要教给学生什么，才可能很好地达成教学目标，完成教学任务。如何正确地做出选择与取舍，这实际上依然是教师教学基本功的问题。如文本知识点的分解、多种学习方法的运用，以及教学技能的提示等，都需要教师有着非常强的教学基本功。

"教本体",我们已经对什么是本体教学内容重复多次。为了加深印象,有必要对学科本体教学内容的逻辑表达方式做进一步的探讨。很明显,学科与本体教学内容即知识、方法和能力之间存在着由此及彼的关系,教学内容必须体现的是本学科而非其他学科,这才是形成"教本体"的前提,否则教的便不是"本体教学内容",已经属于"非本体教学内容"。同时,也应该看到,只有完全地实现对本体教学内容所承载的学科知识、方法和技能进行教学引导,并让学生感知、理解、实践和运用,这样才算是教了本体。

教,应该是目的与手段并存。一方面,教什么是为让学生学什么,这是教的目的。另一方面,怎么教是为让学生怎么学,这是手段。通常目的与手段一致,才能达到很好的教学效果。教的不确定性,已经致使教很难达到一个理想的教学效果。探讨"教本体"与"教非本体",关键在于能明确教什么,让教什么确定下来,而不是喋喋不休、咄咄逼人地争论出一个结果。"教本体",所教的内容必须是专属于学科的知识、方法与技能,才可称本体教学内容。任何扩大和遗漏,都会给教学带来严重的影响。如"1+1=2",若教学时只教给知识,让学生识记了"1+1=2"这样一个算式,那就算是只教给了知识。教学中,还得结合生活实际,让学生知晓用小棒摆一摆的方法,同时让学生能应用"1+1=2"解决生活问题,这样的教学才算完整。非常可惜的是,有的教学过程只完成其中一部分的教学任务,遗漏了本体教学部分内容。在规定的教学时间内,如果你没有教给学生本体内容,便会用大量的时间去做其他事,如教学中出现"1+1=2"的学习是否快乐的争论,或者探讨"1+1=2"产生的条件,要么教师教错了,要么就是偏离本学科而探讨其他学科的一些知识,如生物学、化学等学科的知识。如此的教学甚至不算是画蛇添足,因为没有画完蛇,便开始添足。作为新教师,在教学的过程中,必须明白教学的内容只有完全包括学科知识、学科方法和学科技能,才可算是一个完整的教学过程,才可称"教本体"。否则,遗漏其中的任何之一而采用"教非本体"的办法来掩盖教学的漏洞,结果只能是让课堂的效果变得更差,学生并没有真正学得知识、习得方法和技能。

教学的探讨已经涉及职场道德和专业化发展层面的探讨,甚至是教学价值的探讨。"教什么"和"怎么教",因教而让自己站稳课堂,这里不免会产生安全与生存意识。为此,我们完全可以得出一个结论:"教本体"是满足职场安全感的第一条件。当下涉及工具性与人文性的争论还非常多,他们并没有找到发展的理论来解决这一争论,都在维护自己的尊严而死守防线。虽然诸多的课堂也教得理直气壮,教得慷慨激昂,但教学效果如何呢?任何没有真正促进学生知识、方法和技能提升的教学,都是低效的教学,都是不合格的。这里,虽然也涉及了抽象性的对教学产品的评价之争论,但更多是因为难以形成清清楚楚的判断标准,致使无休止的争论还有延续的可能。特别是一些属于文科的教学,是否掌握真知,相对于理科更难以判断,这就是文科教学与理科教学意见更难统一的主要原因。不管怎么争论,只有回归"教本体",真正回到"教本体"的主线上来,方向对了,才不会再走弯路。

【行动指南】

一把剪刀,在高明的裁缝手里,巧手如神,能裁剪出时尚得体的服装;在医术高超的医生手里,妙手回春,能挽救宝贵的生命;而在普通人手里,他可能只能修修指甲、剪剪花草。"教本体",这只是一个理念,一个教师拿它来干什么,怎么做才能发挥它的最高价值,让它在你手里化腐朽为神奇,是一个青年教师要努力和下功夫的方向。在教学时,如何做出正确的选择与取舍,这依然是新教师教学基本功修炼的问题。为此,在掌握"教本体"理念的基础上,再做出如下建议:

1. 精读课标,用好尚方宝剑

课程标准是教育部科学制订的学科教学总目标,它就是我们教学的指挥棒。精读课标,认真领会课标精神,明确年段任务,任教哪个年段,就把那个年段的课标烂熟于胸,牢牢把握,这样才不会让我们在教学中迷失方向,避免越位或者不到位的现象。这样一来,我们在具体的教学中,才可能精准实现"教本体"的教学目的。如语文低段的教学应该是生字教学、词句训练等,该低段做好的事情,就在低段扎扎实实打好基础。在高段时就做该高段做好的事情,不要还缠绵于低段的任务。如有些老师,五、六年级了,还在课堂上反复地分析字形结构,整篇地抄写字词。而有些老师,才一、二年级,就在深度分析课文内容,传授写作方法。这就是"课程有标,柜中睡觉"的现象造成的。许多老师不看课标,只凭感觉盲目教学,这样的课堂当然质量低下。

2. 解读文本,把握本体任务

深度解读文本,弄清文本里包含的本体内容与非本体内容,厘清本体与非本体之间的关系,把本体任务作为教学的主要内容,而将非本体任务渗透在本体任务之中,为本体任务服务,或促进本体任务的达成。不管是文科还是理科,只要认真解读文本,都能从中把握住"教本体"的教学目的,并很好地落实教的任务。本体任务就像大米白面是主食,要让学生在主食的基础上添加副食,而不是把副食直接当主食,这样会吃坏了肚子,搞乱了肠胃。了解学生知识和能力的起点,找准学生的最近发展区,一切从学生的实际情况入手,不要人为拔高学习难度,当然也不能只关注低起点的学生。根据学生实际情况在教材中找准最具有核心价值的教学内容,让每个层次的学生都学有所获。

### 3.靶定目标,找准重点、难点

"靶"是"打靶"的"靶",意即精准目标。我们认真解读教材之后,在把握好本体任务的前提下,进行课堂教学设计时,首先要精准地确定教学目标,这是课堂成功的关键。目标定不准,课堂效果会事倍功半,劳而无功;目标太多太泛,会弄得课堂臃肿,顾此失彼,教学难有实效。所以,定教学目标一定要像打靶一样,打准十环靶心,而不是在十环外徘徊。一堂课的教学目标最好不要超过三个,遵循的基本原则是一课一得。目标锁定一定要具体而清晰,便于学习活动的操作,绝不能含糊虚空。目标还要符合年段特征,不能拔高就低。目标一旦定准,重点、难点自然是目标的核心价值所在,所有的教学活动都得紧紧围绕教学目标,为突破重点、难点进行设计,不能偏、不能倚,方能有效提高教学效率。

**我们应谨记:**很多教师的课堂经常改变学科本性,丢了西瓜,捡了芝麻。专心耕耘自己的田才是正道,以"教本体"真正凸显学生的主体性,让他们在其中彰显自我、发展个性。

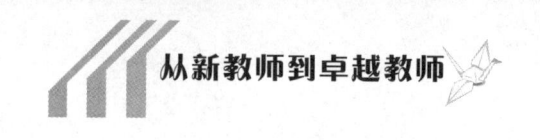

## 8. 教非本体 体现人文性

"教什么"的重要性,通过前面几小节的交流,大家应该已经清楚了。每一位教师都有自我相对独立的任教学科,各学科均有与该学科相对应的"本体"性教学内容以及与其他学科交叉、融合、共有的"非本体"性教学内容。前面小节已经和大家交流了"本体教学内容",并与大家谈了"本体教学内容"主要是指每一学科独有的,反映课程本质特征的教学内容,指出其外延主要包括学科知识、学科方法和学科技能。可教学并不能只教"本体教学内容",还应包括"非本体教学内容"。如低年级识字教学"我爱北京,我爱中国"这几个汉字,会认、会读、会写、会应用等,绝对是这几个汉字教学的重要部分。但若只完成了本体内容的教学,就再没有关于"我爱北京,我爱中国"这几个汉字所包蕴的情感价值观的引领,可以肯定地说,这样的识字教学是不完美的。同一内容如果编入品德与社会课教材,教学的本体与非本体内容又另当别论。有人在谈"本体教学内容"时,甚至提出可以忽略"非本体教学内容",这显然是不合适的。为此,我们在与新教师交流"本体教学内容"的同时,再一次抛出绝对不能忽视"非本体教学内容"。若轻视后者必然会犯下非常低级的错误,长此以往,就可能完全背离教育教学的本体目标。

"非本体教学内容",主要包括情感、态度、价值观、审美教育、多元文化的体现,[1]它并非某一学科课程本质特征中所独有的,是各学科应共同承担的教学内容。"非本体教学内容"的教学,体现在反映人文性的教,就像案例所指的识字教学——"我爱北京,我爱中国"。要使学生产生热爱祖国的情怀,不只是识字教学中所独有的,还可以通过品德与社会等其他学科教学达到同一个教学目标。对于"非本体教学内容"的认识,以"我爱北京,我爱中国"所产生的情感能做出最本能与最基础的价值判断。所以,我们在理解"本体教学内容"内涵的同时,其实还应该感受到"本体教学内容"与"非本体教学内容"之间存在着的这种特殊的由此及彼、非此非彼的关系。学生在教学中产生某一情感,他是由"本体教学内容"新生成的,由于认识"我爱北京,我爱中国"这几个汉字,才在认识这几个汉字的过程中产生了对祖国热爱的情感。相反,如果教学的是其他内容的识字教学,定然不会产生与"我爱北京,我爱中国"这几个汉字相

---

[1]吴忠豪.本体性和非本体性教学内容——关于语文教学内容的选择[J].新教师,2014(2):18-20.

同的情感。这种由此及彼、非此非彼的关系,说明"本体教学内容"与"非本体教学内容"之间存在着一种传承关系,像养鸡生蛋、生蛋孵化小鸡一样,存在着基础与延续的转化关系。

### 原规则:非本体知识属于副食,却是教学高品位、高质量的象征。

教"非本体教学内容",在教学中所发挥的作用是固定的,教学的秩序也是固定的。识字教学"我爱北京,我爱中国"这几个汉字,是属于"非本体教学内容"的实施,无可厚非的是对学生进行爱国主义教育,几个汉字的教学成为实现这一目标的基础。很明显,这里几乎不存在先产生"非本体教学内容"的目标,再进行着这几个汉字的教学。在进行"本体教学内容"的教学时,一定要以完成"本体教学内容"之后,方才可能进行"非本体教学内容"教学。否则,其课堂便会存在着虚空不着地的情形,存在着强行灌输的情况。

与新教师谈"非本体教学内容"的教,须提及它在教学中的应有价值和地位。首先是教学价值。有人研究美国的教育,发现他们的小学教育只有教学大纲和课程标准,没有现成的教科书,他们在单词教学中尽可能只涉及单一的单词教学,仿佛他们关闭了"非本体教学内容"之门。其实,几乎不可能孤立存在着"本体教学内容"。如对"Apple"这一单词的学习,由于学习者存在着表象意识和本能的欲望,学生不可能只是对"Apple"这一单词进行简单学习,同步会产生"我喜欢苹果""我想吃苹果""我想得到苹果"等一系列的想法。如果简单到只是能读、写单词,那这样的教学也就不成称教学,美国的教学也不可能如此简单。教"本体教学内容"的同时,依旧需要对"非本体教学内容"的呈现。如果要形象地比喻其应有的价值,整个教学就像是一次大餐,教"本体教学内容",就像是为其提供的米饭、馒头等主食一样,而教"非本体教学内容"就像为饭后所提供的水果一样的副食。主食提供必需的营养,副食提供的是生活质量,提供的是另一种口味。因此那些只教学"本体教学内容"的课堂,是不可能达到有高度的课堂,不可能体现教学的多元价值。其次是教育价值。学生不只是需要知识、能力及方法的习得、运用,还需要得到情感的慰藉,依旧需要得到审美教育和多元文化熏陶。这就好比完成"主体教学内容"的教学,就已经给学生一艘可以远航的帆船,可以下水,可以起航。但还得需要找到其前行的方向,提供必需的动力,才可能达到目的,这"非本体教学内容"的教学,便有提供方向和动力的作用。再有,心智成熟的价值。一个人不只需要知识、能力和方法,还需要更多的其他知识补充,往往"本体教学内容"让学生习得后能产生应有的实践需求。只有对其产生的原因、目的及意义有更深刻的了解,同时其

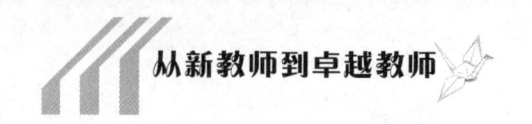

情感需求的阀门被打开,方才会有坚持的勇气和为达到目的而不懈努力的恒心。

【现象纪实】

没有把握好"非本体教学内容"的度,这是当下教学中普遍存在的一个问题。新教师更是犯此类通病的高发人群。纵观当下的很多课堂,便会发现已经出现一些偏激倾向。从事理科教学任务的教师,他们在教学中过多地重视"本体教学内容"的实施;从事文科学科教学的教师,他们在教学中过多地从事着"非本体教学内容"的施教活动。只要深入观察,还会发现男教师多重视"本体教学内容"的教学,女教师多重视"非本体教学内容"的教学;城镇教师多重视"本体教学内容"的教学,乡村教师多重视"非本体教学内容"的教学。这就像思想斗争一样,过左过右,虽然没有犯"三观"问题,但一定会使教学出现问题,并且这已经成为教学质量下滑的原因之一。

在任何教学过程中,高质量的教学是能将"非本体教学内容"应用到恰到好处。当下,特别是在某一些学科中,存在过多重视"非本体教学内容"教学的现象,致使学科教学出现严重的贫血问题。如长期以来,语文教育的高耗低效被专家诊断为:以"非本体教学内容"占据课堂目标和内容致使语文目标走偏、语言文字运用功能淡化、语文课程性质异化。其实,此类现象的产生,真还不只是某一阶段和某一部分或某一区域教师的问题,集体无意识现象的存在是其主要原因。尽管少许人已经认识到相应的问题,却也几乎无法扭转整体风气。特别是,近年在某一个时期,经常会发现其教学教改现象像搞运动似的,当一个运动还没有结束,另一个运动又启动。

物极必反的道理人们都懂,可人们就是不撞南墙不回头。"非本体教学内容"的教学,人们习惯性偏执,当撞墙时才发现是以前忽略某方面所致,之后便会过度地重视与开发忽略的那方面。这种习惯性偏执的结果,只会是当重视某一方面时,其他方面又开始被冷落,或被受到抑制,结果更糟糕,更易导致习惯性贫血。在前行的过程中,所搭建的桥梁已经无法为后续的实践继续提供前行的支持,当习惯性偏执或习惯性贫血都无法调和所有矛盾的时候,自然便会爆发危机,导致认知的革新。"非本体教学内容"与"本体教学内容"之间的关系,并非"是"与"非"之间的否定与被否定的关系,也并非一种简单的相背离的关系。有人曾用钱币来打比方,"非本体教学内容"与"本体教学内容"属于钱币的两个面,是一种同时存在,相互支撑的关系。作为新教师,在对教什么做努力时,若能对"非本体教学内容"与"本体教学内容"这一组教学内容做辩证研究,定然会对教学内容有更科学更合理的认知,并在践行的过程中,不但保证基础性达标,更能朝向更高的教学品位奋进。

案例2-3

### 《富饶的西沙群岛》教学案例

一堂课,非本体知识较少,注定课堂干瘪。不但会降低学生学习的兴趣,而且还会让教师的"教"与学生的"学"低效。

李老师今年刚进入教师队伍,学校早早地提醒,要他上一次"入格课"。月余后,终于迎来接受检阅的那一天。这次,学校采用了同课异构的方式,让新老教师围绕《富饶的西沙群岛》先预设,而后同台献艺。下面,进入李老师的课堂:

一、谈话引入课题

1. 由西沙群岛引入课题,出示课件地图。

2. 出示课题,抽学生读相关资料,老师再读加以介绍。

3. 出示图片激发学生学文兴趣。

二、学习字词

1. 展示幻灯片,检测字词。(山崖、形状、海参、懒洋洋……)

抽一位学生读,其余学生跟读;再齐读一遍之后开火车读。

2. 展示幻灯片,进行多音字教学。(参:海参、参加)

学生自己先试读,再抽学生加以朗读。

3. 出示词语中的三个,理解词语。

师:关于这三个词,你能不能想象在哪个时候用哪个词?

生:桌子、头发、小草……

4. 展示"威武",问学生哪里容易写错?学生立刻找了出来。

5. 屏幕出现两个字的笔顺,学生跟着屏幕书空。

三、学习课文

(一)初读课文,整体感知

1. 出示学习要求:读准字音,读通句子;找出一句概括西沙群岛的句子用线画出来;想一想课文描写了西沙群岛的哪些特点?

2. 检察自学情况:课文从(　　)(　　)(　　)(　　)来介绍西沙群岛。学生回答后教师板书。

(二)学习第二段

1. 勾出中心句,再读文。

2. 出示图片,理解山崖、峡谷、颜色深、颜色浅,并由此归纳成"五光十色"

"瑰丽无比"。

（三）学习第三四段

师：这一段介绍海底的什么景物，他们是什么样的？

生：珊瑚、大龙虾、海参……运用了"各种各样""懒洋洋""蠕动"等加以描写。

读句子、抽学生说、插图片进一步理解像绽开的花朵、像分枝的鹿角、蠕动；再次齐读句子，后面继续以此方式学习关于海滩和海岛的内容。（课堂上部分学生精力分散，碍于有教师听课，为数不多的几个跟随教师思路走的乖孩子也开始疲劳，刚开始上课时的激情消退，教师只有勉强带着微笑生拉着课堂往前走。）

四、总结课文，升华主题

1. 读文：西沙群岛风景优美，物产丰富，真是个可爱的地方。

2. 情感教育：西沙群岛是我们祖国的一部分，我们为祖国拥有这样的宝岛感到自豪，请大家自豪地朗读最后一段。（孩子们的激情一下子被调动起来，整堂课在激越高昂的口号声中结束。）

此时，下课铃声响了，李老师又满心喜悦地走下了讲台。可以看出，李老师这节课对自己的表现是满意的，因为课前是下了功夫的，课件资料、图片、生字、多音字等都是在自己预计之中进行制作的。他讲完了课文，课件运用也很顺畅，与学生互动交流行为基本被掌控在手中。

接下来进入老教师的课堂：

一、引入课题

师：同学们，昨天，我们初步学习了课文，谁来说说课文中西沙群岛给你留下了什么印象？（学生各抒己见）

师：现在，让我带你们去欣赏西沙群岛的美丽景色吧！一边播放课件，一边介绍。

二、明确目标，初读感知

1. 分配任务，合作研学。

设置海水、海底、海滩、海岛四个组，推选组长举行授旗仪式，由组长带回教师交给的研究任务，在组内进行学习。

根据任务，小组互学完成导学单，准备开展研究成果展示会进行展学。

三、精读深思，展示成果

（一）海水组汇报（用自己喜欢的方式表现海水的特点）

1. 生：我们组用优美的朗读和五彩的粉笔表现海水的美丽。（一人板画，其余同学接力式的朗读海水段落，读完听众评议。）

2. 师:你们的表现感染了大家,让我们都用声音和表情来传递美,读出对祖国海岛这份特别的情感来。

(二)海底组汇报(用课文中的四字词语归纳海底的特点,分别找出用关联词语和修辞手法来表现这一特点的句子勾上横线,试着用这样的方法分别说一句话;用肢体语言配合有声语言朗读此段内容。)

1. 组长根据导学提示,带领本组成员共同汇报学习情况。

2. 教师带学生评议的同时,追加说话训练。

师:你们组教给了大家"抓住关联词语和修辞手法这样的关键句子理解课文"这一非常好的方法,我们也想试着说两句。

学生在教师的激励下大胆发言,先用"有的……有的……有的……有的……"造句,再用"夸张"手法说话。

(三)海滩组汇报(介绍自己收集的关于贝壳和海龟方面的知识)

(四)海岛组汇报(西沙群岛的海岛是鸟的天下,从鸟粪多、鸟蛋多能够表现出来。鸟儿是人类的朋友,怎样宣传让大家都来保护鸟儿呢?)

生:我们组每人写了一句广告语。

师:我们还可以通过发倡议书、办手抄报、画宣传画、编儿歌等多种方式来表达。

四、熟读应用,迁移创新

1. 导读:看得出来,孩子们是带着自己的感情认真学习了课文,齐读最后一段,读出你的全部情感。

2. 看板书总结"总分总"的构段方式,用这一方式说"公园里的花真美丽"再写下来。

两相对比,不难发现李老师受教学参考书和教案的牵制,完全呈现一种背教案式的照本宣科,课堂上利用教案和课件按部就班地拉着学生走,对学生的学习状况无暇顾及。原因在哪儿?"非本体教学内容"的重视度不够,致使课堂机械地向前推进,让课堂生硬,缺乏灵活性。老教师的课也有不好的地方,也被课文的内容牵着鼻子走程序般一步一个脚印地"教课文"。或者为了完成练习册上的作业,进行所谓本体性知识与非本体性知识的教学。从内心里他们知道三维目标涵盖的"知识与技能、过程与方法、情感态度价值观",知道要关注人文,要培育多元文化(或价值观)或审美观,打心眼里留给这部分内容时间和空间。然而,他们在课堂上并没有明确的教给什么的理念,致使"本体教学内容"和"非本体教学内容"教学目标都不明确,课堂中过多的形式穿插其中,结果只能是云里雾里,没有明显的层次感。

## 从新教师到卓越教师

**【新思考】**

"本体教学内容"和"非本体教学内容"之间关系的处理,需要的是科学化、递进式的处理。两者之间存在着先后的血缘关系,仿佛是"本体教学内容"是老子,"非本体教学内容"是儿子,定然是先有老子,而后才有儿子。两者之间的关系更像是爬山,只有当爬上一个台阶,才能看到某一层级的风景;只有达到某一个拐点,真正上升到一个新的层级时,才可能看到新的风景。"本体教学内容"作为"非本体教学内容"的拐点,我们在实施教学时,只有引导学生从初始层级开始攀爬,并引导学生完成"非本体教学"任务时,才可能真正完成课堂中重点突出、难点突破的任务。任何教学内容的处理都非常现实,那种想看到更加美丽的风景,而没有由"教本体"到"教非本体"拾级走到拐点迈向新的层级的教学,哪怕踮脚也没有达到理想的课堂教学高度,让教学空虚。那些只达到一个层级便再没有向上突破的人,他不管有什么设想,几乎也看不到新的风景。

"本体教学内容"与"非本体教学内容"之间存在着度与量的关系。教学时,需要合理体现,并适时把握,才可能相得益彰。案例中呈现的教学,其中的问题反映出两者度与量的出现。在课堂中缺乏应有的灵性,致使课堂难以达到理想的教学效果,要么过于呆板,走过场,要么过于滑头,做形式。在课堂教学中,"本体教学内容"所占用的教学时间要多于"非本体教学内容"所占用的时间。就像打基础一样,宏大的基础建设占据着整个工程总量的绝大部分工程量,然则"非本体教学内容"所占用的工程量虽然不高,但他所产生的效果决定着基础工程的价值。就像房屋的装修一样,虽然"非本体教学内容"不需要再给予整体架构式的宏大设计与建设,但其投入的钱财并不一定比前期工程少。当然,对于"非本体教学内容"的过度化,会出现更严重问题——过度包装,看起来热闹花哨,其内则为败絮,不免让人产生对其内在不认可。对"非本体教学内容"的处理,教师就应精心进行选择,在把握适度的原则下将教学内容进行有效重组。在合理加工、整合和拓展中,要尽显学习资源的优势。从文本意义上说,要"立足文本""用足文本""超越文本",把握好文本的难度、广度和深度,才可能达到一个很好的效果。

"本体教学内容"与"非本体教学内容"的教,两者之间存在着超越的关系,且需要有必要的超越。为此,在教学的过程中,教师必须摒除机械地执行预设,根据教学的生成做出必要的调控。在与教师探讨两者的关系时,不少教师谈到在之前已经对两者做过设定,可执行时却按部就班,导致没有出现理想的教学效果。很明显,"非本体教学内容"虽然可以预测,但其教学只有根据具体的生成做好灵活处理,才可能实现超越。"本体教学内容"的教学没有达到预定的结果,却又完全按照预设推进,结果便只能是生硬,显得青涩。若早已超越预设,却依旧按部就班,显然也不合适。为此,在教学时,必须是两者的一种顺时超越和顺抛超越,才可能真正达到一个新的高度。

每一位新教师对于"本体教学内容"与"非本体教学内容"的认识,必须明确的是,这两者间是一种"教什么"的存在形式。只有真正将这一种形式认识,并在自我的认知中构建,才可能在一线教学实践中加以修炼。当然,这里也包括对学生学习效果的把控,不只是对学生知识、方法与能力的追求,还包括对学生情感、态度和价值观的教育。让教学与教育同步,让能力与思想建设同步,这样的教才可能真正满足高素养教学的需求。在处理"本体教学内容"和"非本体教学内容"的过程中,由于较好地把握了这种形式,其教学理念的提升在无形中便会超越当前的一些区域性理念。从根本上建构了自我的课程力,会为全面提升专业素养打下基础。这样为自我完成教学任务发挥推进作用,但还要主动将课堂教学作为研究对象,开始对"教什么"展开研究,从而收获更多他人所不具有的"财富"。

【行动指南】

强化对"非本体教学内容"的认识,重在教学过程中渗透思想和情感,渗透审美与多元价值观,除理念之外,更重要的在于能有具体的创造性的实践行动,为此提出以下建议:

**1. 蹲下身子来教书**

不把自己当教师,应把自己当学生。"非本体教学内容"往往具有时代特征,很多东西不一定只有教师知晓,可能部分学生已经先于教师掌握。为此,在设定"非本体教学内容"时,要把每次备课都当成第一次,并且先把自己当学生,能从学生所处的时代及所掌握的知识去挖掘出应有的教学内容,能从学生的思维出发揣摩可能出现的问题或困难,判断他们理解感受的疑难处,从而选择好的教学训练点,并以合宜的方式进行有效教学。特级教师于永正练就了几十年如一日的教学备课功夫,那就是教学每篇课文之前总要大声朗读并把课文先背诵下来,而后根据教学情形顺势而教,以感化学生。于漪老师也以"一辈子教书,一辈子学着教书"为座右铭,从事教学工作几十年。老一辈教育家尚且如此谦逊,面对这种有着非常时代感特征的教学内容,我们怎能清高、保守,而不去不断探究呢?

**2. 遵循教学四原则**

一是先学后教原则。《学记》曰:"学然后知不足,知不足然后能自反也。"

"非本体教学内容"的呈现，往往是对学生的点拨，教师的教应出现在学生"知不足"而"自反"的时刻。唯有如此，才有针对性，才能真正提高课堂效率，解决学生缺乏情感方向等实际问题。从学生学习的角度看，经过自学、"自反"，才能"自得"。正如孟子所言："君子深造之以道，欲其自得之也。自得之，则居之安；居之安，则资之深；资之深，则取之左右逢其源……自得之学可以终身用之，记闻而有得者，衰则忘之矣。"为此，在教学前，我们完全可以为达成预设的"非本体教学内容"目标，让学生先学以做好前期的铺垫，以便在实际的教学中捕捉、点拨、生成这一目标。

二是以学定教原则。以学为主的课堂教学，从横向的角度说，学习目标的制定、学习内容的选择，既要考虑课程标准的要求，又要尊重学生的意愿和经验，使学生有自主确定或至少有参与确定具体学习目标和内容的权利。从纵向的角度说，在整个教学过程中，教师应让每个学生积极、主动地参加到课堂教学活动和教学管理中来，使学生能够对学习进展、学习方法做出自我监控和自我调节，对学习效果做出自我反思和自我评价。我们往往在具体的教学中对"非本体教学内容"进行了预设，为了达成目标，完全可以采用目标教学法，制定学生需要学什么，而给定相应的内容。

三是多学少教原则。捷克大教育家夸美纽斯主张："教学就是为了寻求一种有效的方法，使教师因此可以多学，学校因此而少一些喧嚣与劳苦，多一些闲暇、快乐与坚实的进步。"传统教学课堂教多学少，逐渐形成了学生学习的思维惰性，使本来非常有趣的课变成了学生厌学、教师苦教的劳役。[1]这也是新教师最容易遇到的困境。这与教育管理制度有关，也与传统教学模式的熏染有关。在完成具体的"非本体教学内容"的过程中，我们可以少教，让学生多学多悟。在学生多悟后，再给予点拨，这样更能让学生形成更深刻的印象。

四是以学促教原则。一堂课结束，如果教师们关注的只是自己的"非本体教学内容"教学任务和教学计划完成，而很少或根本不去考虑学生的学习状态和学习效果，那么，这样的课堂教学只是一种任务关注型教学，[2]而不是真正意义上的有效教学，这样的教师也不是智慧型教师。他的工作可能是多少年如一日的单调重复与机械复制。因此，对学习状态的监控和学习效果的评价，应是一堂课的有机组成部分。教师必须关注"非本体教学内容"的教学效果，而教学效果的直接体现就在于学生的学习状态，为此可以从学生的活动状态、参与状态、思维状态和目标达成状态等方面来反思、评价一堂课的教学效果，[3]通

---

[1] 朱峰.让语文课堂阅读回归"自主"[J].语文教学与研究：综合天地，2016(4)：63.
[2] 李三元.新课程背景下语文教学的"两个转变"[J].湖南教育(B版)，2008(2)：16.
[3] 张晓梅.初中语文新课程教学法[M].北京：首都师范大学出版社，2004.

过学生的学促进教师的教,从而达到一个理想的状态。

### 3.多元发展与学科素养的有效融合

创建和谐社会需要多元人才,为完成"非本体教学内容"的教,要尽量创设学生优势智能发展的条件。"非本体教学内容"是打破学术壁垒的钥匙,它隐藏于不同的学科中。作为课堂教学的执行者,让多元发展与学科素养的有效融合,当然有无可推卸的责任和义务去唤醒,并加以彰显,让其在适当的时候出现在课堂教学中,如甘泉一般润泽学生的心灵,实现对孩子多元的培养和评价。对于新教师来说,掌握好这一把钥匙依然是专业化发展的关键。

**我们应谨记:"非本体教学内容"的教学,"言意兼得,法能并举",才会让教学玲珑与灵动。**

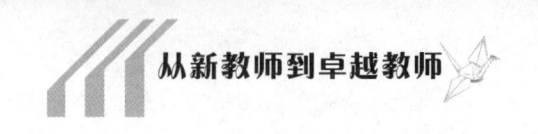

## 9. 教适用性知识 建构保底工程

不知从何时开始,教育也变得十分功利,这让教育显得脆弱,让教师变得脆弱。现今,教育者不是以培养学生成长为幸福的人作为终极目标,而是以学生最现实的成绩作为教育好坏的标准。教师将个人的荣辱、喜怒哀乐完全寄托于学生。这种将现实利益高于教育本来目的的行为,不免过于实际。谁是这种教育的导演?是社会还是教师,两者其实都有责任。其间都有着最现实的原因,社会的表现方式就是以最现实的需求方式而存在,再对教师的行为给予规范;教师以满足自我为最现实的方式以求得社会需求方最大的满足。学校教育仿佛被搞成了社会商品,学生无形中成为促进价值交换的中介,整个交换的过程逐渐让教育目的丧失,这也正是教育变得越来越不理想的一个真正原因。作为新教师,加强自我利益的保护,这本无可厚非,也是应该探讨的话题,因为教什么已经构成了自我价值产生的原始车间。

探讨教什么,换种思维方式,便成了提供给他人的一种特殊商品,只不过购买教什么商品的方式更特殊罢了,不是货币带有场域的情境性的等价交换,而是成了一种由社会买单的抽象产品。可能这样的比方有很多欠妥之处,教育的对象毕竟是人,教育的过程毕竟不是货币的交易过程。既然是换种思维看问题,建议我们的新教师能把自我作为生产者看待,全面思考自我所生产并提供的产品的社会需求性,便可理解自我的当前价值。思考自我的当前价值,这其实也为自我专业化发展提供了努力的方向。人们只买他们所需要的,并不是你想卖给他们什么,他们就想买什么。为此我们提出,教师在教什么时应该重视教适用性的知识,以求自我能让现实的教育市场看好。

**原规则:根据教学评价优选教什么,才可能在收获的季节收成满满。**

教适用性知识与有用性知识,这"两知"是有区别的,要搞明白什么是适用性知识,有必要将两者作对比。前面在与大家的交流中谈到了"教本体"与"教非本体"两个概念,其实"教本体"与"教非本体"的初衷,在于促进学生在教学中全面提升知识、方法与技能,同时受到情感、态度、价值观等方面的教育,把一切适用于学生发展的教学可以统称为有用性知识。教适用性知识,前提在于所教的内容必须具有有用性,看得出教有用性知识是教适用性知识的前提,而提出教适用性知识在于给有用性知识加上限制式的后缀,所教的适用性知识必须是能很好体现现实的教育教学目的要求的知识,即能够受到现实的教育评价青睐方面的知识才可称适用性知识。作为新教师,试想若教都不能赢得当前教育评估的认定,可以想象那是多么痛苦的一件事情。为此,再一次深入地交流教适用性知识的特征,以便引领新教师在专业化成长过程中全面提升教的价值。

既然是教适用性知识,很多教师在教学的过程中教了很多非适用性知识,至少是暂时不太适用且适用性不太强的知识。不管怎么开展教学实践,但终究需要教育评价给予价值认定。其实,纵观很多教师的课堂,他们教的方向出现偏差,虽不能断言所教对于促进学生发展无好处,但那些偏离课程标准规定的教学内容,要么是回归到传统守旧时期的那种教,要么是追求面向未来的一种"高大上"的那种教,目标体现出一种不落地的情形。两种倾向的结果,只能说如此的教都已经偏离评价标准的要求,其教所选择的内容都应归结为非适用性知识的教学。如果一个新教师踏上工作岗位后,不能快速调整教的方向,过多地教非适用性知识,在专业化成长的道路上,定然会走很多弯路。但值得说明的是,主张教适用性知识,即根据课程标准选择教学内容,根据教学评价调整教学的目的和手段。这对于一个新教师而言,这不是功利的体现,而是在经验不足时促进自我价值最大化、保护自我的一种有效措施。

【现象纪实】

一切没能获得现实评估认定的教学,无不是教非适用性知识的体现。可以说,很多教师所教没有卖点,主要原因就在于他们出发时的选择,已经决定他们不可能获得"高价值"的回报。如不少"老"教师或许都有过类似的经历,刚从事教育工作时,不知道一堂课到底该如何上,总是不明白在课堂上该教些什么、该怎么教。教学参考上介绍得又比较笼统,总希望有现成的"教案"可用。于是,一些教案书便成了老师们的"法宝"。上课就"依葫芦画瓢",照教案一步一步进行。当感觉学生学习效果不好时,还常常认为是生源差,把问题归结于学生"笨"。持这种想法的人便心安理得地误人子弟。其实,那些教师当初所参考的知识大多都过时了,不能获得好的教学效果是情理之中的事。

在新教师的教学中,难以体现教什么的适用性,往往都表现出以下问题:

问题一:教师花了大量的时间教了许多没用的知识。有的新教师上课时容易"跑题",容易滔滔不绝地讲些看似与课文有关却又没多大用的知识,而对本应该让学生掌握的知识却泛泛而谈。有的新教师喜欢玩些"怪招"吸引学生眼球,花大量的时间和精力去创设一些所谓的"情境",结果产生了许多干扰学习的因素,学生反而没有在一堂课最宝贵的时段去学最重要的知识,效果大大降低。

问题二:教师所教的是学生不感兴趣的知识。一方面,尽管新教师认为教的内容是学生必须掌握的知识,但由于刚参加工作,教学经验不足,没有激发学生的学习兴趣,学生不能积极主动地学习,自然谈不上好的学习效果。另一方面,新教师对学情了解不够,在教学内容的取舍上不够合理,所教的内容自认为是学生感兴趣的,而学生却不喜欢。

问题三:教师花过多的精力教的是学生自己一学就懂的知识。新教师往往容易对学生学习能力估计偏差,许多知识是学生能够利用现有的水平自主获取的,但教师还是不厌其烦地教,这无疑是对学生获取新知的"包办",容易使学生产生学习依赖,不能激发学生的自学兴趣,无法培养学生的自学能力。[1]还有一种原因,就是不能处理好班上不同学习层次学生的关系,担心班上的"学困生"学不会,于是就把许多浅显的东西扎扎实实地教个遍,以为"差生学习时,优生可以当成复习"。其实,这让班上学习能力强的学生没有学习动力,浪费他们的时间,完全不利于培养学生的创新学习能力。

问题四:教师用"标准答案"限制学生的思维。学生的自我判断能力有限,许多问题的答案也十分灵活。教师由于时间、精力等各种原因,无法逐一评改时,往往习惯于给学生一个统一的"标准"答案。学生的答卷便容易整齐划一,考试时也容易得高分。然而,学生在独立思考时,那些奇妙的思维火花也便会消失殆尽。

一堂课到底该教什么?能教些什么?这是新教师难以把握的问题。教学不能太死板,但也不能太随意。只有把握了相关的教学评价标准,根据科学的教学评价标准来实施教学,才可能促成有效教学生成,所教的知识也才有适用性。当然,结合评估标准对适用性加以感知,便会为自我是否选准知识点增加了一个判断标准。由此,我们也应该知晓,作为新教师,应该在第一时间里对那些充满现实性的评价标准加以熟悉,从而以课程标准为指导,确定合理的教学目标,再依据教学目标,结合自身的特长和学生的实际,选择教法、调整教学内容和组织教学程序,全力增加课堂教学的适用性。

---

[1] 高玉林.论中学生语文自学能力的培养[D].沈阳:沈阳师范大学,2005.

案例2-4

## 她已不是那只"丑小鸭"

在一次新教师汇报课后的交流会上,刚执教完"丑小鸭"的小罗无奈地说:"我知道今天的课上得不好,大家都看到了,班上的孩子基础太差了。村小的孩子真难教!这堂课的设计应该没有什么问题吧,我按《教案》的设计给他们上课,这'设计'应该算是比较优秀的吧,要不然也不会被编到书上来的。可学生就是'一问三不知',所以有时候我也只好'自问自答'了。因为今天有这么多人听课,我有点紧张。在平日里,我也经常学习一些网上的优秀录像课,模仿录像课给他们上课,结果还是不行,他们好像听不懂老师的提问,更别希望他们会像录像课里的孩子那样有精彩的发言了……生源决定了教学效果,教师再怎么努力,都难收到好的效果!生源也决定着教师的发展,生源差了,教师再努力,也做不出什么成绩!面对这样的生源,我们这些在村小工作的教师,可能将永远是一只长不大的'丑小鸭'。"小罗的话,带着几分失望与怨气,也带着几分无奈与迷惘,同时也暴露了她在认识上的一些问题。

小罗,一个文静的小姑娘,从师范学校毕业后分配到一所村小任教,面对教育充满了热情与向往。学校都比较关注新教师,多会安排年级组长或村小负责人做他们的入行"师傅",给予成长提供足够的空间和资源。

然而,师傅的道行也有深浅之分,责任心也有强弱之别。那次汇报课,虽然上课效果一般,但学校领导很欣赏小罗的工作热情和积极进取的精神。决定将她作为重点培养对象的人选,给她安排了教学经验丰富、全校公认的优秀教师做她的成长师傅,并给成长师傅安排了一定的听课、评课和交流等任务。

一个人的成长也是循序渐进的。小罗也一样,在师傅的指导下,逐步从搬"教案"到参考"教案",独立设计教案,逐步尝试根据"课程标准"调整教学目标,根据学情分解教学目标。根据自身的特长和学生的实际,选择合适的内容,设计可行的教学环节,设计学生感兴趣的话题。慢慢地,她感觉到班上的孩子活跃起来了,课堂上再也不是"几十张茫然的脸望着一个会说话的机器人了"。小罗终于明白:原来问题不在学生身上,教师的教学不是把自己知道的东西教给学生这么简单,而是要利用智慧,把知识转化成学生爱学、易学、乐学的东西。教学,原来是一门很深的学问。

第二年,小罗又借班上了一堂公开课,内容还是去年那篇课文《丑小鸭》,全新的设计、灵活的教法,以及学生思维的活跃度,让听课的所有教师赞叹不已,为小罗的进步感到吃惊。其实,除了她的师傅,谁也不知道她听过多少次课,谁也不知道她与师傅进行过多少次教学交流,谁也不知道她曾经多少次把自己的教学设计拿去与师傅共同研究。除了她自己,谁也不知道她熬了多少夜,谁也不知道她在网上看了多少课堂实录,谁也不知道她的每一个教学设计都修改了多少次!

这次课后交流时,她拿出了她那些被修改得密密麻麻的教学设计,上面有师傅的建议,也有自己的教后记录。老师们终于明白了,小罗之所以有如此大的进步,原来她把每一堂课都当成了汇报课来上。小罗发言时说:"孩子们都很诚实,他们只会对感兴趣的内容认真学。如果是他们不感兴趣的东西,即使勉强学了也记不牢。教师备课时要想方设法把一些枯燥的东西分解、转化,以激发学生的学习兴趣。教师在课前要有辛勤的付出,学生在课上才会有更多的回报。"

当然,小罗的课也还有许多需要改进的地方,但能在短短的一年内取得如此长足的进步,确实值得称赞。

在之后的教学中,小罗继续坚持勤学苦研的工作作风,学生的学习成绩逐渐提高了,学习能力逐渐增强了。第三年,小罗被调到中心校任教。到了中心校,学习的机会更多,交流的机会也多,进步更加明显,她很快成了学校的教研骨干,每期都要承担一堂全校性公开课。每当有校际间的听课活动,学校便会安排她上课,她也从未推诿过,她把这些任务都当成检验自己教学能力的机会。

终于,在2008年的赛课活动中,她执教"乌鸦喝水"一课,在校级、镇级、片区、县级、市级各级选拔,过关斩将,获得了重庆市青年教师优课赛一等奖。这位凭借两堂"丑小鸭"让全校教师刮目相看的小罗,已经不再是刚参加工作时那只迷茫的"丑小鸭"了。如今,她已是重庆市主城一所学校的骨干教师。

## 【新思考】

故事中,小罗能迅速地成长,与学校的培养、自己的好学密不可分。更重要的是她能够自我反省,在自己摔跟头后意识到了教育中存在的一种法则:学生只有对自己感兴趣的东西才会认真地学。这如同人们逛市场,只会买自己想买的东西,市场要发展,就必须研究消费者的需求,出售消费者想要的东西。如果一味地"我行我素",只出售自己想出售的东西,销售肯定不理想。换句话说,作为教师,我们应该研究学生的学习需要和学习兴趣,教适用性强的知识,学生才会积极主动地接受。倘若不在"适用性"上多下功夫,就可能遇到小罗刚参加工作时那样的尴尬。

教适用性知识,定然要充分考虑教育对象的认同、接受与转化,一种谋求教带来价值的最大化。很多中青年教师的教,并没有真正体现出教的适用性。

对于新教师而言,这样教的价值会更低。如果说教的内容的选择更多依赖于一位教师的主观能动性,那么对于教师而言,在教的时候能充分体现出教适用性知识的特征,更多的是潜意识在发挥强化作用。这里有必要提出,教适用性知识与全面促进学生发展提升教学效果之间有着密切的关系。教师若教适用性强的知识,其价值体现便会围绕着现行的评估标准而作选择,就像商品一样,教师在设置教什么时,首先应意识到要提供商品的品性、顾客的需求,这才是其价值的参考标准。那些只要是不作为当前所需要的内容,便会删除或暂缓纳入教学内容。自然,保证了教学内容的需求性,其教学便会凸现适用性而彰显有效性。虽然教什么的价值不等同于商品,但人们完全可以将其当作商品去思考,一方面去思考商品本身的价值,另一方面去思考商品所实现或获得的价值。通过两方面的思考,就发现很多非适用性的知识和现实适用性不强的知识,因为他不具有像商品一样的高价值,自然便会在选择教学内容时有所取舍。但也不能否定的是教师专业素养提升反映于教的重要性,商品本身价值的不可忽视。但是,若是黄金,绝对不可能等同于黄铜的价格;若是精品,绝对不等同于粗制滥造产品的价值。全面提升教师教学所具有的本身价值和与评价标准所给予的获得好评的价值,都会作为新教师努力的方向。

谈教适用性知识,在于不但要教得好,更需要教得高效、教得有价值。教师的教学实践,就像完成商品的生产过程,其教学能否成为现实的需要,实则也与教师自身素养有着太多的关系。所教的内容是教师曾经习得知识、经验和技能的一个输出过程,教师的教反映出自我知识结构的价值特性。其实,有些教师储备的知识,是已经过时而无多少价值的知识。这样的知识,只能作为新知识发展的基点,在其基础上发展新知才会在教学实践的过程中具有新的卖点,呈现出应有的价值。新教师在大学所学的知识,更多的是一些基础性知识,其中有些理论可能不适用现代教学,如在教学过程中不再推陈出新,便不会生出太多的价值。以前的所学作为最基本的第一原理性的知识出现,它们最大的价值是作为新知识推算过程的条件而出现,以减少证明过程的强度。新教师在教学过程中,只有不断借助原有的基础性知识,将他们作为发展的条件,才可能让其在新的教育市场中有新的卖点,而不是成为包袱。

追逐专业化发展,新教师需要尽可能地发现曾经掌握知识的卖点,以让产生适合当下课程标准相匹配或评价锁定的价值。特别须考虑让已掌握的知识转化成教学时的适用性知识,才会在实践过程中发现新知的有用性。此时最好的办法是放下包袱,去除没有卖点的旧知,敢于学习一切适用于现实教学的知识,在现学现用中提升卖点。

【行动指南】

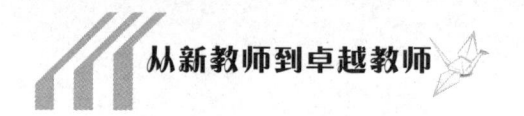

就整体而言，新教师的专业素养普遍因教适用性知识经验缺乏而处于最低层级，教学理论有待提高。教适用性知识，与新教师谈教的预设与生成，更多地折射教师职场价值多寡取舍，特别是因为教所获职场内对自我价值的"认同的承认""自我承认""相互承认"。为了教能体现出更多适用性，在此建议新教师能从以下四个点着力，以提高自身专业素养。

1. 着眼教学目标，着力于课程标准的钻研

如果只看教学参考上拟定的教学目标，难免有些片面。教学参考提出的教学目标，是编者在研读课程标准之后，根据个人的理解及教学所确定的。教学目标未必适合各地的学情，只能作为参考而已。作为执教者，应牢牢把握课程标准对各学段的要求，再结合当地的学情确定合适的教学目标，才能在教学中做到有的放矢，才不至于让自己的教学游离于评价标准之外。

教适用性知识，主要体现出教的与时俱进。所有的现成"教案"都是编者依据当时的教学大纲或课程标准，结合部分地区的学情而设计的。它只具参考价值，不可能适合所有的课堂，作为新教师，有本教案在手，无疑能让自己快速了解课堂结构，掌握一些课堂技巧。特别是在高度信息化的现代，如果自身知识不具有时代性特征，其教学的卖点便十分低下，不但不会比老教师强，甚至会比同一批新教师的教学效果都差。其实，只要对比观察，便会发现那些在教学中"卖点"和"买点"都相对较好的教师的课堂，他们教的适用性知识便成为最鲜明的特征，其教学中多会看到当前最前瞻的理念、最先进的教育技术、最科学的教育方法等。他们总有着强烈的敏感性，这些新的东西第一时间里便被他们掌握与运用。

2. 着眼适用性知识，着手教材研读

研究教材，应从教材中提炼知识点，确立训练着力点。同一篇文章，不同年段的学生有不同的训练重点，不同学情的学生有不同的感悟。因此，教师有必要深入而全面地钻研教材，在全面把握学情的基础上对教学内容进行取舍，只教适合自己班上学情的学习内容。

在教学内容的选择上，应掌握的原则有：对提高学生能力没多大用处的内容不教；学生不感兴趣的又不太重要的内容不教；学生能够独立学会的内容不教；教了学生也学不会的内容不教；能不给学生"标准答案"的坚持不给。

3. 着眼学生知识的获取，着手学习兴趣的激发

有些内容不一定是学生感兴趣的，但又是学生应该掌握的，教师就得想办法挖掘这些知识的"趣味"因子，或变换形式，或创设良好的情境。"兴趣是最好

的老师",学习兴趣激发出来了,就成功了一半。在教学时需要分析学生的特点,把枯燥的东西教得生动些,把深奥的东西教得浅显一些。

加强适用性知识的教学,完全可以遵循根据教学评价优先选择教什么的原则。新教师要想在教学上得到长足的发展,必须在教学内容的适用性上多下功夫。一堂课四十分钟,说长不长,说短也不短,我们可能让学生学有所获,也可能让学生晕头转向。适用的知识才能充分调动学生的学习兴趣,才能最大限度地提高教学效果。

**4. 着眼教学效果的最大化,着手教学方法的选择**

教法虽多,适合自己的才是最好的!教师要从自身的角度,参照学生的年龄及学习个性特点选择最合适的教学方法,才能避免"东施效颦",让教学收到最好的效果。

教育是明天的事业,须结合当下教学效果的最大化需求筛选教什么。教适用性知识,是年轻人专业化素养走向成熟的体现,做一个充满上进心的后生,必须在教学内容、训练目标的选择上下足功夫,应明白教的知识达到适用性才保底。要知道,秉持正确的理念,着眼于核心素养的培育,能让"教什么"真正落地,其"教"才会被拓宽不至于进入死胡同。

我们应谨记:凭借自己旺盛的工作精力,努力钻研课程标准、钻研教材,坚持在反思中不断改进教什么,坚持在教适用性知识上下足功夫,定能取得丰硕的成绩!

# 第三章

## 锁定"怎么教" 成为更具胜任力教师

不要走在我后面,因为我可能不会引路;
不要走在我前面,因为我可能不会跟随;
请走在我的身边,做我的朋友。

——[法]阿尔贝·加缪

"教什么"是教师教学时手握的工具,"怎么教"是教师教学时应用工具的过程。

在通常情况下,一个新教师明白"教什么"之后,对"怎么教"有独立的思考,他便进入专业化素养提升的快车道。每一个人天生都具有独立思考的能力,但很多没有养成独立思考的习惯。是否习惯于独立思考,在以后生活、工作中无形地拉开了彼此之间的差距。

成为具有胜任力的教师,本章重点交流"怎么教",实则是引领人们应勇于尝试、唤醒、启发、点化,这个过程是点燃一把火,是摇动一棵树,但这些都需落实到具体的教育教学实践中去才行。凡事都按照自己的想法去做,吃亏或碰壁则是难免的,但还得找到原因才行。同时,也应该明白,凡事先学习,在学习借鉴的基础上,可以少走弯路。

悟透"怎么教",必然需要去做一个理性的人。理性与求真是一致的,与无理取闹和盲目崇拜相对。正如郑杰在《首席教师》中说:"一个富有理性的人,恰恰更有希望成为一个情感丰富和有力量的人,因为他能将情感置于理性的控制下。"因此,理性是"怎么教"中最具光泽的部分,也是一个教师的境界和追求的精髓。

赢得课堂,是每一个教师的天职。本章中,讲述"会的不教""不会的才教""教得主动""学生能教,放手让他们教""知人善教"的内容,希望能为新教师提供借鉴,助其找到专业化发展的捷径。

## 10. 会的不教 严防无效课堂

"会的不教",属于一个陈述式的判断句式。凭什么做出如此判断？又能拿出什么具体标准来判断会了或不会？能做好这些回答,是非常不易的事。会的不教,也就是说,在教学中只教不会的。然而,判断学生会了或不会的标准是什么？由于学生个体差异的绝对存在,教育教学效果判断的复杂性,加之授课者自身设定的教学内容的不确定性,致使不可能给出"会的不教、只教不会的"判断标准,这也是为什么很多课堂教学中存在着"会了还在教"却并没有引起授课者重视的主要原因。

既然难以对学生会的或不会的给出一个客观的判断标准,就只能凭着授课者的经验而给出主观判断。与实践经验相对不足的新教师一块探讨"会的不教"这一话题,进而探讨难以给出客观而准确的判断标准,并非是在为难大家,其意义在于"会的不教"这一判断属于后验范畴。由于实践者的主要目的在于教会学生,便会参照给定的教材及课标的要求施教。若在教学前已经参透了这些理念,便会结合自我的经验给出较为准确的判断,从而提高课堂教学效率。而不至于在教学的过程中把"教"理解成行动的全部意义,不至于在教学中还存在学生已经会了却依旧还在教所带来的尴尬。

**原规则：会了还在教,掩耳盗铃,那是绝对的愚蠢。**

向课堂要质量,永远是一位教师的天职。考究课堂的质量,抛开一些主观因素,让学生能从一堂课中获得知识、能力与方法,这才是硬道理。就像农民精心管理田地一样,哪怕耕作的过程投入太多的劳动力,哪怕管理的过程中付出太多的心血,若最终收获的季节里没有实质性的粮食,所有考核就只能是一个非常残酷的结果。对于包括新教师在内的所有执教者而言,树立课堂教学质量意识,真正能让学生在课堂中有明显进步,哪怕不会写让他会写、不会读让他会读、不会说让他会说,能让学生真切地感知到进步,这样的努力、这样的付出才算是有价值的行动。

作为教师,教是一个常规性的行为,教得有效才会彰显出应有的价值。现实是,很多教师的教都成为无效劳动,没有让学生从中获得真经。当然,教不能达成既定的教学目标,形成的原因会是多方面的,在众多原因中有一点是必须提及的:本来学生在课前自学已经会了,或者因种种原因学生已经掌握教学的内容,由于教师呆板地执行教学计划,不能根据课堂中学情真实情况作灵活处理,导致学生会了的还在教,还在用预定的教学流程做一步又一步的推算。表面上,课堂教学反馈出极好的效果,实则浪费了教学资源及宝贵的学习时间,成为一种低效或无效的教学。

【现象纪实】

会了还在教,这其实是一个低级的教学错误。只要深入一线课堂,便会发现很多中青年教师经常在犯这样的教学错误。新教师由于自身经验的缺乏,在课前预设时考虑更多的是怎么教,以及围绕教材设定的内容思考怎么教。课堂生成中由于缺乏与学生沟通交流的经验,更多时候是按部就班,缺乏对自我行为的调整。这种预设和生成对学生关注度不高的情形,可以想象其课堂有多混乱。

会了还在教,属于一种教学过程中教师的教意识范畴里的内容,是新教师打造有效课堂需要进行的一种修炼,它更是影响自我教学的一种需要长期坚守的教学理念。考究中发现,教师并未科学地、辩证地理解学生会了些什么。其实,教师通常认为的会了,主要是指所教授的知识点学生会了,可这并不一定是学生真会了。如"1+1=2"这一算式的教学,学生知道了"1+1"的结果,很多教师便判断学生已经会了。其实,教师在做出判断时,应该全面地追问学生是否真会"1+1=2"的演算方法,及"1+1=2"在生活中的应用能力。若知识、能力和方法三者都已经掌握,方才可以判断学生真会了。可现实是,明明知识点已经掌握,却依旧还停留在知识点上浪费时间不断地教。学生对所学知识的方法以及实践应用能力还显得吃力,教师却依然忽略学生的需要,如此出现"会了还在教"的病态情形,让课堂成为一锅夹生饭。

会了还在教,不会才教,如果两者并列来判断,可以肯定地说,判断"会了还在教"有难度。不会才教,这是属于行为习惯中的常态思维。然则会的不教,这是教学过程中创新思维的反映,是对课前预设的超越,是对自我教学的考验。

将"会的不教"作为与新教师"教什么"交流的第一话题,可见这一问题的重要性。当前,这一问题属于多数教师无意识的话题,或是多数教师熟视无睹,很少有新教师有对课堂低效原因展开分析。作为新教师,明白易犯这些错误的原因,不再步人后尘,结合课堂教学中"会了还在教"的形成根源思考究竟,对致使低效的教学形式进行教学原理剖析,对其根治方法进行摸索,新教师在专业化成长的过程中真能如此,那么,缩短迷茫期,尽快走向合格,甚至是跨越式成长,才有真正的可能性。

案例3-1

### 课堂热闹为何收效甚微

随着课改的深入,特别是最近几年"卓越课堂"理念的推进,很多学校都在进行卓越课堂的探索。由于大部分教师对卓越课堂观念模糊,加之卓越课堂特别强调小组合作学习和学生的参与度,导致很多教师在教学中为了卓越而卓越。为了让每个学生都积极参与到课堂教学中来,为了小组合作,有相当一部分老师把学生已经会了的知识搬到课堂上,搬到小组合作中来。看似课堂气氛很是热闹,可学生的收效甚微,完全是浪费了自己和学生的时间。

二年级上册教学《回声》一课,有位教师就将本课的教学目标定为"学会本课的生字'呱、哩、返、纹、圈、碰'"。整节课上,教师除了让学生读了两遍课文外,其余的时间就是让学生区别这几个字,找寻形声字的规律,找识记方法(加一加、减一减、换偏旁等),而后就是让学生用这几个生字扩词(一字开花),课堂气氛很是活跃。

而另一位教师却把这课的教学目标定为:"1. 通过复习形声字的记字法,感知汉字形义结合的特点;2. 能正确书写'纹、哩、碰'左右结构的字,注意关键笔画的书写;3. 通过句子的朗读,感受语气词的作用。"教学时,第一步是通过游戏引入回声,让学生对本课充满期待;第二步初读课文,小组合作学习生字;第三步通过复习形声字的记字法识字并理解"纹、返、圈"的字义;第四步通过句子的朗读,感受语气词的作用;第五步是指导书写"纹、碰"二字的关键笔画穿插。

这两堂教学设计,都有识记"呱、哩、返、纹、圈、碰"这六个形声字。第一堂是将其作为整堂课的教学重点,每个生字平均用力,为了让课堂出彩,教学心思就花在了"一字开花"上。当然,学生也极其配合,只要是他们能想到的,为了表现,全都把手举得高高的,课堂上热闹非凡。第二堂同样也是学这几个形声生字,但教师较为省力,通过小组合作的方式让学生合作学习生字,把时间节省下来用在区别理解"纹、返、圈"的字义,以及字形的变化。

前者看似热闹,可仔细想想,这堂课让学生学到了什么?形声字的记字方法和规律学生已在本册的前面学过,什么"加一加、减一减、换偏旁"等,学生已是再熟悉不过的了,难道教师不教,学生这几个生字学不会?而第二堂从"纹"字的演变,到生字字形的变化,对于二年级的学生来说,教师不教,难道他们知道？而低年级的教学重点是识字、写字，明确规定一堂识字课，至少得有八分钟的写字时间，难道生字中的穿插，教师不指导学生观察，每个学生都能观察得到？纵观这堂课，学生究竟得到了怎样的发展？难道就是那几个生字的组词、那几个生字的识记方法？

【新思考】

会的不教，不会肯定要教。会的不教，会了还在教，这本身就是一组矛盾。通过以上案例，可让人明显地感知到这两者给教师的教学实践带来的冲突。由于很多教师的课堂总不接地气，没有找到问题存在的原因，致使其课堂熙熙攘攘而浮躁尽现，教没有成为学的需求，学几乎无所收获。这种教而知困，却又找不到原因的现象，是很多教师在很长一段时间内难以提升课堂质量的一个重要原因。

只要找到课堂病因，瞬间可明了为何存在如此的病态。如教师在教学的过程中感觉学生会了，便做出不教的决定，自然在课堂中多出一些时间来，由于课堂并没有对这多余的时间进行新教学内容的预设，为此而进行补充性的教。这也存在着这两种情形，要么索性教一些东西，由于没有准备而产生手忙脚乱的感觉，要么索性不再教什么，而使学生无所事事。因为无所事事，学生就会主动找一些与课堂无关的事去做，会让课堂变味，甚至让课堂失态。

会了还在教，这样的课堂依旧难以达到预期的教学效果。由于教师所教的内容，包括知识、能力与方法，学生都已经掌握，教师依旧执行教学计划，会发现教师与学生之间的课堂交流只能停留在一种浅层的对话之间。哪怕在课堂中教师采用了现代化的教学手段，哪怕在课堂中教师全情地投入，向学生提出问题，学生能快速地像"1+1"那样找到答案，但没有经历深层次的思维对接，没有提出问题或质疑的机会。甚至如案例中呈现的那样，一些程序化的热闹的教学形式，让教学环环相扣。或者教师有板有眼地解说，或者学生分角色展示，似乎尽可能地展示课堂教学的有效或高效。实则只要追问学生学到什么，自然就会揭穿此教学借助搞形式而掩人耳目的真实目的。其实，如此会了还在教，试问教师若真不教了，或学生没有教师的这一教，有什么损失吗？

学生会了，教师不厌其烦地教，虽然把课堂搞得热火朝天，可学生并没有学到什么，结果只是学会了表演，学会了人云亦云。而教师在学生原有基础上不会的，却避而不教，难道这样的课堂会是有效或高效的课堂？

学生会了，教师还要教什么？这是一个朴素的问题。如果我们把对这个问题的讨论起点定位在对学生学习主体地位的尊重上，把对问题解决方案的寻找放在对三维目标的理解上,那么,这个问题必将成为我们理解和实践新课程的一个基本问题。

学生会了,是不需要教师教的。有些知识本身就不是教师教的,有些知识是教师怎么教也教不会的,需要学生不断在日积月累中去领悟(或顿悟)。教师在课堂教学中学生会了的还在教,这只能进一步反映出教师自身专业素养的低下,缺乏课堂敏锐性,缺乏课堂教学的操控智慧。

提升课堂效率,建构会的不教的意识,非常重要。教师为了实现会的不教,必须有很多的准备,包括对教材的熟悉、对课程标准的有机把握、对教学对象的熟悉、对现代教育技术的精准应用等,才可能真正找到会的不教的内容。其实,会的不教,这并不是教学过程中的全部,它只占有"教什么"这一判断性陈述的基点,教师只有根据学生会的而后找出不会的,这样其教学才会因此而拓展。当然,会的不教,这也只是一个辩证的过程。有些知识、能力与方法,哪怕学生不会,只要教师稍作点拨,学生会快速地转变成会的内容,这样的内容不需要教师用太多的时间去教。对于一些重点的教学内容,很可能班上一部分学生已经掌握,而有一部分学生依旧没有掌握,可这依旧需要教师投入精力去教。特别是那些教学难点,可能班上也有少许学生会了,对这样的教的处理更需要智慧。

除此之外,在教学中做出会的不教的判断,学科的差异无形中也会给评判带来困难。

【行动指南】

教师对学生会的不教,除了教得轻松,学生也会学得轻松、学得有效。对于每一个新教师而言,初涉教坛与老教师之间的差距在于:新教师不但要去思考怎么教,同时也要思考教什么。明白会的不教,这应当作为一个课堂教学实践的基本原则去执行,并在课堂中找到哪些已经是学生会的,这可能是与找到学生不懂而需要教的内容同等重要。为了全面提升课堂教学效率,提出以下建议:

**1.追求课堂教学的有效性**

所谓课堂教学的有效性,是指让学生在课堂教学中学有所得、学有所思、学有所悟,并且在短暂的课程学习时间之内掌握知识最多,发展的能力最有效,激发学习的兴趣最彻底,熏染的情感态度价值观最深入,甚至能将所学知识走向生活并应用于生活。[①]

---

① 张忠华.论提高课堂教学效率的策略[J].教学研究,2001,24(1):19-20.

在一般情况下，学生能够独立思考解决的问题，就让他们独立思考解决。能让学生合作解决的问题，尽可能地让他们合作解决。学生实在解决不了的问题，一定尽最大可能让学生参与思维过程，绝对不能让学生袖手旁观。这样持之以恒坚持下去，学生自然就养成了独立思考、自主学习的习惯。很多知识通过自己认真预习，就可以自行解决，课堂上就最大限度地节省时间以便留出更多的时间拓展学生的视野！

### 2.努力发现学生会的需要教的方法

一是熟悉学科教学目标和各年段的教学任务。如小学语文各个学段并不是独立存在的，他们相互渗透，融为一体。由于学生生理、心理以及语言能力的发展具有阶段性特征，所以，根据不同学段学生的特点和不同的教学内容，不同学段教师的教学任务也略有不同。就拿字、词、句的训练来说，各年段也是呈螺旋上升，一步一步提高要求的。

低年级：关于识字，要求做到换个阅读环境还能认识；关于写字，要求语文课每节书写的时间不能少于8分钟。中年级：不仅理解词句意思，而且要体会其表达效果，进一步学习理解词句的方法，这一要求在低年级的基础上有了进一步的要求。高年级：在中年级要求的基础上，还要体会句子的表达意思，理解句子的言外之意和弦外之音。

二是提高预习质量。在教学中，为了让学生养成良好的勤于思考的习惯，也为了能做一个"懒"教师，教师首先得教会学生学会怎样预习，进而提高教学质量，能有更多的时间教会学生不明白的知识点。

作为一个新教师，每接到一个班级，首先要做的一件事，便是充分了解每个学生，掌握他们的特点，以便发挥他们的特长，进行合理的分工。学生第一次预习时，往往只是简单地停留在课文的朗读与生字词的认读与理解上面，预习时往往是拿出辅导书将生字组词抄在书本上，将课文的主要内容及重难点勾画在书上就草草了事。

为了防止此类事情的发生，我不允许任何一个学生有辅导书。开学前三周的家庭作业全是预习，并且都是在学校完成的，教师得和同学们一起在教室预习，教给他们方法，指导他们将课文读熟，指导他们用已有的经验加工具书（字、词典）学习生字词，再指导他们用不同的符号在书上圈点勾画，标出自己已知和未知的知识点，标出自己认为的重难点和心中的重点词句。学生最感兴趣的是我设计的"知识碰碰碰"这个环节。这个相当于知识的拓展，比如作者的生平、作者的写作背景、作者当时的心理感受、作者的相关作品，以及作者的奇闻逸事等，这个环节学生就只有通过网络、相关书籍等才能查到。

教师通过差不多一个月的亲自指导，学生掌握了预习方法，就可以放手让学生自己回家预习了。不过在这个过程中,为了防止有的学生偷懒,教师在第二天上课前就得提前进教室检查学生的预习情况。书上的圈点勾画、预习的笔记、课文及生字词的认读等,对于预习得好的同学给予听故事的奖励或免做一些机械重复的作业等。等班上的每个学生都真正养成了认真预习的习惯后(差不多同样三周的时间),教师就可以放手让组长检查,组与组之间组员间的相互抽查等形式。学生习惯养成后,教师上起课来可就轻松了许多,也节省了不少时间。

　　三是组建好合作学习小组。合作学习小组的组建,能给教师分担很多任务,如课文朗读的检查、生字词的认读及听写、课文的背诵、作业的批改等,更重要的是能形成组际间的竞争,组与组之间的相互监督,共同进步!刚才在上面提到的"知识碰碰碰"这个环节,作为一堂课的拓展部分,学生在学完课文后,可以向班上的各个小组挑战,挑战内容可以是本堂课的知识点,也可以是本堂课的课外知识点,还可以是本堂课自己小组都没弄明白的地方,提出来大家讨论。这样一来,一些简单的知识在组内就已经完成了,不需要教师在课堂上讲。而对于学生不明白的,也可以通过大家的讨论得出答案。而通过讨论都不知道答案的,这时候就需要教师出手了,引领同学们找到答案。这样的一节课,真正体现了"教师是教会学生不明白的知识点"。当然,这样一来,对教师相应提高了要求:教师在备课时,必须全面从学情出发,从学生实际出发,必须掌握相关的知识点。

　　四是相信学生。教师要充分信任学生,相信学生的学习能力及办事能力,要充分发挥学生的主观能动性。如学生本就会造句,用不着教师去教,教师要做的就是尽情地发挥他们的创造能力,让他们把想到的句子写出来,把错误的东西自己更正过来。

　　**我们应谨记**:其实,只要我们善于发现,就会发掘出学生身上的许多亮点。很多东西其实是学生本身会的,我们真正要做的就是找到正确的方法去引导,"教"才会变得游刃有余。

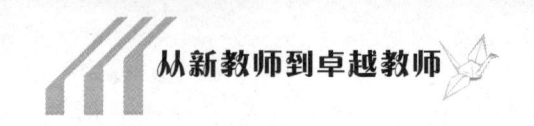

## 11. 不会的才教　考验教学智慧

教师比学生高明，主要反映在教师知道学生会了什么，不会什么，学会了什么，还有什么没有学会。教师凭什么知道这些信息？验证的过程，就像给出一道证明题，是不是把所有给出的条件全部用完的时候，就是给出证明结果的时候？其实，证明的过程真还不是简单的推理过程，也不需要添加"辅助线"，以判断学生的认知情况，全凭教师对学生印象的第一感知，而后做出评判得出结论。在这个过程中，教师的认知积累不断得以丰富，已然不允许也不需要教师采用更多的手段去证明学生现有的认知水平状态，而后才去决定教学过程中"教什么"和"怎么教"。要知道，这是一个后验意识形成的过程。对新教师而言，虽然教学经验不足，但应该知道，整个证明学生认知学习水平的过程，是一个意识形态产生的过程。年轻教师虽然经验不能与老教师相比，但敏锐性不一定弱于老教师。既然是意识形态的东西，定然存在意识强弱的差异，有些中青年教师虽然经验丰富，但由于教学过程中没有根据学情而定"教什么"和"怎么教"的意识，致使在整个教学的过程中略知课程标准所规定的要求，自己处于一种模糊与朦胧的状态，这也正是很多老教师虽然经验足但教学效果欠佳的一个主要原因。作为年轻人，只要产生了一种强烈的学情意识，而后哪怕做出了一些不精准的判断和不规范的教学实践，勤能补拙，教学效果也多能逐渐追赶或超越老教师。

根据学情，看看教师做出"教什么"和"怎么教"的决定，便知道一个教师的教学水平如何。我们为什么强调，着眼于不会的才教，这源于很多教师在课堂上捣糨糊，想当然的教。不会的没有教，教后学生没有学到什么，教学的有与无都对学生没有太大的影响。学生学习需要台阶，需要在原有的认知水平上前行，教学中若没有给予学生有效的台阶，虽然整个教学过程中教的是不会的，结果依旧没有将学生教会，这是教学中的另一种现状。这种不会的没教，不会的没有教会，完全可以得出"教师教学出现了问题"的结论。作为年轻教师，在专业提升的过程中，思考怎么教的时候，可以说有很多技巧和方法可以去学习，很多教学中的艺术体现方式值得借鉴，教无定法。如果明白不会的才教，并将不会的教好，这样实践定然比学教法与艺术都强。

### 原规则：知道会了什么，不一定知道不会什么。

真要做到不会的才教，并不是一件容易的事。一是做出"不会的才教"的判断很困难。二是实施"不会的才教"的教学实践存在困难。教师知道学生会了什么往往比知道不会什么容易。知道会了什么，凭着对学生的认知检测，特别是借助检测工具，可得出学生会了什么的结果。学了什么、知道了什么，并不能反映出学生不知道什么。学生不会的才教，确立学生不会的内容，这实则是对教师专业知识的考验，只有教师有着丰富而系统的学科专业知识，才会根据学生的年龄特征及学年段要求，给出学生不会的而需要在该年段可学习的内容。不会才教，在课堂教学的过程中，学生真不会的，有些内容是教师怎么也教不会的，需要以后随着自我人生阅历的丰富而自悟自得。有些内容是教师可以教而让学生会的，这需要教师科学地设置教学流程、有效地选择教育技术、合理地安排小组合作学习等。如此，才可能将不会的教会。教师在教学中围绕不会的可以教会的内容进行教学，这样才不至于浪费课堂交流学习的时间，全面提高课堂教学的效率。

不会的才教，这完全可以作为教学中遵循的一个规律。教师在教学过程中，不会的才教，这不只是对"教什么"做出的判断，同时也对"教"提出新的要求，包括教到什么程度。有的教学内容学生虽然不会但可以自学就会，有的教学内容教师虽然努力地教但学生依旧难掌握，教师应巧妙地处理教或不教。教学中，"怎么教"的决定需要教师在教学前形成，而后在教学中则需要根据学生实际的学习情况进行调整，做出"不会的才教"的决定，我们的教师只要把握住两个关键节点，方才可做出精准的判断。一个是把握课前预设，不会的才教，确定教学内容时，属于教学前的预设部分。我们的教师只有把握这一节点，才会让教有的放矢。另一个是把握课堂教学的生成，不会的才教，给予学生学习的指导，属于教学中的生成部分。把握好不会的才教，才会在课堂上见到学生明显进步。很显然，每一位新教师在决定怎么教时，拥有"不会的才教"的理念，明确把握预设与生成这两个节点，才可能真正增强教学意识，从而根据意识需要，对需要教的内容做出教的决定。

### 【现象纪实】

在新课程改革的进程中，面对瞬息万变的教育情境，能准确迅速地做出判断，恰到好处地妥善处理，从而收到理想的教学效果，这是一种教学智慧。[1]能

---

[1] 张万祥. 一句话改变人生：400位优秀教师的智慧感悟[M]. 南京：江苏教育出版社，2006.

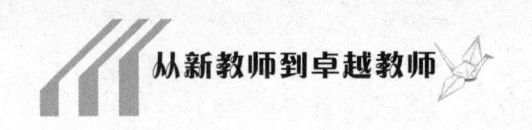

做到课前科学、全面的预设,遵循"不会的才教"这一原则,赢得课堂,让学生真正学有所获,达到最佳的教育境界,则更是对教师教学智慧的考验。

新教师具有许多优秀的特质,但为什么在自己的课堂上却不能呈现游刃有余、如鱼得水之势呢?一个最大的根源是:没从学生实际出发,在学生已知基础上开展教学;或者说,没有对教学内容进行恰当而合理的选择,教学内容的针对性基本丧失。

专家们曾提出:"学生会的不教,教不会的不教,通过学生互助学习会了的也不教。"[1]言下之意就是要教学生不会之处。在具体的教学中,确立不会的才教,更需要站在学生的角度,结合文本要求,教师才可能找到不会的,教的时候,才可能不是先想到怎样教。有时,可以根据班级学情判断学生是否不会。如若有一半的学生不懂,就可以算不会的,教师需要考虑将其作为教学内容。找到不会的,进行合理的教学设计,让学生跳起来能摘到桃子,这才是有效的课堂。

不会的才教,也要想清楚才教,要想明白才教,教必须跳出教材,教学生不会的才可能教得更好。教学目标是一堂课的灵魂,围绕"不会的"制定教学目标非常重要。备课时,需要准确定位课程的教学价值,才会找到学生还不会的,还需要掌握课堂教学的训练点,将它纳入课堂教学目标,才可能达到教学目的。

教不会的,才是评价一堂好课的标准。新教师在备课时若要找准学生不会的,需要做到三点。一是聚焦教学目标,层层推进。二是"砍",砍出空间和时间,让学生直奔关键点,没必要在会的内容上做过多的纠缠。三是学会"放",时时处处以学生为主体,做到有的放矢。在实际教学中,我们发现新教师存在着以下两方面的常见问题,需要加以重视与克服。

一方面,教学目标不明确。一些新教师的教学决策主要来自于自己实践经验的积累,并无目标意识。然而,这种仅凭自我感觉产生的经验未必那么可靠,而且这种累积是缓慢而低效的。新教师们在进行教学设计时,往往把大部分的精力投入到钻研教材中,喜欢参考大量相关的资料,把一篇薄薄的课文涵盖的知识点读得厚厚的,觉得这儿需要教,哪儿也需要教,最后竟不知道自己究竟该教什么了。于是,堂课上面面俱到,各个地方平均用力,造成"少、慢、差",完不成教学任务的现象。

另一方面,"单相思"的课堂。有的新教师满足于经验的简单模仿,并未从学生已有的知识体系考虑。亦步亦趋地"照猫画虎",特别是有些即将上合格课的新教师,总是汲汲于模仿名师的教学设计,搜寻创新点子,结果闹出"画虎

---

[1] 辛晓岚. 先学后教与有效初中英语教学[J]. 海峡科学,2014(5):90-92.

不成反类犬"的笑话。加之课堂调控能力还不是很强,不能像名师们那样很好地关注学生而进行互动。这就难免出现一言堂、三句半、一锅粥、"赶"课以及草草收兵等现象。

这样的教学结果是学生知道的继续"知道",学生觉得模糊的继续"模糊",学生不知道但应知道的继续"不知道",学生应该得到提高的得不到提高,这便是无效课堂的具体表现。新教师在备课时,只有努力做到聚焦要准、路径要直,删繁就简,以刀砍斧削之功直扑关键点,才能达成学生新知新能快速增长的教学效果,变不知道为知道、变不会为会。

案例3-2

## 光说不动假把式

25岁的研究生小杨,恬静娇小,踏实肯干,写作功底很强,读研期间有一年的实习,实习大部分时间都是陪同一些报社的记者进行采风工作,撰写宣传报道,即使到学校实习也很少进行教学实践操作。喜欢记者工作的她因为是定向生,所以毕业时只得放弃了自己的爱好,加入教师行列,到了城区的一所公租房小学。

刚踏入工作岗位的她课堂教学经验几乎为零,明白自己现状的她时时不忘抓紧时间充电,购买教学相关书籍进行阅读,聆听学校有经验老师们的课,遇到问题也常常虚心请教,以便尽快提升自己的专业素养。

为了让新教师尽快熟悉教学业务,做到上课入格,同时跟上教改的步伐,学校开展了师徒结对活动。小杨常常挤出时间去听师傅的课,她觉得聆听师傅的课简直是一种享受,行云流水,互动默契,整个课堂活而不乱,灵动而又充满语文的气息。学校推行集体备课,同一个年级使用同一份教案。小杨很奇怪,同样的教学设计,自己的课堂教学效果跟师傅的为什么总是大相径庭呢?小杨对自己的课堂很不满意,她问师傅:"怎样才能做到课堂上学生们都很专心,同时又充满灵气,积极参与互动呢?"

师傅踏进小杨的课堂,进行随堂听课诊断,发现小杨的优点是备课认真,上课思路清晰,普通话标准,粉笔字书写规范漂亮,但却有几个新教师普遍存在的问题:第一是各个教学环节都跟备好的教案一模一样,走课流于形式,没有聚焦突破重难点目标,没有任何一点复备的痕迹;第二是上课时从不走下讲台,显得很是局促;第三是提出的问题基本上是自问自答,不给学生留一点思考的空间;第四是学生在下面讲话或者小动作也没有及时制止,学生的讲话声比教师还大,她仍然自顾自地讲下去,毫无教学效果可言。

通过师傅的把脉诊断和引导,小杨为自己制定了专业成长计划。第一是不管是名师的教学设计还是集体备好的教案,都不能照搬照抄,自己在课前都要进行复备,明确一堂课的教学目标,结合本班学生的起点进行适当调整,留下自己教学思考的印记。第二是学会自信大方地驾驭课堂,让自己的足迹在四十分钟里遍布教室的前后左右,提升自己课堂的调控能力。第三是学生不会的才教,积极引导学生质疑,并且留给学生思考的时间和空间,谨记"赶"是课堂教学的万恶之源。第四是学会与学生进行互动交流,运用眼神以及肢体语言对专注力不够的学生进行暗示,让课堂在平等与尊重的和谐氛围中继续下去。这样教学久而久之过后,活而不乱的良好课堂就自然形成。

光说不动假把式,行动才是成功的关键。这以后,小杨开始尝试着在原有的刻苦钻研基础上融入自己的教学智慧。半年后,师傅再次走进小杨的课堂,聆听她执教"祖父的园子"见到了不一样的风景,学生们在她的带领下畅游于萧红笔下那个充满温情与爱的园子,那个美丽又充满自由和快乐的园子。课堂目标聚焦,朗读形式多样,运用以读促进悟的方式让学生感受作者内心的自由快乐,学生的参与度达到100%。而后,这一课在学校的青年教师合格课展示比赛中获得了第一名的好成绩。她欣喜地告诉师傅,其实这一课最初的设计来源于一位名师的教学实录,后来结合了班上学生的实际情况和自己吸纳的教学观念,进行了适度的修改,几易其稿,最后才有了这样的效果。

## 【新思考】

新教师专业成长的过程实际就是教学智慧锤炼与凝聚的过程,不会的才教,它是教育教学智慧的体现。而教学智慧的凝聚则源于教师对教学理论知识的不断学习,教师教学实践的不断积累以及教师教学经验的不断反思。对于新教师来说,"会的才教"既包含着他们的智慧,还包含着他们的教学勇气。这是因为,真要在教学过程中践行"会的才教",无形中便要打破传统的教的习惯,并且实践的结果都还是一个未知数,其教学实践就是一个探索与尝试的过程,需要充满专业自信,才可能坚持。

不会的才教,能促进生成有效课堂。不会的才教,实际上反映出一位教师的教学思维的清晰和乐观奋进的教育情怀。一个新教师坚守"不会的才教"的教学理念,能锤炼和提升自己的教学智慧。其实,一个新教师的专业发展,机会的把握和成长环境的打造,全源于自我的努力。只有通过全面打造专业自信、专业技能,才可能于教育教学中充满教育的精气神。

不会的才教,努力充满专业自信,是实施有效课堂的前提。在通常情况下,教学理论知识的学习是新教师走向专业化的基石,而教学理论知识大致由三个部分组成——教育学原理,人文素养,学科专业知识。因此,作为新教师,必须知道什么是教师该做的,什么是教师绝对不该做的。教师应该集中精力弥补什么,改掉什么。其实,教师专业成长的最好途径是"内驱型"发展,强调教师内在的专业精神的生长,鼓励教师自我剖析,自我澄清,从而建构积极的专业自信,这样才会真正让教师敢于下定决心,始终如一地在教学中教不会的。

不会的才教,打造专业技能,是实施有效课堂的关键。判断学生不会什么,是专业素养的展示,不会的才教,是专业技能的展示。每一种职业都有属于自己的专业技能,而教师必须拥有自己独特的教学技能体系。负责培养教师的教研员和专家,他们对自己专业内的事情都有所了解,但真正了解你那"一亩三分地"的还是你自己。要想树立和提升自己的专业技能还得进行教学研究,除此之外别无他法。因此,作为教师,任何时候都要学会把学习获得的能量转化成为课堂智慧。教师之间的智慧之所以有差异,主要在于自我的认识、清醒和积极的实践。关键是自省,这样才能清楚明自己的优点和问题所在,才能发现自己教学智慧的缺陷所在。

不会的才教,实现专业自我,是实施有效课堂的重点。教好书,书教好,是教师独立思想和人格的体现。能让学生学不会的,是具有高超专业素养的教师对自己的课堂所做出明智的判断与抉择。对于所负担的事务通常能全权处理,避免外人的参与甚至干预,教学也是如此,我的地盘我做主。当然,这里并无倡导大家我行我素之意,而是要学会坚守自己独有的教育思想。在现实中,很多教师并没有很好地执行"不会的才教",这还需要自问。如教学时,教师会遇到外来的很多干预,为什么你会跟风?为什么你会不知所措?为什么你会找不着北?虽然改变不了现实,但可以改变自己,教师要学会用平和的心态坦然面对今天扑朔迷离的教学改革,完善自我,变得专业,毅然向前,才会缩短"迷茫期"到"合格期"的时间,让专业素养得到快速提升。

【行动指南】

在课程改革的转型期,一位优秀教师的智慧必须是精与博的有效结合。在专业技能和理论水准方面,必须力求精深;在人文精神和科研理念方面,必须力求广博;在一般智力结构和特殊的思维品质方面,必须力求合理有效。应变性、直觉性、灵活性、巧妙性、幽默性是教师智慧的表现。不会的才教,由于教无定法,我们面对的是性格各异且处于动态变化中的学生,所以教学情景多样。不会的才教,看似千变万化,不管怎样,办法总比困难多,不怕有困难,就怕不知道困难在何方,万变不离其宗,寻道和循道极为重要。

**1. 提升学科文本解读能力**

不会的才教,任何学科的教学,首先在于学科文本教材的理解能力的提升。以一位语文教师应包括的四种能力为例,给予解读。一是教师能按常态读者的阅读方式理解、感受文本并反思自己的阅读过程和阅读方法。二是能以专业的姿态分析文本,依循体式特征,抓住文本的关键点。三是能从学生的角度解读课文,揣摩学生可能出现的问题或困难,判断学生理解感受的疑难处。四是能根据学段、年级和单元,按定篇、例文、样本、用件等课文类型,对课文的教学功能予以定位。[1]

不会的才教,需要教师能按常态读者的阅读方式理解、感受文本并反思自己阅读过程和阅读方法。现今,教师的阅读教学多是"病态的阅读",如以一次常规考研教学《黄山奇松》为例,让听课教师先找出这一课的教学点。而教师们都带着职业的阅读方式去看课文,把一篇简单的课文弄得很复杂,甚至把课题都解错,"黄山奇松"不是"黄山的奇特的松树",而是"黄山的奇松"。解错了课题,只能导致抓不住文章的教学点。

那么,教师应该怎样来阅读教材文本,找准教学点呢?教师应该尊重和相信自己的阅读经验和阅读能力,以常态的心理、以读者的角度来读教材文本。

以杏林子的散文《生命,生命》为例,散文是作者真情实感的流露,是作者人生经历的感悟。所以,散文一定要介绍作者。阅读散文时,当一段文字中既有间接表达又有直接表达时应关注直接表达。当我们找准了关键点,接着要从学生的角度判断学生学习的过程中可能会出现的问题,也就是疑难点。课文的关键点和学生疑难点的重合处,也就是本课的教学点,即本课的教学目标。

**2. 备课备两头**

将"不会的"作为备好课的起点,也就是要把握学生学情,这就犹如裁缝学会量体裁衣。"以学生为本""以学定教",从学生的实际情况出发,找准整体学生的学习起点,顾及不同学生的个体差异。这是因为,世上没有两片相同的树叶。学生会因各自生活经历的差异,现有知识的不同,在学习中表现出个体差异。[2]教师的备课设计就要有一定的弹性,满足不同层次学生的需求,帮助其实现个性化发展。如布置家庭作业时,开放性地设计题型多样、深浅不一、选择性强的作业。有的练习册上就有简单积累的、练习运用的、实践拓展的,学生可根据自己的实际能力选择。这样布置作业就满足了不同类型、不同层次的学生的需求,更好地激发了学生做作业的兴趣,提高学习质量。

---

[1] 夏满.语文教师教学能力诊断工具的研发策略[J].中国教师,2018(6).
[2] 胡玉良.量体裁衣——浅谈语文备课有效性的途径[J].语数外学习(高中版上旬),2013(10).

备课还要备好终点,也就是备好学习目标。依据学生的学情和达成教学结果的需要,设计教学"流程"。从起点到终点的过程,分成几个阶段,一个阶段就是一个环节,上一个环节流向下一个环节,抵达课堂教学的终点。流程是有流向的,学生开展有指向、有组织、有结构、有可见成效的学习活动。[①]教的根本目的是帮助学生学,新课程是呼唤这样的课堂:使学生的"学"相对丰富、多样,使学生的"学"比较有结构、完整。合宜的教学内容,有效的教学设计,必须建立在"学的活动有效"这个基点上。

　　追逐专业化的发展,我们应在备课中关注学生的学习经验,在教学中关注学生的学习状态,在反思中关注学生的学业样本。只有在不断地学习、反思和重构中才能真正赢得课堂,才能让自己的教学智慧之花常开不败。

　　**我们应谨记:教学时把握学生真正不会的,投入智慧和精力教真正能教会的,是每一位教师须尽力修炼的一项基本功。**

---

[①] 王荣生. 教学流程就是"学的活动"的充分展开[J]. 中学生阅读:初中教研版,2010(2).

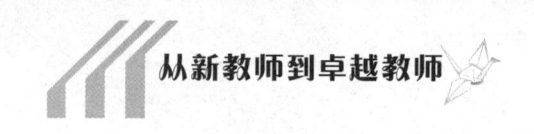

## 12. 教得主动　激发能动性

　　对教育有宗教信徒般的热情，能把教好书育好人当作人生的信仰，是一个新教师走向成功的开端。一个人身上潜藏着巨大的能量，激发主观能动性，自身能量才会得以唤醒，价值才会得以彰显。哪怕面对三尺讲台也是如此，唯有主动，才可能因为自我的主动感染服务对象，让学生因此而调动起学习热情。整个过程就像是一位钢琴师，美妙的音乐总是因为手指在接触琴键的瞬间产生。当然，面对教育，我们也只有排除一切杂念，才会因心静而倾情。面对讲台，面对课堂，若能融入其中，便会进入倾情的状态，这是新教师需要修炼的一项基本功。面对一切主观或客观世界，自我主动是把握一切的总开关。

　　面对课堂中的教，我们在此将话题转向"教得主动"这一关键词。谈主动，一切全可归结为没有主动就不可能有所作为。因为教得主动，才可能因此而产生积极的影响。首先，我们与新教师交流的是怎样才能让自我生发主动。"教"能带给我们什么，这是追问教得主动不可回避的核心问题。最直接的回答，教出成绩，给予付出劳动后的价值体现，让自我的教能价值最大化。其实，与年轻教师交流，我不只是谈现实中最实际的工作，更是因此提及理想与信念，这样才能勇于坚持而走得更远。年轻教师教得主动，需要对教育产生影响，特别是雄心勃勃有教出最优秀学生的愿望，有教得最出彩的期盼，有获得最大化的教育成就的决心等，都是其行动得到支撑的力量源泉。这种教得主动反映出教师身上的精神状态，与自我行动的外显相关联。每一个新教师都有人生价值最大化的要求，也只有那些敢于用行动来证明，才最终实现了人生的目标。其次，我们还想与新教师交流主动的表现形式。在我们看来，主动开放是主动的表现形式。一个人因为有行动，哪怕是内隐性心理行为，便已对自我产生了影响。对教育而言，只有一个人的行动对教育的对象产生了影响，并根据对教育对象产生影响的大小，才会对应地反映出劳动的价值。那种只对自我内驱动力系统产生影响而没有作用于他者的劳动，是不会被认定价值的。只有强大的内驱动力系统向他者开放，作用于感染他者，使他者获得正能量而成长时，才会有价值体现。很明显，劳动价值的体现形式是外显的，这种外显无形中体现开放性。新教师站稳课程、赢得课堂的初级阶段，教得主动的表现程度，其实是自我工作状态开放的体现形式。

**原规则：教主要是让学生学得主动，教师主动地处于被动。**

教得主动，不是被命令怎样做，而是一个人自身的冲动。我一直主张"教师第一"的思想，即有什么样的教师，才会有什么样的教学效果。在课堂教学中，教师自身所引发和体现出的一切能量，是课堂产生一切可能性的牵引力。为此，我们会发现一个教师的主动性，所产生的影响力带有明显的个性化特征。教师在教学过程中任何的主动行为，都带有教师个体的色彩，会完全根据自我脑海里的构想模式来缔造出一个不可复制的行动。主动已经成为教师自我的权利，在课堂这一国度里，剑指何方，完全由教师自我而决定。只不过，教得主动目的是非常明确的：为的是让学生学得主动。任何主动的教师都带有这一个目的性。这一目的性也成为教得主动是否有效的判断标准。

有目的意识，才会有主动教的行动。我主张主动地教，是课堂教得有效的前提条件。教师走进课堂，主动地教，不只是教学过程中精神饱满，还包括教师课前的积极准备——课堂教学中所需要的教学知识、教学方法（手段、媒体）和能力提升训练等，这样才可能为教得主动做好铺垫。或许在研讨课堂教学"教的主体性"时，人们习惯性地关注个体（个别）的案例，而真正对一个新教师产生积极的影响，更在于整个迷茫期迈向合格期的过程中所体现出的整体性和连续性，才会真正体现自己的教育情怀。我们反对随意的教，如果一个新教师站在讲台前，没有激情，其最大的危害在于，既害苦了学生，同时又浪费了自我的青春，让劳动价值不但没有最大化，反而被弱化。

**【现象纪实】**

主动教，主动学，两者具有辩证关系。主动教才能引发主动地学，主动地教要能增强主动学的适用性。在实际的教学过程中，主动教，让新教师产生苦恼的主要原因在于，倾情的投入，而学生并不能很好地配合教师的教而主动学，生成不太理想的教学效果。自我主动教，没有让学生主动学，这种情形产生的缘由，需要从教师自我主动的适用性上加以追问。学生由于年龄较小，普遍存在思维跳跃性，他们的主动性多会对"一件事情"产生莫大的好奇心。学生对"一件事情"的关注，主动性的调动往往比成年人更容易，若没有被调动起学习的主动性，只能说明教师主动教的选择点没有选择好，其所设置的"一件事情"缺乏教学科学性。不难看出，主动教，依旧有很多的讲究，主动只有以学生的需求为前提，才可能激发学生的憧憬。

主动教，主动有着应有的范围限制和强度限制。主动的实质，是一种教学

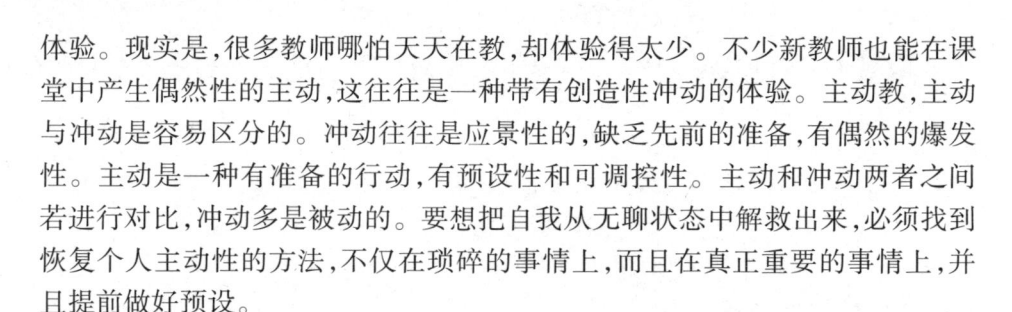

体验。现实是,很多教师哪怕天天在教,却体验得太少。不少新教师也能在课堂中产生偶然性的主动,这往往是一种带有创造性冲动的体验。主动教,主动与冲动是容易区分的。冲动往往是应景性的,缺乏先前的准备,有偶然的爆发性。主动是一种有准备的行动,有预设性和可调控性。主动和冲动两者之间若进行对比,冲动多是被动的。要想把自我从无聊状态中解救出来,必须找到恢复个人主动性的方法,不仅在琐碎的事情上,而且在真正重要的事情上,并且提前做好预设。

主动教,调动个体的主观能动性,能让人感知到发展的可能性。这种发展的可能性,不只是教育对象发展的可能性,更体现于教师自我专业素养提升的可能性。体现主动性需要提前做更多的准备,如主动阅读、参加培训、走进他人课堂学习、开放自己的课堂吸纳意见和建议,以此提升自己,并且主动了解自己的教育对象、课标探研、有效备课等。唯有如此,才能对发展可能性的积极因素予以保护。对于新教师,在行动中做到主动性,才能有无尽的发展可能性,但也往往会遇到很多困难,此时最需要的是主动产生无穷的正能量,让自我走远。

案例3-3

### 预设的主动

学生在写"武"字时,常常会多写一撇。有一位教师为了防止这种现象的发生,学"武"字时,是这样教的:"同学们,你们知道武松打虎的故事吗?(同学们都说知道)那么,谁能来讲这个故事呢?"(这下同学们可高兴了,争相举手要讲故事)故事讲完后,教师又问:"你们喜欢武松吗?为什么呢?"同学们都说喜欢,说武松是大英雄,也都想做个大英雄!教师接着问:"那你们想不想认识这个'武'字呢?"同学们可高兴了,大声地说:"想!"接下来就顺理成章地教这个"武"字了。可教师的教学却出乎我们的意料,他在武字上故意多写了一撇,让学生观察。细心的学生一下子就发现了错误,大声地说:"老师,老师,错了错了,你多写了一撇。"教师看了看,惊讶地说:"是不是啊?你们再仔细看看,是不是真是老师写错了?"这下,所有的学生都认真地看起书来,齐刷刷地举起手来,大声喊着:"老师,你真的写错了,多了一撇!"这下,教师的教学就在这里出彩了。教师说:"哎呀呀,我真的多写了一撇呀。唉,武松可是大英雄,我们怎么能用一把锋利的刀去砍他呢?同学们可记住了哦,武松是我们心中的大英雄,我们千万不能用刀去砍他的腿哟,一定要保护好他,知道了吗?"同学们都说知道了——要保护我们心中的大英雄,不能用刀去砍他。

在这节课上,教师事先用学生感兴趣的武松打虎的故事创设一个情境,激发了学生主动学习的兴趣,再引出本课的重点,引出重点后又故意将学生平常容易出现的错误呈现出来,让学生自己主动去发现错误。这样学生主动发现错误,再加上教师的强调,学生再也不容易出错了,也就达到了教学的目的。

是的,教师有时为了激发学生的主观能动性,可以创设一定的情境,故意讲错知识点,让学生去主动发现。

## 【新思考】

卓越的教师都会因为课堂中主动地教,才最后走向成功。作为新教师,只要真能做到主动才教,任何发展的可能性便会得以显现。卓越的教师都是从普通教师人群中脱颖而出的。课堂教学会因社会化而体现出集中化和组织化,并且发展到一定的程度,以至于个人主动性已经被减小到最小值。发展自我也并非容易的事,只有我们敢于真正面向课堂,在主动教的过程中体现出虔诚、体现出"主动",才可能拥有一切发展的可能性。

在课堂教学中,教师的主动是学生主动的前提。我们看到,学生的认识内化成行为的具体表现是学生主动参与学习。主动参与,即主体参与认知的行为实践不是被强制的、勉强的、被动的,而是自觉的、积极的、主动的。如果学生主动性越明显,课堂教学的有效性就越大。

教得主动,它是一门学问。要想让学生学有所获,课堂教学达到理想效果,就应想方设法让学生由被动变成主动。学生主动了,自然就对所学的内容感兴趣。就像网络游戏一样,现在不管是小学生,还是中学生,乃至高中生、大学生,只要条件允许,没人阻止,他们宁愿不吃不喝,也要把游戏进行到底,一关不能通过,绝不气馁,哪怕熬到深更半夜也毫无怨言,而且是越战越勇!作为新教师,我们更应该尽可能地运用游戏的理念,创设有趣的情境,激发学生的兴趣,教学时时留下悬念,吊吊学生的胃口,让学生时时猜测,时时想得到悬念的结果,学生也就学得认真,变被动为主动。

在主动教的行动中,有一点是应该提及的,即对所从事的工作对象赋予其重要性,才可能解决问题。就像案例中呈现的一样,哪怕具体到某一个知识点的教学,只有充分的知识储备才可能教得主动。相反,若不对教学知识点高度重视,没有做足准备(尤其是对学生学习情况的充分了解),其解决问题的效果只能是被打折扣,自然便会因没有很好地解决问题而达不到理想的教学效果。

教得主动,整体过程往往会体现教学的创新性。新教师往往会产生很多想法,有的是可行的,有的是难以施行的,但这些点子的实施往往会受到集权的控制,此时最好的办法是敢于后台实践,等通过实践而得以有效地解决问题,再将其呈现于前台。在深入主动教的过程中,就会主动将其体现于知识、能力和方法的运用上,并彰显其认知的价值。若从技术考究来说,被赞颂或谴

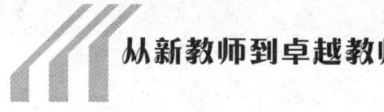

责的原因取决于技术的运用。如在教学过程中,教师的主动也会因主动程度的变化而变化,学生因教得主动而体现出不同程度的主动。学生越是主动,教师便会悄悄地处于被动。这里,存在着无穷的教育智慧,实则是主动教的技术呈现方式存在多样性。

虽然提及教得主动,可能带有功利色彩,可功利才带有了原始的动力,让教师主动地去做教育的革新者,敢于在教学的过程中解决教与学的冲突。在解决这一冲突的过程中,获得感和成就感的增强,功利色彩变淡,主动的教变成一种自觉的行为,才会上升到一个新的境界——直面教育信念和教育信仰。

## 【行动指南】

激发教的主动性和学的主动性,教学才更有效。有时教师可以主动地占据主动地位,正面激励学生主动地学,学得主动。有时教师则需要主动地处于被动地位,让学生主动地学、主动地显现。如错题错教,将错就错而曲径通幽。为此,再分享一些主动教的艺术,以供参考。

**1. 巧设悬念,调动学生的思维**

教师在让学生接触新知识之前,不要急着一下子把所有东西都讲给学生听,把学生当成一个纯粹的听众,这样学生会觉得索然无味。教师可尝试着说出事物的矛盾性,在关键处停下来,让学生去猜测明明是矛盾的事物,作者为什么还要去写?故事情节会如何发展?这样巧设悬念,往往能调动学生的思维,这个时候的教学不是老师牵着学生的鼻子走,而是学生的思维主动跟着老师走,主动去思考自己的猜测是不是正确合理。

如在教学《跨越百年的美丽》一文时,讲课伊始,我这样说道:"有位哲人说美丽是世界上最遗憾的东西,你们知道这是为什么吗?是啊,容貌易逝,鲜花易枯萎,这些美丽的事物都会随着时间的流逝而消失,可作家梁衡却说居里夫人的美丽能跨越百年,看了这个题目,你们最想知道什么?"真是一石激起千层浪,学生的兴趣一下子就被激发起来了,大家你一言我一语的,都认为不可思议,争先恐后地举手发言:"这种美丽是一种什么样的美丽?为什么能跨越百年?"大家还竞相说各自猜测的可能性。学生一下子就抓住了文章的题眼,抓住了文章的中心所在,何乐而不为?

**2. 创设问题情境,激发学习热情**

在课堂上,如果教师不顾学生容易产生疲劳的感受,老是用一种腔调,用一成不变的模式组织教学,一味地只按自己所设计的教学步骤去教学,不论哪个年段的学生,就是成年人也会觉得枯燥。而恰当的问题情境能唤醒学生的学习热情,把教学活动安排在一定的合乎实际的教学情境之中,可以引导学生通过动脑、动口、动手,[①]积极进入问题情境之中,自觉地思考问题,主动地分析问题和解决问题。

如在教学《伯牙绝弦》时,播放乐曲"高山流水",结合"伯牙善鼓琴,钟子期善听"一句引问:"'善鼓琴',难道只是'志在高山'和'志在流水'吗?还可能'志在什么吗?'"一问激活了学生的思维。于是,有了"志在杨柳""志在春风""志在白云""志在秋风""志在圆月"等回答。不但进一步拓宽了"善鼓琴"的内涵,而且相应地用自己的话道出了"善听"的内涵,水到渠成地理解了"伯牙所念,钟子期必得之"的含义。教师主动地创设问题情境,学生的主动便即刻被唤醒,学习目标的达成度随之提升。

**3. 营造创新氛围,呵护学生的好奇心**

学生的特性之一是具有强烈的好奇心,对很多事物都感到新奇,爱问"为什么"。好奇心是创造的起源,是独创思维火花的闪现。如果教学时能给学生营造一个宽松、愉悦的学习环境,学生就会轻松自在,心情舒畅,一些稀奇古怪的念头便会涌现出来,思路会更开阔,思维会更敏捷。

每次上课,不管教师的心情有多糟,只要进了教室,教师都得面带微笑,用亲切的语言、信任的目光去对待学生,给他们营造一个创新的氛围。千万不能把教师不愉快的情绪带进教室,让他们心生畏惧,一堂课规规矩矩、胆战心惊,心里直猜测教师这是怎么啦,那样学生就根本没心思听课,更别说什么积极思考了。

**4. 注入游戏因子,激发学生兴趣**

好玩是孩子的天性,设计学生非常喜欢的游戏,把新知识寓于游戏活动之中,使学生在轻松愉快的学习氛围中获取知识,参与知识的形成过程。把学生喜闻乐见的游戏引入课堂,可以快速吸引学生的注意力,学生会很快进入学习状态。

如在描写人物外貌时,教师就可以做一个"猜猜我是谁"的游戏。教师抓住班上一个同学显著的外貌特征,用语言将其描写出来,让学生猜猜是谁。如此,学生定会仔细观察班上每个同学的外貌,找出每个同学的特殊点,也可以用同样方法用语言描写出来让其他同学来猜。这样一来,不仅学生感兴趣,而且主动参与其中,在游戏中学会了描写人物外貌的方法。

注入游戏因子,学生主动地爱上了学习,激发学生的主观能动性,教学会收到事半功倍之效,学生的进步会越来越大,学习起来才会越来越愉快,主观能动性的作用才会更好地发挥。总之,谈课堂,谈教学态度,谈专业化发展与成效,往往取决于教学活动,屈从于自我的主动性。

我们应谨记:新教师的专业素养能否具有竞争力,主要取决于他做事时的**主动性**。我们完全可以说,教得主动是赢得课堂、提升专业层级的法宝。

---

[①] 李玉龙,邓芙蓉.论小学数学情境及其有效创设[J].现代中小学教育,2010(2).

## 13. 学生能教 放手让他们教

对教的有效性探讨,衍生出对教师和学生之间主体论的辨析,但很长一段时间的争论,都没有形成最终的定论。如17世纪英国唯物主义哲学家洛克继承和发展了亚里士多德的"蜡块说",指出:"人出生时心灵像白纸或白板一样,只是通过经验的途径,心灵中才有了观念。因此,经验是观念的惟一来源。"[①]这即是后来人们所谈的"白板说"。德国教育家"幼儿园之父"福禄培尔曾作了一个生动的比喻,他说:"儿童和教育者之间的关系就像葡萄藤和园丁的关系,给葡萄藤带来葡萄的不是园丁,而是葡萄藤自身。"不管是洛克的"白板说",还是福禄培尔的"葡萄藤"的比喻,完全可以理解为是对教育主体的争论。前者强调了教育对学生发展的影响,后者强调儿童自主学习发展的关键作用。与新教师谈"学生能教,放手让他们教"这一主题前,先弄明白谁是教与学的主体是非常有必要的。

近年来,由于人们对主体性认识的加深,师生互为双主体论的产生,成为人们对教师施教过程判断和推测的准则。只不过,这些折中主义均没能彻底解决学生和教师之间的主体关系和实践问题。若过多强化教师的作用,而学生所掌握的很多知识、方法与能力却均能超越教师的水平,学生作为后来者总在超越传播者,显然不能低估学生自我在学习过程中的作用。若过多地强化学生的作用也不对,因为多数没有接受过学校系统性教育的人总比受过教师系统性教育的人慢半拍。由此看出,显然不能低估教师的作用。学生的成长不是教师教的,却又是教师教的,不免存在着二律背反。我们在施教的过程中,放手让学生教,这其实是一种施教的方法,当然不免是对传统教学的挑战。

**原规则:不要低估你的学生。时间累积久了,学生是教师的影子。**

学生能教,放手让他们教,主旨在于对施教有效性的探讨。在实施的过程中,让学生教,这是一种教的思维的创新、教的方法的创新、教的教学理念的创新。只有打破传统思维的束缚,才可能真正开启让学生教的尝试。教师教,学生学,这是我们很多中青年教师通常采用的施教方法。特别是新教师,初涉讲

---
[①] 李郭稳. 浅析洛克认识论的基本思想[J]. 漯河职业技术学院学报,2016,15(4).

坛的时候,多会吸纳他们曾经读书时教师们教他们的学习方法而指导自我的课堂实践。他们的教师可能没有开展过学生教学生的活动,他们又怎会在思想意识中产生让学生教的意识呢?学生教,这不只是施教方法的创新,更是对自我教学思想的突破。

学生教学生,它本应是教师教学方法中的一种,一种创新的教学方法,一种创新的学习方法。首先要求教师除了打破自我教育思想的壁垒,更需要设定三重标准:学生会教、学生能教、学生能教得更好。至少达到比教师教有更好的教学效果,才在教学的某一流程中让学生代替教师去教。这里,必然包括教师为学生能教所做的准备。如让学生具有流利的表达能力,学科知识信息的收集、处理、理解、运用的能力,具有现代信息技术的运用能力等。让学生具有这样的能力,需要教师有意识地培养。这期间,同时也包括对学生预习能力、课堂设计能力、课堂心理等的考验。值得说明的是,只有充分认识和发现学生的可塑性,不低估学生的模仿、实践和习得新知的能力,敢于放手让学生多次尝试,才可能真让学生教学生的教学方法得到落实。

## 【现象纪实】

当今的课堂教学,普遍是教师教、学生学,可教学的效果并不理想,要是学生课外没有太多时间去复习与巩固,其教学效果更是难以保障。

随着课改的深入,特别是最近几年"卓越课堂"的推进,已经掀起了一次新的教学方式与学习方式的变革。哪怕围绕自主、合作、探究而进行多种模式的研讨,不难从中发现,卓越教学变革的核心点在于教与学的形式变化。让学生主动学习,在小组合作中交流、在交流中探究等,这些实则在于让学生教学雏形的形成。

教学方式与学习方式的变革,教育工作者一直在探索。一些教师的大胆尝试,无形中已经给教学方式与学习方式的改革提供了新的借鉴。作为新教师,让学生教,不仅仅需要勇气,还需要能静下心来,从传统的低效教学方式中寻找出路,能从学生教学生的新形式中探索出新的规律,特别是符合教育教学原理性的东西,才可能真正冲出重围。

变革教育教学方法,让学生教学生,是鼓励学生以更加主动积极的姿态去参与学习、自主探究、自我创造的实际行动。新课改以来,我们应创新教学理念,让"我当教师来上课"不再是一句口号,而应该是实实在在的、经常出现的行动,不再是一些公开课(竞赛课)上装点教学过程或者是活跃课堂的一种形式。让学生教学生,是新的探索方向。但是,哪个流程、哪个时刻、哪种情形、哪类知识让学生教,都需要进行具体且实在的探索,找到切入点。

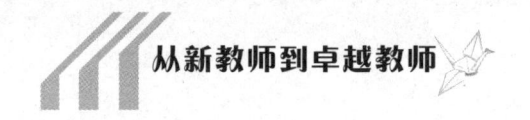

案例3-4

## "看把戏"

由于经常出差,导致很多课程都是一拉而过,学生接受起来累而厌烦,而自己教学时感觉也是毫无激情而言,纯属草草应付了事。整个一学期,都感觉自己是在和时间赛跑。又要拿教学成绩,又要完成学校的其他工作,说实话真的很累!怎样才能让自己摆脱追赶教学进度的窘境。后来,我努力尝试让学生来教学生,最初是从教字词开始,而后放手到试卷的错题讲解,再到略读课文的讲解。

周四,又要出差。周二下午,我找来班上表达能力强、语文成绩不错的班长,对她说:"老师周四又要出差,老师想把周四那天的语文课让你来上,你有信心吗?"班长摇摇头说:"我啊,我不行!"我摸摸她的头说:"没事的,老师相信你能行,明天你就先来试试,今天回家好好准备准备。你就讲讲课文的一二自然段和里面的生字,看看一二自然段里面主要讲了什么,想告诉我们什么。然后,讲讲那几个生字怎么样才能记住它,有什么特点,怎么运用的。相信自己,明天上课铃一响,你就直接上去,像平常老师上课那样,不用怕,老师在下面给你坐镇。"

第二天上课伊始,我早早走进教室,拿上笔记本,端上凳子坐到最前面靠窗的位置。学生全都非常诧异地看着我,好奇地问:"老师,你怎么坐到哪里去了?今天是要考试吗?"我微微一笑,说:"待会揭晓答案,一定会给你们惊喜的!大家就先坐好,把书拿出来,准备好上课吧。"同学们怀着一种好奇心,准备好了书本端坐在自己的位置上。

上课铃响了,班长走上讲台说:"同学们,今天由我给大家上课,请大家把书拿出来翻到第十二课,齐读课文。昨天,大家预习了第十二课,知道这课主要讲了什么吗?有谁能说说?"她讲得是有模有样的。她教学生字时,就用了"猜谜语"的方式帮助学生记忆:有人将耳朵贴在门上,猜猜它想干什么?说一半,问一半,闭口不言猜猜看。小老师抛砖引玉,用猜谜语的方式帮助学生记住了生字,学生的兴趣一下子就上来了,大家你争我抢地要举手发言,都想看看到底谁是最聪明的,大家想出来的记生字的方法可比我平时讲的"加一加、减一减、换一换"的方法可要强多了。课堂气氛很是活跃,大家学得很是认真,发言也特别积极,就连平常从不举手的学生也高高地举起了手,学生的思维被充分调动起来了,完全超乎我的想象。

本来,最开始我还有些担心学生引领学生期间的预习不到位,抓不住生字的特点,教学时只是照本宣科,教教生字的读音就罢了,更担心同学们不配合,让小老师下不了台,还担心同学们会怀着一种"看把戏"的心态听课,但最终课堂效果让我意外。

找好助手,学生能教的,放手让学生教,居然让我成功地做了一次"懒教师"。后来的实践更是证明,只要充分相信学生,只要是学生能教的,放手让学生去教,你一定会收到意想不到的效果!

【新思考】

当代著名教育改革家魏书生的教学就是让学生教好学生最好的例证。除此以外,还有许多教师在"让学生教学生"的实践中也都取得了成功。在课改浪潮的推动下,越来越多的教师明白"教师不再是知识的拥有者,也不再是高高在上的施教者,而是学生学习过程中的促进者,更是学生的合作伙伴。"教学,是为了点燃学生的智慧,是为了培养学生的自学能力和自主学习的意识,是为了培养学生主动参与探索与实践,是为了让学生在主动发现中享受知识,在学习和发现知识中享受其乐趣。

让学生教,是把课堂还给学生的体现。对于一位学生来说,能有机会登台讲课,这是提高他们各方面能力的最好方式。要是能得到教师的肯定和表扬,相信对他们自己的学习也是一种莫大的鼓励和促进。而对于教师来说,让学生代替自己来上课,是对学生的充分信任和尊重。其实,让学生教学生,不只是教的创新,同时也是学的创新,一种打破传统思维更有效的培育人的办法。要知道,给学生一个展现自我的舞台,他会还你一个精彩的世界。

让学生教,不是降低要求,而是提升了教的要求,追求更高层次的有效性。这并不是说教师没有教,实则是教师有意识地安排学生去教,是对教师和学生的一个新的要求和促进。让学生教,无形中生发一种任务驱动,便会迫使学生自觉地学习、探究和提炼,自觉地思考知识的理解及有效运用。让学生教,是教师通过"教"的方式让学生学,让学生在学的过程中学得更彻底,让学生在教的过程中将所学更系统条理地整理,知道如何将学的知识加以转化。

让学生教,这里定然有很多的讲究。很多中青年教师由于教得保守,他们几乎没有让学生教学生的实践,但这并不表示新教师就不可尝试。相反,新教师只要为"让学生教"而做好充分的准备,其教育思想及教育教学方法艺术会以跨越的方式超越那些比较保守的老教师。这里所指的让学生教的讲究,并不是教师放手,最初更多的是教师设计出一个理想的流程,让学生朝着预定的超越常规的学习方式推进,让学生在知识与能力素养上为达成教而做出相应的准备。当然,这期间教师不只是引导学生超越自我,其为师的角色也会随之

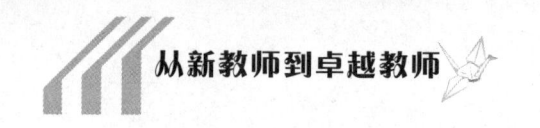

变化,如对学生点滴进步的放大与鼓励,对学生教的过程的导演,让学生感觉到教而体现乐学的精神。

让学生教,需要教师进行充分的准备。这里必须系统地认识到,包括教师为学生教的准备,全面体现施教主体的开放性,同时包括教师为学生学的准备,全面认识到学的创造性,让学生学得更深刻,让学生学得更有见解和富有创造性。这里的准备,包括学生所教知识的准备。教师还要充分认识到,学生所教的知识是他已经充分理解的知识,并且是其他同学还没有彻底掌握的知识。通过同伴互助的形式以达成知识的传授,包括如何让学生自己的所学加以转化,从而更好地让他人所学;包括学生教的能力及教具的准备,需要教师提前谋划,在执教的班级中根据前期学生所具有的能力进行分工,这样才能更好地保证更多的同学为达成共同的教学目的而努力;还包括让学生所教具体的点(整个或局部流程、知识点、能力点等)的落实。教师只有真正做足准备,学生具有了较高组织能力、丰富的学科知识、较强的分析推理能力,才可能放手让学生去教。

让学生教,是素养教育的真正体现。教学手段发生变化,教学效果更具有生命力。同样一个知识点,学生自己演算出来的能力,与学生教让他人能演算与理解,二者会有不小的差距。但经历这一过程,学生对知识点的理解更深,创造能力更强。在让学生教的整个过程,并没有太多可以借鉴的经验,即使他人的践行达成了非常满意的教学效果,但那些具有个性化的经验往往不具有借鉴性。在此书中,我们给予每一个新教师在教学过程中这种创新理念的揭示,最终只有靠自我在实践中大胆尝试。

让学生教,我们必须明白,学生不能绝对代替教师,特别是在小学阶段的中低段,更是如此。而且也不是所有的教学内容、所有的教学时间都可以让学生去教学生。让学生教,表面上让学生处于主动地位,实则是教师主动处于第二。我们必须清醒地认识到,学生的教永远不可能完全代替教师的教,如果完全依赖于学生教学生,这样的教若没有教师作为强大的后盾支撑,没有对学生持之以恒的引领,结果只能是一种低效的放羊式学习。须提醒的是,让学生教,学生只能更多地发挥配角的作用,让学生作为教师的助手。

【行动指南】

学生教学生,需要科学的实践。学生能教,放手让学生教,有人曾做过实验,提出了三个月转型的最低期限。也就是说,在施教的初期,引导学生作为教学的主体呈现于课堂,最初的1-3个月里,特别是最初的转型期里,教学效果不但不会得到提升,相反还会下降。这里,除了需要教师给予学生全面的指点,还需要根据施教过程暴露出来的问题深入分析,有效纠正,学生才敢立于堂前。当然,1-3个月在学生的特殊训练期中,因为是群体性的教学对象,难免因不同学生自身素养及年龄的差异,导致教学效果的差异。

**1.了解学生,掌握动态**

教师要想让学生教学生,而能达到和教师自己教一样的效果,首先须全面了解学生,知道上讲台的学生已掌握了哪些知识,哪些同学能教哪个知识点,哪些同学能教句子方面的知识点,哪些同学能教课文赏析,哪些同学适合生字词辨别讲解,哪些同学适合课文朗读指导,哪些同学适合创设情境对白,哪些同学适合逻辑演化分析等。教师应了然于胸,才会在一堂课中的某个环节让某个学生上台施教,并合理分配任务。

**2.相信学生,交还舞台**

既然已经决定把课堂交给学生,那么就应该充分相信学生,把舞台交给学生,相信学生有能力掌控课堂,有能力胜任教师教给他的教学任务。当然,你在让学生教学生时,首先,得给他们自信,当他们强有力的后盾。当学生有质疑或争执,而小老师又不能胜任时,作为坚强后盾的教师不能袖手旁观,得在肯定小老师能力的基础上,给其解围、给其补充,让其圆满收场。其次,还得教会他们认真预习、认真准备的方法。教师先得手把手地指导小老师怎样预习,在预习中发现要特别讲解的知识或不能理解的知识,以及这个知识点应该用什么方法去突破,怎样才能用他们自己的语言,以及自己的方式最大限度地去调动学生的兴趣,调动学生之间相互的竞争,相互质疑,而达到人人都积极主动地参与探索互动的效果。再次,教师要做一个忠实的"学生",认真倾听,仔细观察,做好小老师的助理。最后,当学生的一切都已适应了,都能找到方法、找准方向了,才可以完全放手,把舞台真正交给学生。

**3.尊重学生,给足空间**

只有充分尊重学生,给足学生展示自我的空间,学生才会真正放开手脚、不受束缚地去干。因为尊重能给人自信、给人力量,能使人放松心情。心情愉悦,才能更好地发挥自己的潜能,圆满地完成教师分配的教学任务。

课改以来,课堂力求让每一个学生都参与,尤其是要唤醒那些无动于衷的学生,因为当今的课堂主张不需要"旁观者",不需要"看客",每个学生都是课堂的主人,都是学习的参与者。[1]在这种"学生教学生"的课堂模式下,学生的积极性提高了,参与性提高了,课堂气氛更活跃,学生更认真、更自信,学生之间的竞争氛围才会浓厚。给足学生空间,他们自会不断去思考,在教师的指导

---

[1]潘良晓.让"小老师"引领同伴,培养自主—互助学习能力初探[J].小学科学:教师,2014(8):104.

中习得方法,主动去习得、去准备,才会不断扩大视野。给足学生空间,学生得到锻炼的机会多了,也自会不断提升自己,教育目标才会多一份胜算。

学生教学生,前提依旧是在教师引导下教。可以是课前布置任务,可以是课中习得新知而让其教。放手让学生教,教师评价必须跟进,才会更有效。如此,我们自身的研究能力、专业素养才会在实践中不断得以提升。

我们应谨记:掌握"学生教学生"的教法,是新教师必须锤炼的一项本领。从入职第一天起,就需加以规划,通过不断地实践,才能达成真正的"教学相长"。

## 14. 因材施教 知人善教

急于求成是教育最大的通病。原因在于人们都因为考核变得现实,教师的教似乎只有能通过考核与评估,才算获得继续任教的资格。为了获得一个好的考核效果,教师紧盯着学生,以期许在限定的时间内出成绩,急于求成似乎成了情理之中的事。其实,教育的本质在于开化每一个未来社会人的心智,促进其成为未来社会中有用的人。因为接受教育的考核和评估的需要,一种本该从长计议的教育,演变成了热炒热卖的事情,为此而造成了很多畸形教育。如一些本来聪慧的孩子因为顽皮而被教师无情地定性为差生,可十年、二十年后呢?当年那些顽皮的孩子,他们有的对社会的贡献并不少于当年被教师认定的优生,部分人甚至超越优生成为社会的栋梁。

教育是慢的艺术。追逐专业化发展的初级阶段,如何正确看待教学考核与评估,是一件很重要的事。很多人因为急于求成,不免变成势利眼。不知大家发现没有,很多新教师因为过分在意教学考核而变得势利,导致在教学实践的过程中经常与学生发生矛盾冲突,特别是一些老师用不当的言行刺激学生,甚至让其教学环境充满危险,与同事间的关系也变得岌岌可危。对学生实施知识、能力与方法的传输,不能只为自我最现实的考核与评估负责,不能只为教师个人的荣辱得失负责,要为学生负责,为学生取得现实的成绩负责的同时还应为学生的未来负责。这才是因材施教、因材善教的宗旨。

**原规则:没有适合每一个学生的教育。因人而教,因时而教,因基础而教,才可能让每一天有明显进步。**

教,针对每一个学生而教,每一个孩子都应是可塑之材。教应为每一个孩子负责,教应着眼于孩子的未来,这样的教才可能是富有教育内涵的教育。"因材施教"这个词对所有教师应该都不会陌生。他们经历了教育学、心理学的洗礼,经历了对"因材施教"这一教学原则滚瓜烂熟的记忆与背诵,经历了披荆斩棘过五关、斩六将的游戏,最终谋得一张教师的入职通行证,"因材施教"可谓是根深蒂固地深入其内心、浸透其血液。

怀揣着"孔子施教、各因其材"的先贤理论,专业化处于初级阶段的职场新人,往往会热血沸腾地踏入职场,憧憬着一段"人尽其才"的浪漫教学之旅。挑战无处不在,只要进入职场,面对每一节固定而短短四十分钟的课,面对几十个生龙活虎的学生,课堂组织无力,教学技艺匮乏,教学环节无序,玩转课堂都难,更别说因材施教了。当一番冲锋陷阵、轮番努力之后,才明白理论与实践的差距,如同梦想与现实的距离一样遥不可及。没有适合每一个学生的单一的教育方式。每一个学生都是独特的个体,认知差异、智力差异、性格差异导致每一个学生学习知识的接受程度的差异。当下,我们的教育是相同的教材、相同的课程、在相同的四十分钟里接受相同的教育。这么多的相同,如何因材施教,成就每一个学生的不同,让每一个学生在现在的基础上自由地生长?这是一个难题,却不是一个新问题。解决的办法在于践行"因材施教"的原则,持之以恒地做下去。

【现象纪实】

因材施教,因材才能施教。所谓好钢要用在刀刃上,材料不同便注定其用途的不同。如木材,红木是上好的实木家具材料,沉香木更多地用于装饰,檀香木则是最好的雕刻材料。教育学生就像经济合理地使用木材,要根据木材不同的性质特征,做到长材不短用、优材不劣用、劣材最好择其优而用。

知人善教,知人才能善教。学生是不同的个体,有的性格内向,有的性格外向;有的喜欢表达,有的不善言辞;有的表情木讷,有的容光焕发;有的反应迟钝,有的思维敏捷;有的安静沉稳,有的活泼开朗……新教师要通过接触、观察、了解、关注每一个学生,发现每一个学生的性格秉性、兴趣爱好、优势特长、忧愁烦恼、欢笑眼泪……真正了解每一个学生的特点,才能真正做到量体裁衣、知人善教。

当下,一些语文课堂上的朗读教学让人心焦。见有新教师一遍又一遍地对重音词语的强调,导致学生朗读时把重音重重地摔在地上,掷地有声,使原本一个完整优美的句子支离破碎,没有了语感,更没有了韵味。更有甚者,为了追求朗读的整齐度、优美度,在句与句之间、段与段之间,通过让学生默数数字、打着节奏进行停顿,使得原有的朗读变得僵硬,该呼之欲出却又戛然而止,该抑扬顿挫却又平淡无奇。

在一些作文指导课上,职场专业化初级阶段时,往往会给学生展示过多优美的词语、句子、片段,为学生朗读更多优秀的习作,让学生在网上搜集过多的同类型习作,最终发现学生的习作逃不开这些优秀习作的影子,素材总是那么几个,是别人的材料,却不是自己的生活。教师过多的包办,恰恰让学生的习作千篇一律、黯然失色。

新一轮的课改春风已吹过五湖四海、大江南北,刚入职的新教师也都了解,他们也在课堂上实践着新课改"以生为本"的理念,运用小组合作交流的方式,引导学生自主探究地推进学习。但我们却经常看到部分课堂只有其形,未见其神,小组合作学习中过多的口令、规范充斥着课堂,禁锢了学生的思维。学生就像流水线上的产品,到哪个环节说哪句话、喊哪个口令,让他们失去了个性!在这样的课堂中,快学生、乖学生成了"等待哥""静息弟"。在一个环节中,他们总是最快完成学习任务,然后趴在桌上安安静静地等待着最后一个学生发表意见、完成讨论。在最后一个慢学生没有完成任务之时,新教师不敢打断学生,因为他们要"以生为本",他们要"尊重每一个学生",不让每一个学生掉队。对慢学生的尊重恰恰是对快学生最大的不尊重,是最大的不公平。

案例3-5

### 小萝卜头的"凤凰涅槃"

陈老师,入职六年,教四年级时,她的班上转来了这样一个学生,是撤校时由另一个不足13人的班级中合并过来的。四年级的学生,一二年级的个头,小小的脑袋、黝黑的皮肤、单薄的身体、破旧的衣服,俨然一个"小萝卜头"。出于职业敏感,陈老师给予他更多的关注。经过了解,陈老师发现他父亲是一个地地道道的农民,年龄很大,无劳动力,娶了一个云南的妻子,家中两个哥哥,一个上高中、一个上初中。家庭的困难造就了他胆小、自卑、怯懦的性格。但他眼睛里有时也会闪现灵性的光彩,他聪明,并不笨;他勤劳,总是用自己的行动,捡垃圾、捡废品去卖来减轻家庭的负担;他能干,跟同龄学生相比,他帮家里做许多力所能及的家务事。

陈老师明白,这样的学生需要放大其闪光点,树立其良好的形象,改变其他同学对他的看法,才能让其变得乐观、找到自信。于是,她在课堂上、生活中寻找着这样的契机。课堂上,这个学生胆小得不敢举手,她将回答简单问题的机会留给他,在他回答正确时给他适时鼓励,让他不再害怕举手。渐渐的,难一点的问题,他也敢举起他的小手,虽有些害怕、虽有些胆怯,但能够举起手就是成功。

这个学生捡垃圾、捡废品的行为着实让陈老师感动。他会在下课时间,到垃圾堆里捡同学们扔掉的本子,会在课间时到垃圾筒里翻找同学们扔掉的饮料瓶子,而不在乎同学们异样的眼光。一次春游,他照例如此,准备了两个大大的装化肥的塑料口袋,跟着队伍边走边捡大家随手扔掉的饮料瓶子。休息间隙,陈老师将全班学生聚拢一起,给学生们讲她小时候第一次卖冰棍的经历,不敢大声叫卖,担心别人异样的眼光;不敢在自己家周围叫卖,怕被别人看不起。但凭自己努力赚到的钱却着实让陈老师欣喜,也让她更懂得付出汗水就会收获的道理,学会了珍惜金钱、养成了不乱花钱的习惯。接着,陈老师把自己的胆怯与这位学生的勇敢进行了强烈的对比,当着全班学生的面,对他竖起了大拇指,说自己非常佩服这个学生。通过此举,让这位学生在同学们心目中的形象瞬间高大,他们的目光中不再是同情、怜悯,而是敬佩。问问班上同学,可以为这个学生做什么?陈老师首先带起头,将自己手里的矿泉水一口喝干,装进了这位学生的口袋里。同学们受其感染,也行动起来。一路上,老师和同学们高高兴兴地帮着捡瓶子、扛袋子,最后两个麻袋装得满满的。

一件小小的事情,一堂不一样的教学,让全班学生学会了爱。这样的行为一直持续到六年级毕业。而这位同学变得更自信更大胆了,居然在五年级的一次班干部民主竞选中获得大家的信任与支持,当选为副班长。陈老师指导这位学生将春游的经历写成作文《我是自强之星》,获得了"我是五好小公民"征文大赛全国一等奖。陈老师根据这件小事写的教育叙事《大匠无弃材,寻尺各有施》也发表在《今日教育》上。

陈老师自己也不太相信,她居然创造了这样的奇迹,让一个胆小怯懦的"小萝卜头"获得"凤凰涅槃"式的新生,奇迹就那样悄无声息地发生了。

## 【新思考】

一个人在专业化发展的初级阶段,之所以在课堂上无法做到因材施教、知人善教,究其原因,从教师层面考虑,教师给了每一个学生、每一个小组相同的目标与任务;从学生层面来说,每一个学生的个体差异导致了学习接受程度的差异。当然,最后的完成情况也不尽相同。在尊重教育公平的同时,恰恰滋长了教育的不公平。排练过学生舞蹈的教师都知道,如果追求动作的整齐度,给学生同样的动作、同样的表情,比插上一段情境舞蹈,让每一个学生有不同的难度动作、不同的个体表现更省时省力。我们的很多课堂也是如此。当初,带着出人头地的梦想、趾高气扬的气势,希望自己在集体中是最优秀的那一个,希望获得领导的赏识、同事的认可,便把这种压力无形中转嫁到学生身上。给学生高标准、严要求,巴不得班上的每一个学生都向最优秀的那一个学生看齐。

从社会层面上来思考,这是一个充满竞争的时代。学生们从一出生开始就在父母"不能输在起跑线上"的思想下,艰苦地面对每一天的学习、每一次的考试、每一次的成长。家长把殷切的希望寄托在孩子的身上,巴不得自己的孩子次次都考一百分,上清华北大、考雅思托福。他们总是在拿自己的孩子跟别人比,总希望自己的孩子就是班级里、年级里、学校里最优秀的那一个。

这些诸多的因素，都没有站在学生的立场上思考，都忽视了学生是一个独立的人，是一个具有主观能动性的人，是一个具有独特个性的个体。片面追求教育公平，恰恰导致了教育的不公。口令式、规范式的一言堂过多把持课堂，导致了课堂的整齐划一。只有从学生的实际情况、个体差异出发，有的放矢地进行有差别的教学，每个学生才能扬长避短，获得最佳发展。陈老师在"教学"时，更多地站在"小萝卜头"成因等处思考问题，通过对学生的观察了解，发现其闪光点，引导学生进行自我认同，最终收获学生的成长。陶行知说："生活即教育。"因人而教、因时而教、因基础而教，才可能让学生一天一个进步，才能让每一个学生都出彩，让每一颗金子都发光。

教的核心内涵是教育。著名教育家钱梦龙先生说："教师是塑造学生心灵的艺术家。"那么，教育更多的是走进学生心灵，关注学生心灵，关注每一个学生自身的需要，才能真正做到育人育心，既教好了书，又育好了人。看一些名师课堂，在教师的引导下，学生侃侃而谈，思想的交锋、思维的碰撞、智慧的闪现都体现得淋漓尽致。源于他们关注每一个学生，从学生自身基础出发，找准每一个学生不同的生长点，给予不同的目标与要求，让学生在自己的生长点上自由地生长，焕发出生命的活力与精彩。

【行动指南】

对于专业素养处于初级阶段的教师来说，有"因材施教"的意识是好的，但必须将"因材施教、知人善教"落实到行动上。每天多关注学生一点点、每天多实践一点点，在经验中累积，在课堂中磨炼。在收获每一个学生个体成长的同时，才会收获自身的成长与幸福。

**1. 知人善教，正视每一个学生的个体差异**

学生不是春节联欢晚会上的机器人，过多的彩排与要求让其行动一致、步调一致、节奏一致、表情一致、笑脸一致，这只能让他们失去个性，最终失去成长。过多的整齐划一让其少了灵性，没了风采和神采，失掉属于他们生命的特质，将一个个生命的原创教成赝品。蔡元培指出："教育是帮助被教育的人给他能发展自己的能力，完成他的人格，于人类文化上能尽一分子的责任，不是把被教育的人造成一种特别器具。"教育的流水线上不需要生产相同的"板鸭"，我们要正视每一个学生的个体差异，不能打着全面发展的幌子，生产面目相同的"机器"。我们需要全面发展的人才，我们更需要专业突出的技能型人才。世界上没有两片相同的树叶，做自己的那一抹绿色，同样生机盎然。正视个体，尊重差异，泥鳅、黄鳝不必一样长，让学生做最真实的自己最重要。

"没有差生,只有差异。"这是新教师必须置入骨髓的教育理念。全面了解与把握其差异,并为其施以不同的教育,才是对教育公平最大的尊重。

### 2. 因材施教,给每一个学生适合的蛋糕

不同的学生,不同的要求。无数的实践证明,"不要让学生输在起跑线上"是大大的歪理。有的年少成名,有的大器晚成。王崧舟工作十四年就被评为特级教师,余映潮六十岁才第一次上公开课,但他们的成就,没有大小之分。

成功不是由时间决定的,更不是由起跑线决定的,正所谓"尺有所短、寸有所长",找到每一个学生不同的起跑线,给每一个学生发展的不同标尺,为其量身打造的衣服才更合身。教育就像吃蛋糕,一个大大的带着各种水果口味的蛋糕全班学生一起吃,并不一定平均分配才是公平,而应该让学生自己选择适合自己口味的蛋糕,让每个学生吃到自己喜欢的想吃的并有能力吃得完的那一块蛋糕,才是对学生最大的尊重与公平。"大匠无弃材,寻尺各有施。"[1]我们要学会给每一个学生不一样的教育,制定适合每一个学生发展的学习目标,给学生的成长创造更多发展的机会,才能人尽其才、物尽其用。

### 3. 摒弃竞争,让每一个学生一路闪光

教育教学过程中,不能采用人比人的评价方法,否则只会产生坏的结果。我们不能把课堂变成竞技场,用一个学生的劣势去与另一个学生的优势作比较。我们要善于发现学生身上的闪光点,通过因时、因地、因基础不同的教育放大学生的闪光点,让学生在闪光点中找到自信和勇气,把握前行的方向。在同一堂课上,对演讲、朗读力强的学生,多给他创造朗诵、演讲的机会,让他做好示范、当好小老师并点评其他学生的朗读;对性格外向、思维敏捷、乐于表达的学生,给他更多回答问题、口头表达的机会,让他学会侃侃而谈、能言善辩;对性格内向、比较安静的学生,给他更多思考的时间,让他学会倾听、学会记录,安静地学习可能更适合他……让学生自己跟自己比,每天进步一点点,每天进步一小步,在自己的那一片天地书写属于自己的那一份精彩,学生终会收获至少一项出色的本领。

**我们应谨记**:因材施教,知人善教才是对学生的最大尊重,是最大的教育公平。

---

[1] 林艳. 浅谈领导者要合理使用人才[J]. 现代经济信息, 2015(13).

# 第四章

## 明晰"学什么" 追寻有质量课堂

要真正体验生命,
你必须站在生命之上!
为此要学会向高处攀登,
为此要学会——俯视下方。

——[德]尼采

学习是讲究成本的。教师该学的东西非常多，几乎数不过来。到底哪些该学、哪些又不应该学呢？这也是影响教师专业化发展的一个重要问题。笔者认为只要与专业素养提升相关的都应该学，专业素养是底子，学习借助已有的底子，学起来才轻松，才会有真正的收获。那些与专业发展无关的，应理性对待，少学或不学。不熟悉的领域，如若没有跨界的准备，带着一份好奇去尝试，一切都从"0"开始，往往会走很长一段黑灯瞎火的路，那样不但难有收成，还会浪费有限的时间和精力。

　　"学什么"，我们希望能从根上对新老师进行引领，围绕课堂教学，力求从观念到细节进行引领。通过观念，给人留下深刻的印象，而后影响大家追逐专业化发展的行为方向和速度。观念影响的是一个人的行为，细节通过行为过程体现出来。观念决定方向，细节便决定了观念转化的速度。

　　"学什么"走的是一条自由之路，如果你在职场中需要得到更多的自由，你想在课堂上站得更稳，需要你能学得更专业。追寻有质量的课堂，行走在专业化发展的上升通道上，"学什么"定然与心同行。如果教师能明确学些什么，并坚持学下去，这样的人离卓越层级一定不会太远。一切学习意义的建构过程都是内省的，而不是简单的意义呈现，其中的体验性和过程目的性是根本。本章"学什么"的内容有理论方向的，也有实践方向的，它是专业化学习内容的一个缩影，希望起到抛砖引玉的作用。

## 15. 学情分析 把好调查关

一个人的快速成长，离不开学习。有些人成长慢，主要原因在于只完成自己的本职工作，很少学习。若一位教师忘记学习，会没有专业化提升和发展的机会。优秀教师职后都非常注重学习，把握住学习的机会，主动有效地学习，才最终赢得职场。新教师的成长，关键在学习，专业素养的形成与提升都是学习与修炼的结果。教师最终发展到什么样的层级，匹配对应的是专业素养。为了不悔青春、不毁前程，我们将从学情分析开始，与大家一块谈"学什么"。

什么是学情分析？简而言之，学情分析就是对学生学习情况的分析。学情分析的内容十分广泛，包括个别学生的情况和班级学生的情况分析。学情分析具体包括：学生基本情况分析，如年龄、性别、性格、特长、兴趣爱好、家庭情况等；学生学习成绩分析；学习状况分析及其他对学习产生影响的因素分析。可以这样说，凡是对教学以及学生学习有影响的因素，都是学情分析的范畴。一次学情分析，表面看是指向于学生，其背后却是根植于教师的自我学习与提升。

**原规则：学情分析是教学目标设定的基础，是教学内容分析的依据，也是设计用于实践的依据。**

所谓学情分析，是教师教学的前提和基础，弄清学生情况，有针对性地制定和实施教学策略，才能使教学活动走向深入，从而达到理想的教学效果。刚踏上教学工作岗位的年轻教师雄心勃勃，心高气盛，希望能在其他老师面前一显身手，但往往事与愿违。听新老师的课，经常会看到这样的情景：老师自顾讲课，学生在下面做自己的事；老师在讲台吃力地讲，学生却一脸茫然……

会学情分析，懂学情分析，它不只是一门技术，更是教师职后学习的专业素养的反映。很多新教师教学水平低下，教学中对学生情况把握不准，一个主要的原因在于几乎不会学情分析，不懂得学情分析的方法，也从没有科学地开展过学情分析。

【现象纪实】

学情意识淡薄，在教学中不进行学情分析，往往是新教师普遍存在的问题。

有效解决教学中的问题，学情分析是基础。人们常说因材施教，就是在分析学情的基础上，根据教育对象的特点来实施教育策略。对个体来说，要根据学生的性格特点、兴趣爱好、能力特长、学习习惯等因素，采用适合学生理解和接受的方式进行教育引导。对班级而言，要根据班上大多数学生的学习状况、知识水平来确定教学目标，确定教材的重点、难点和关键点，设定教学的起点和终点。根据学生的学习习惯、思维特点来确定教学方式和手段，实现教育效果的最大化和最优化。试想，那些从不做学情分析的教师，他们的教学质量又怎能得以提高呢？

专业素养多是职后习得。现今新入职的教师多是大学专科以上学历，很多人认为自己是大学生，教材上的知识那么少、那么简单，凭自己拥有的知识去教学生绰绰有余。凭着自己的理解来进行教学，少有结合学生情况去分析教材，也没有去分析学生是否具备了学习本课内容应有的知识基础，其结果多是教学没有方向和目标，或目标不明确，学生难以适从。如此，教师还停留在"我"的层面，较少或没有从"他者"（学生）的角度来设计和展开课堂教学，岂不低效？

当然，也还存在其他的情况。新入职的教师由于专业素养的欠缺，也只是对学情进行简单、片面的理解分析，学情的分析不到位，对学生的了解也只停留在表面，没有进一步的追踪分析。他们关注更多的是学生成绩的好坏，不能透过学生现有的成绩去分析造成成绩差的原因。对于成绩差的班级或学生，他们总归因于学生。他们认为就是学生不爱学习或学习习惯差，不会去深入了解和分析造成学生不爱学习的根本原因。在课堂教学中，教师往往根据课前的预设，自己将教学的流程"走"一遍，不关注学生，对学生在课堂上的表现视而不见，不能根据学生的反馈及时调整教学方法和教学进度。其结果是花了大力气，却达不到预期效果，教师费力不讨好。新教师需要在职后努力习得学情分析的方法，掌握并在实践中运用，专业素养才会在教育教学行动中逐渐形成。

案例 4-1

## 学情分析带给课堂的充实

几年前,王老师从某师范院校英语专业本科毕业,通过公招来到一所农村小学任教,担任四年级的英语教师。据说,王老师在原师范院校是文艺积极分子,经常参加学校的活动,曾与同学一起创编英语说唱节目,并在院校艺术节上获得过一等奖,足见王老师的个人素养与英语功底。

按照惯例,新调入学校的老师都要上汇报课,学校也要推门听课。在开学后的教师会上,教导处对这一学期的教学活动做了安排,希望老师们做好准备。

作为新教师,王老师严格按照学校常规的要求做好日常教学工作,同时认真准备,希望在汇报课上一展风采,给学校领导和老师一个好的印象。在汇报课上,王老师以活动和游戏推动课堂进程,加上她标准的发音和丰富的表情,课堂气氛十分活跃,一节课四十分钟很快就过去了。王老师自我感觉良好。

然而,在热闹的课堂气氛掩盖下,存在诸多问题,其中最大的问题是忽视了学情。王老师只是把当时流行的英语教学法移植了过来,没有根据农村小学四年级学生的英语水平来确定教学的起点,来选择恰当有效的教法。王老师采用的教法让学生感到新鲜,但不能引导学生深度学习。课堂教学中王老师没有关注学情,更没有根据学生的表现调整教学方法和教学节奏。教学内容是通过口语训练学习英语单词,在对话中很多学生发音不准,但王老师只对个别学生进行了纠正。在游戏活动中,学生跟着老师玩,几乎没有学生真正思考学习的内容,有少数学生根本没有参与其中。王老师整个教学显得漂浮不实。

在评课交流时,学校领导首先让王老师谈谈这节课的构思和看法,然后让参与听课的老师发表意见。老师们真诚地指出了这节课存在的问题,也提出了许多改进意见。有老师这样评价:"这节课是老师在表演,学生跟着玩,不是老师引导学生学。王老师可能更适合当演员。"

得到如此评价,犹如一瓢凉水泼来,王老师委屈、难过,也有一些不服。难道自己辛辛苦苦花了这么多精力准备的课就这么糟糕吗?她想听听校长的意见,可校长什么也没说。更可恼的是,评课结束时,校长让她针对自己的上课情况和老师们对自己的评课写一个总结,要求手写,第二天交到校长办公室。

晚上,王老师坐在书桌旁,心里十分烦乱,她从未感到如此委屈。泪水涌出眼眶,滴落在白色的 A4 纸上,慢慢浸润开来,她此刻的心情是迷茫纠结。她想不通校长凭什么要自己写这个总结,更不知道从哪儿下笔。但这是校长的

"圣旨",刚参加工作就"抗旨",今后怎么混呀!没办法,她打开电脑,在电脑上搜出相关文章"唰唰"抄在纸上。

第二天,王老师拿着抄来的"总结",忐忑不安地走进校长办公室,小心翼翼地递上总结。正准备离开,校长却热情地招呼她坐在对面的椅子上,并倒来一杯开水递给她。这是她没有想到的。糟了!等着挨批吧。

"昨晚没有睡好吧?还在为昨天的事纠结吗?没关系,这是教师成长过程中必须经历的阶段,我们学校的许多老师都是这样过来的。"

接着,校长从抽屉里拿出一个笔记本:"这是我昨天的听课记录,你看看,也许对你有帮助。"

王老师接过校长的听课记录笔记本,看到笔记本中不但翔实记录了上课的过程,还有许多图形和特殊符号,如三角形、小圆圈、波浪线、小圆点等,旁边有批注,还指出了优点和不足之处。当然,王老师不能完全理解听课记录中符号表示的意义。

看着王老师疑惑的表情,校长首先肯定了她良好的个人素质,然后结合听课记录,与她一起回顾上课的过程。校长指出她在课堂教学中的优点和不足之处,并提出改进的方法,语气平和,没有一丝责怪,并告诫她没有学情分析的教学,犹如射向空中的羽箭,没有方向和目标。校长希望王老师在今后的教学中,一定要关注学生,搞好学情分析。

慢慢地,王老师紧张不安的心渐渐平静下来,也意识到了自己在上课中确实存在许多不足之处。备课时她没有进行学情分析,设置的目标过高,教学方法也不适合农村孩子。特别是她在上课时紧张,担心完不成教学任务,只顾按照备课设计好的流程上课,没有关注学生,没有根据学生的课堂表现调整教学。

接下来,校长的话让她备受鼓舞:"昨天评课时就想与你探讨,但是时间紧,另外看见你听了老师们的意见后情绪有点激动,所以就想另外找个机会与你谈谈。我们区明年要举行小学英语优质课竞赛。学校前些年在其他学科的赛课中都取得过优异成绩,而在英语赛课中一直都处于'陪衬'状态。你有很好的潜质,希望你能代表学校参赛……"

走出校长办公室,王老师既兴奋,又感到了压力。她是一个不服输的人,她想借赛课的机会一雪"前耻",改变老师们对自己的看法。从此以后,在认真搞好教学的同时,她积极探索和刻苦钻研,利用业余时间阅读教学理论书籍,虚心向老教师请教。在课堂教学中,努力做到以学生为主体,注重学情分析,根据不同班级学生的特点采用不同的教法,针对学情展开教学,提高课堂教学实效。她在外出观摩教师赛课和示范课时认真做好记录,并与同行的学校老师交流看法。渐渐地,她的课堂教学变得丰富和充实起来。

一年以后,在英语优质课竞赛中,王老师代表学校参赛,先后获得镇一等奖和片区一等奖。后来,她参加全区小学英语优质课竞赛,获得二等奖。

王老师是幸运的,她遇到了慧眼识才并乐于帮助教师成长进步的睿智的校长。如果没有那次汇报课的经历,王老师就不可能在这么短的时间内树立学情意识,学会分析学情,并根据学情展开教学,在短时间内取得如此优异的成绩。

### 【新思考】

大家都这样在做,自己也模仿着去做;大家都不去做,自己也不去做;大家都在那样说,自己也那样说;大家都是如此的思维方式,自己也跟随着采用如此的思维方式等,这正是很多年轻教师普遍的问题。没有主见,没有思想,不知道自我追求方向,内心完全空虚。真要解决存在的问题,需要不断地学习,才是简单而通向提高自身素养的路,才是改变自我命运的路。

刚入职的教师一般是刚走出大学校门,还没有从学生的角色转变过来。他们对教材不熟悉、对教法不明确、对自己缺乏信心,甚至不知道怎么上课,他们迫切想知道课堂上教什么和怎么教。他们一方面被动地顺应学校教育教学常规的要求,日复一日地参加学校的活动和完成教学任务;另一方面,亦步亦趋地跟着老教师学习备课、上课、批改作业,偶尔向老教师请教一些问题。但他们不能对相应的做法、观点和理论等进行深入、辩证和批判性思考。新老师看不到学情分析对教学的作用,自然不会去进行学情分析。

教学的目的是让学生学习和掌握知识,提升能力。开展学情分析的目的,一方面在于全面实现教学目标,同步提升自我专业素养;另一方面在于让学生学有所得,省时高效,减轻负担。学生是教学活动的主体,教师是教学活动的组织者和引导者。教师要思考采取怎样的教学方法和手段,才能调动学生的学习积极性,让学生主动地学习、吸收、内化知识,形成技能。学生在学习方面的特点、方法、习惯、兴趣爱好等直接关系到参与学习的深度和学习的效果,学生的认知水平和知识基础对学习新知识具有重大影响。因此,教师对这些因素要进行认真的了解分析,将教学活动建立在学生的认知发展水平和已有的知识经验基础之上,根据学情设计教学、根据学情展开教学、根据学情调整教学。

学情分析是站稳课堂的开端,是新教师在教学实践中得以修炼的一项能力素养。新教师容易忽视学情分析,在分析教学需求与存在问题时,没有找解决办法,也不知道从什么地方开始解决问题。其实,这一阶段的青年人都难以找到存在的问题。当新教师踏进课堂时,差不多都会遇见相同的问题,只不过很多人采用放任的态度。只有少许新教师会引起重视,思考为什么出现如此的问题,应该怎样及时解决问题等。当然,后者良好的思维习惯,可能会让他随之产生对应的行动,这类教师的发展速度便会快于其他人,若干年后,便会拉开两者的素养距离。

新入职的教师精力充沛,热情似火,总想在较短的时间内做出成绩。但是,新教师要搞好教学工作,仅凭一腔热血和一股闯劲是不够的,还需要加强学习。因为教学过程是教师和学生共同参与、相互影响、同生共长的复杂的思维和情感体验过程。教师要想取得良好的教学成效,需要师生共同参与,需要学生的积极配合,更需要教师具有一定的教学方法和技巧,具有较高的教学水平,这一切只有不断于实践中学习、总结和提升,方可找到解决的办法。而专业素养及教学水平的提高不是一朝一夕能达到的,需要新教师长时间的摸索和历练。新教师要爱岗敬业,不断学习,要立足课堂,勇于探索,大胆创新,扎实搞好一些专业性的学习,认真上好每一节课,才能真正达成"教学相长"。

## 【行动指南】

为了课堂教的有效,教师必须首先将学情分析融入自己的备课过程,逐步形成意识,时时做到心中有学生,在教学过程中时时重视学情分析,并在教学实践中学习和有效落实学情分析。

**1. 把好调查关,弄清学生的基本情况**

调查了解是分析学情最直接和基本的方法。新教师来到一所陌生的学校,接手一个陌生的班级,难免感到迷茫。在上课前教师要进行调查了解,弄清班级基本情况,如班上人数、考试成绩、学生学习习惯、学生特点、班上有无特殊的学生,甚至原来老师上课的情况等。了解的方法有观察和询问学生、与学生交谈等,教师也可以通过开座谈会来了解学生情况。

如果你担任班主任,对学生的了解要更全面和深入,既要了解整个班上学生在学习方面的情况,如考试成绩、学习状况、学科优势、兴趣特长。还要了解学生个体的基本情况,即学生的性格特点、兴趣爱好、生活和学习习惯、家庭住址、家庭成员、家庭生活状况等,对全班同学的情况做到心中有数。教师了解学生的基本情况还可以通过家访来进行,了解班级学习状况可以通过对考试成绩的分析做出判断。

如果你接手的是一年级新生,观察法和活动法是了解孩子情况的首选的办法。因为一年级的孩子刚入学,学校其他教师也无从知晓。有经验的教师,开学前一到两天不进行文化知识课的教学,而是对学生进行习惯训练,给学生编好座位,让学生排好队,带领学生到校园里走走,熟悉今后学习的环境;课堂上让学生站起来介绍自己;给他们讲学校和老师的要求;开展一些简单的游戏活动等。教师通过这些方式了解学生的习惯,了解学生的性格特点,了解学生的思维反应,了解学生的差异,在较短的时间内对全班学生的情况有个基本的把握,然后根据学情来确定教学目标,确定自己的教学方法和策略。

**2. 透过表象,分析深层原因**

调查了解到的信息,一般都是表象。教师要学会将所了解到的情况进行详细的记录,然后结合所记录的材料透过表象,进行综合分析、判断,找到问题的关键所在。如班上同学学习成绩差,你要对成绩进行分析,弄清差在什么地方,原因何在。是知识没有掌握,还是习惯导致的成绩差;是教师的原因,还是学生的原因。教师通过对考试成绩的分析来了解学生的学习习惯,掌握学习情况,针对学生情况制定教学策略。教师还要对学生在课堂上的表现进行分析,预测学习效果,发现问题,及时解决。

分析后,写出详细的分析报告。在分析报告的每一个方面都留下空白,以便在后续的分析中予以更改或补充。学情分析是一个长期进行的工作,不是一次分析就可享用几年,因为学生总处于动态的发展变化之中。写好学情分析报告,不但可以看出学生的成长轨迹,也能从中发现自己的教学还存在什么问题。

**3. 结合学情,分析教材**

专业化水平处于低层级的教师在分析教材时,往往脱离学情去分析教材。学生是学习的主体,教材是学生学习的线索和凭借。教师教学不是教教材,而是利用教材教学生。因此,教师分析教材必须结合学情,在教学新课时分析学生是否具备了学习新知识的必备知识和技能,哪些内容学生感兴趣,哪些方面能引发学生思考,哪些内容不必纳入课堂,哪些内容必须举一反三,学生已具备哪些生活经验,确定的目标学生能否达到,教学策略和方法是否适合学生。教师要根据学生的知识基础和已有经验确定教学目标,根据学生的学习状况确定教学方法和策略。

**4. 观摩名师教学,学习分析技巧**

在赛课活动中,赛课的教师课前都要与学生见面,赛课前与学生见面的时间是很短的,一般两到三分钟,目的是向学生简单介绍一下上课的内容,对上课的要求和课前准备做简单交代。有经验的教师能抓住时机了解学情,通过询问、抽学生起来朗读(语文课)、提问、做一个小游戏等了解班上学生的学习习惯,班上哪些同学肯发言,哪些同学朗读较好等。

  名师上示范课,他们的课前谈话十分随意,看起来好像跟上课的内容没有联系,实则匠心独具。课前谈话的目的,一方面缩短与学生的心理距离,亲近感情,让学生接纳自己。另一方面,更重要的是利用这短短的几分钟时间了解学生,了解班上的学习风气,了解学生的思维习惯、学生的知识状况。所以,我们要经常观摩和学习优秀教师和名师上课,学习他们在不露痕迹中了解学生和进行学情分析的方法,根据学情调整教学策略的技巧。

  学情分析可以在课前,也可以在课中,它贯穿在教学的每一个环节中。教师要认真搞好学情分析,努力提高教学实效,做到心中有学生,真正成为教学中的一名有心人。

  **我们应谨记:没有学情分析的教学,犹如没有航标的漂流,漂到哪里算哪里,触礁是难免的。**

## 16.修炼教学语言 夯实自身修养

教师的教学语言能力,往往影响着自身的专业发展。教学语言能力提高,能够提升自己应有的教学能力,同时也能给学校、学生、家长留下良好的教学印象。作为一名新教师,必不可少的一部分就是修炼教学语言。

如何修炼教学语言？首先,我们应该明确一个新的概念——教学语言修炼的效度。所谓教学语言修炼的效度,是指教师需要在自我预设的时间里,完成修炼的科目,达到既定的教学语言能力水准。也就是说,如果一批新教师同时入职,谁能在入职后快速地进入角色,进入原始的教学语言积累期,并自觉主动地向他人学习,最大限度地扩充自己的"家当",形成稳定的"个人风格",他便会脱颖而出,成为同批新教师中的佼佼者。

**原规则:教学语言是教师教授知识、启迪智慧、塑造心灵的最基本的工具,也是教师最基本的教学技能。**

语言是交流媒介,既是一种工具,又是一种素养展现方式,它能有效直观地展现一个人的内在。同样,教学语言既是教学活动中的交流工具,也能反映教师的综合职业能力水平。

教学语言带有明显的职业特征。用于职后教育教学的语言,它的形成过程有着自身的规律和特征。在这方面,新老教师的专业素养之间存在着明显的差距。老教师的教学语言富有感染力和艺术性,个性化特征鲜明;新教师上台,往往会像新手驾车一样,谨小慎微,跌跌撞撞,甚至连语速、语调、语音等都难以自控。教学语言的修炼属于教师自身修养的范畴。

掌握教学语言形成的规律并非易事,"有能力却道不出来"这样的事情不免让人担忧。对每一位新教师而言,不但要坚持自我修炼,更需要通过各种教学实践,发现自身不足,并接受他人的建议,以此提升自己教学语言的感染力。

【现象纪实】

根据多元智力理论看出,不同的人因其自身天赋的不同,具有不同的智力。教师群体亦是如此,不同教师之间存在语言能力的差距。优势智力加上特殊的教学实践环境,能让教师形成自我特有的教学语言技巧和风格。特别是在具体的学科教学语境中,更能体现出它的作用。因此,我们要充分调动自我的优势智力,激发自身教学语言技能的"悟性",进而打开教学语言能力上升的通道。

同期迈向三尺讲台的教师,因其努力程度的不同,取得的成效也往往不同。在实际的课堂教学中,我们发现,专业素养处于初始层级的教师教学语言存在着以下三个方面的常见问题,需要加以重视与克服。

一是随意性。一些教师在课堂上想到哪里说到哪里、想说什么就说什么,非常随意,表达缺乏逻辑连贯性。虽说教学语言是一种口语语体,要口语化,但仍要考虑其科学性、准确性和逻辑性。教师的教学语言本身就是教育的重要部分。一节课是否有生命力,我们可以通过师生的语言来感受。因为教师的课堂语言行为往往起到导方向、造氛围和启智慧的作用。模棱两可、含混不清的表达不能帮助学生建立正确有序的知识体系,也不能帮助学生形成严谨周密的逻辑思维。教师发音不准,语调音量一成不变,也是教师教学语言随意性的表现。此外,课堂上,教师不着边际地讲述、闲聊也是教学语言随意性的表现,这不仅浪费了宝贵的教学时间,更会让学生无所适从。

二是重复繁冗。一种情况,"是不是""对不对""好吗""懂不懂",这些是非对错问题用词,成为一些新教师上课时的口头禅。使得学生无须深入思考,甚至可以用连猜带蒙的方法回应教师。还有一种情况,教师表述相同的意思,总反复讲述。我们不排除在达成教学目标时,教师对重点、难点及结论的一种强调,但对同一语句多次重复或重复学生的回答,则是多余和无意义的。

三是一言堂。很多新教师课堂上会垄断话语权,不给学生发表见解的机会,不给学生留下质疑问难的空间,从上课的开始自说自话直到一堂课结束。

教学语言是在特定的教学环境中带有个性智力的综合体现,通过教师教学实践才可提升的一项专属于教师的职业能力。对于新入职的教师而言,教学语言能力多是短板,谁若重视,不断加以修炼,谁便会在修炼的过程中最先掌握要领。

大量的事实证明,笨鸟先飞的青年教师,往往比那些具有语言天赋而不思进取的教师更容易获得更高的教学语言成就,因为他们通过悟其道,不断更新自我的教学语言系统,使得自我的教学语言充满着艺术活力。

案例 4-2

## 什么原因让她又等一年

27岁的李老师是一位乡村小学教师,形象好,气质佳,有上进心,在教学上肯钻研,普通话也说得流利。工作以来,李老师参加学校、片区的说课、赛课、教学基本功比赛,多次获得一、二等奖。原本,李老师打算就这样一直在乡村工作下去。可眼看着孩子一天天长大,到了上小学的年龄,身边的同事、同学不断提醒她应该为孩子提供一个更好的学习环境。李老师和老公一商量,觉得大家说得有道理,于是就有了考调的想法。不过,要参加考调,必须有一个硬条件,那就是教师有在全区现场赛课中获得过一等奖的经历。李老师差的条件,恰恰就是区里的一等奖。

很快,机会来了。教科所发出通知,12月全区举行语文学科青年教师赛课活动,要求学校先进行初赛,接着片区复赛,最后区里决赛。李老师顺利通过了初赛和复赛,进入区里决赛。决赛的课题是赛前一周抽签决定。为了取得更好的成绩,李老师抽签后,认真备课,多次试讲,还将自己的教学设计发给区里的教研员,请其指点。

一切准备就绪。赛课现场,铃声响起,李老师按照预设的流程开始教学。借班的这些孩子很懂事,每个环节、每个流程都很配合李老师。老师问,学生答;老师引,学生学。环节清晰,课堂流畅。下课铃声响起,李老师对自己的表现非常满意,一等奖似乎也志在必得。等宣布结果时,李老师却以0.2分之差与一等奖失之交臂。她茫然了,想不明白自己的问题出在哪里。李老师找到教研员,希望他给自己一个解释。教研员拍拍小李的肩膀,遗憾地说:"教学设计倒是没多大问题,可你仿佛就是在背教案,语言比较生硬。还有,课堂上你对学生的评价比较单一,只有'好''对''不错',过渡语、引导语直截了当。回去后,多注意一下教学语言的艺术。年轻人,机会还多着哩!"听了教研员的话,李老师如梦初醒。

回校后,李老师开始上网大量查阅名师课堂实录,然后对其语言进行分类整理,如开课语、引导语、评价语、过渡语、小结语等。在观摩同事课堂和外出听课学习中,她也有意识地关注别人的课堂语言,将好的及时记录下来。在日常课堂中,她还让学生监督自己,尽量不重复、啰唆,时不时与学生交流,让学生给自己的课堂用语提建议。

功夫不负有心人,第二年区里青年教师赛课,李老师一路过关斩将,终获一等奖。她顺利地考调进城区一所示范校,为自己的孩子创造了良好的学习环境,也为自己的成长提供了更广阔的空间。

## 从新教师到卓越教师

**【新思考】**

李老师的事例应该引起大家深深的思考:评价一堂课的优劣、成败、有效,涉及的点很多。看一堂课,要看学生学得怎么样,也要看老师教得怎么样;要看教学设计的新颖、课件制作的精美;还要看教师的教学语言是否有艺术。

教学语言能力的高低,不但影响着教学效果,更影响着每一位教师的专业化提升和发展。正如社会上说,教师就是靠一张嘴吃饭。教师赖以生存的本事,在很大程度上指的就是"教学语言"。提升教学语言能力,真正受益的是教师个人和学生。良好的教学语言修养让教师的内驱动力系统不再疲软,也让学生的学习兴趣因为教师教学语言产生的感染力日益浓厚。

苏霍姆林斯基曾说:"教师的语言修养在极大的程度上决定着学生在课堂上的智力劳动效率。"目前,各级各类的赛课活动、教学研究活动不胜枚举。看了现场、听了课例之后,观摩者时不时会感觉到授课者多是入职年限短的教师,其课堂依旧存在着很多不足,如放不开、不够大气,绝大部分的课堂预设性太强,生成性不足。为什么?因为教师预设的是有把握的,而生成的往往难以把握。教师需要利用教学机智和自己的语言功底去有效地把控,以此展开即时的教学服务。一个优秀的教师一定要有很好的语言功底,有很好的实践基础。要拥有好的语言功底和基础,只有不断习得他人经验,不断总结自己教学实践中的经验,才能打下一个好的语言底子,让生成的课堂精彩起来!

教学语言的提升,像其他任何一项专业素养的提升一样,呈现出实践性的轴线螺旋提升方式。实践性反映出专业素养的提升,也离不开具体的课堂,否则,教学语言能力难以得到提升。轴线螺旋提升方式反映出:任何人的教学语言能力的提升,都在同一个轴心的起跑线上,不可能不经历原始的起点便跳跃到另一个层级。

任何教学经验的产生都有其特殊的教育语境、教学对象,教学中不可能完全复制,即任何人都不可能未习得经验便采用跳跃的方式达到熟练的程度。人人都需要经历跌跌撞撞的实践过程,最终才可能形成现有的经验,从而把控后续的教学实践。虽然每一个新手在教学语言的修炼中都是在相同的起跑线上,都需要经历修炼这一过程,但绝对不可忽视习得他人经验的重要性。我们在实践中发现,注重教学语言经验习得和积累的新手与自我莽撞操控课堂的新手,提升时差别明显,一个新手从迷茫迈向合格期,有的需要1年,有的则需要5年。

【行动指南】

教学语言技能的习得过程,是一个不断内化与成长的过程,是一个内驱动力系统不断提升的过程。透过其教学语言的呈现方式,便会看到一个教师的职业状态,感受到一个教师职后的性格特征,同时也可以判断出教师于职场中价值的大小。

现在,全国有很多教学名师,无论是中小学还是大学,这些名师都有一个共同点:他们的教学语言很有"嚼头"。听名师讲课,那就是一种享受!当然,他们并非天生就有这样的本事,这个能力也是长期练出来的,是日积月累而成的。所以,我们的新手不能气馁,大家可以从"精、准、巧"三方面着手,不断锤炼教学语言,提升自身修养。

### 1.精,即精练

精练的教学语言,首先指不拖泥带水,不废话连篇。一节课,可能涉及的教学点不止一两个,如果我们都平均用力,眉毛胡子一把抓,则可能"面面俱到,面面都不到"。因此,教师应在教学重难点部分下功夫,对其余部分则可以轻描淡写。其次,精练的教学语言体现在对问题的分析和引导上,有条不紊。例如语文试卷中排序问题,教师可告诉学生,一般是先读通句子,了解这些句子总体在讲什么,然后理清这些内容大致是按什么顺序叙述的,如时间、空间、事情发展的先后顺序……接着抓住这样的联系,排列顺序。锤炼精练的语言,在教学过程中坚决剔除口头禅。

### 2.准,即准确

准确的教学语言首先指教师发音标准,吐字清晰,讲解的内容要让学生听得明白,不产生歧义。平时,教师可以多听新闻联播,提高普通话水平。尤其是地方口音比较重的教师,更是要勤查字典,强迫自己从少说到不说方言。其次,教师的提问要准确,提问于学生的疑惑处,提问于教学环节的关键处,提问于学生思维的转折处。同时,教师切忌提问笼统、空泛。教学的某个环节是为了达成某一目标,就围绕目标提问,层层推进、步步引入。在陈述问题或事情时语言简洁但能表述明白,让学生较快地把握其实质,提高学习的效率。

### 3.巧,即巧妙

巧妙的教学语言首先是"言近旨远"。课堂中,有的知识、结论,教师并不是一定要直截了当地告知学生,适度地点拨后,让学生自己去回味和领悟,更能发展学生的思维,加深学生的记忆。其次,巧妙的教学语言还能"妙趣横生"。一方面,教师要根据不同学科的特点,讲究语言的科学性、逻辑性,但同时也要注意根据学生的年龄,注意音量高低、抑扬顿挫等变化,让其感觉到课堂有节奏、有张弛。巧妙的语言可以更好地激发学生的学习兴趣,使学生的思维处于活跃状态,体验学习的乐趣。例如,学生在读"词语盘点"中的词语,其中"塑料、饼干"两个词挨着,学生没停顿。老师说:"'塑料'是'塑料','饼干'是'饼干',一个能用,一个可吃,可'塑料饼干'是不能吃的哦。你们这样读,好像你们吃过'塑料饼干'似的。"教师这样点拨,学生不但区分了这两个词,而且也知道了阅读要注意停顿,可谓巧妙。

英国教育家威廉亚瑟瓦尔德曾说:"平庸的教师是叙述,较好的教师是讲解,优异的教师是示范,伟大的教师是启发。"教师如何提升教学语言能力,没有固定的模式与方法,关键在于用心去悟,对实践过程中的所有点滴进行总结与提炼并加以修炼。

我们应谨记:**新手上路贵在精进,课堂语言驾驭能力才会因累积而彰显风格。**

## 17. 课堂观察 把握好维度

新教师行走在专业化发展与提升的道路上，最怕的是自我处于封闭的状态。害怕别人进入自己的课堂，同时也不主动走进他人的课堂。如此自我封闭，只能快速拉开与他人的距离。新教师为促进自我快速发展，除了不能故步自封，更需要明白怎样的学习才是将自我专业发展推向开放的状态。对于富有无限青春活力的青年教师而言，虽然实践经验不足，但是只要在认真教学之余，走进他人的课堂，关注有效的教育教学艺术，关注前沿的教育教学理念，关注学科知识传授的效率，其开放的状态便渐渐形成，新教师由迷茫转向合格才会指日可待。

走进他人的课堂，人们习惯地称之为听课。不可否认，在听课过程中习得新经验，改变自我的课堂，是我们专业化成长的有效路径。而纵观听课现场，听课所产生的作用是不可能无限放大的。原因何在？听课者缺乏应有的准备，是其无法克服的瓶颈。其实，作为一个听课者，拥有科学的观课方法和技术，才是有效听课的关键。教师本身具有的专业素养基础和为听课而做的准备，是影响听课效果最直接的因素。

**原规则：会上课才会听课；会听课才会上课。**

提及课堂观察，实指课堂观察方法和技术的习得，以及对他人课堂教学流程、艺术、教学方法等的科学分析。在此引入"课堂观察"这一专业术语的主要目的在于与大家一块探讨如何听课，以保证听课不只是一种工作活动，更是将其作为一种提升自我专业素养的途径。像做科学实验那样认真对待课堂，能对他人的课堂展开具体的数据分析，找到适合自我借鉴的部分，或找到他人课堂教学低效的原因以便在自我的教学实践中主动规避。提及课堂观察，不仅在于提示大家能主动走进他人的课堂，更在于进一步明确听课的目的，能将常规听课拔高到教学研究、数据收集等新高度，去除听课时的随意性和无目的性，为自我专业化发展提速助力。

教师通过观课提升自我专业素养，重在对优质课的观察与吸纳。课堂观察并非简单的教学研究行动，对入职初阶的教师而言这则是专业素养提升过程中的挑战。课堂也会像一本书那样有厚重感,很多人自身理论素养过低,课堂观察方法欠缺,不能完全读懂课堂这本书。积淀观课素养非一日之功,新教师在实践中习得课堂观察方法,比那种没有课堂观察方法积淀,而只凭感觉走进他人的课堂,收获会更多。

## 【现象纪实】

　　课堂观察是课堂研究广为使用的一种研究方法。课堂观察是指研究者或观察者带着明确的目的,凭借自身感官(如眼、耳等)以及有关辅助工具(观察表、录音录像设备等)、直接或间接(主要是直接)从课堂情境中收集资料,并依据资料作相应研究的一种教育科研方法。[①]习得课堂观察方法,深入课堂开展研究,对于专业化素养处于初始层级的教师而言,若从站上讲台的第一天开始,将听课目的提高到教学研究的高度,在专业化发展的道路上无疑会让自我这驾马车进入快车道。

　　有很多中青年教师,他们不懂得如何开展课堂观察。如果追溯他们为何总处于高原期,难以达到一个新的高度,原因之一在于没掌握课堂观察方法。一个优秀教师的成长,除了不断总结和提升实践经验,更在于能站在他人的肩膀上前行。进入听课现场不难发现,很多人只是机械地听课,是记录课堂教学流程和教学知识传授的奴隶,或者只是注重观察、欣赏执教教师的个人素质,而忽略教学活动中学生的表现、教师的教学目标达成度,更没想过教学应以学为本来进行思考,更别说对这些数据进行综合分析。一记到底的,最终心中一片模糊。还有部分人会边听边思考,当发现教师讲解时学生反应积极或者觉得是学生喜欢的学习方式也会作为重点记下来,然后再根据自己的上课方式来选择性运用。但教师如此的观察,可以说仍没有完全掌握课堂观察的方法,只是听课中获得一个粗浅的感知印象。

　　如若不想重蹈一些中青年教师的覆辙,从入职的初期开始便需着手课堂观察方法的习得。我们不能只凭着感性听课,应该拥有听课的工具,知晓课堂观察的有效点,进行有效的课堂观察。教师把握好维度,做到带有一定观察目的、一定观察角度,借助一定的观察工具,针对具体问题进行课堂观察。坚决杜绝"囫囵吞枣式""剧本欣赏式""包罗万象式"等听课形式,这样才能提高自己的教学专业技术水平。

　　课堂观察是促进新教师专业化成长的有效途径。读懂一堂课,需要教师

---

① 崔允漷.论课堂观察LICC范式:一种专业的听评课[J].教育研究,2012(5):79-83.

有教学实践经验做铺垫。专题研讨课堂观察,若没有掌握课堂观察的科学手段与工具,哪怕天天走进他人课堂,哪怕观察的是经典课堂,依旧很难从中获得经验。在这方面包括了三个子集的话题:一是要积极参与到课堂观察的活动中去,个人的主动是进步和发展的先决条件;二是要积极主动地学习课堂观察的方法,拥有有效的观察方法,才不会笼统粗略地感知课堂,而是客观辨析标准,以对课堂做出正确的评判,找到吸纳的点以投入到以后的教学实践中去;三是有意识、有目的地对经典课堂进行观察,这样才有可能真正习得优秀的教育教学理念和艺术。

案例4-3

### 雏鸟的嬗变

郑老师是一名刚从大学步入教坛的新教师,她朝气蓬勃,活力十足,上进心强,工作上的各种挑战都勇于尝试。

她明白自己教学经验不足,故常向老教师请教,并经常积极参与学校组织的听课评课活动,学习其他老教师的长处。在一次次的听课、评课、磨课活动中,她发现听课看似简单,实则较难。她在别人所执教的课中,如果遇上自己教过的课文和自己熟悉的内容受益特别多。比如说,这学期听一年级教师的课,因为自己教过,也听过教师们对一年级教学提出的教学建议,所以听一年级的课,很容易发现他们在课堂中做得好和不好之处。但如果是听自己没接触过的内容,就只能茫然地听,不能正确判断哪里好哪里不好,只有在评课过程中听其他老师评课才能明白一些,而自己评课时根本说不出来,听后能运用于自己教学的更是少之又少。

渐渐地,她明白自己想得到更快成长,必须学会观察课堂。于是,她又向身边的老教师虚心请教如何观察课堂,到书店、网上查阅有关知识的书籍,并积极争取机会听专家讲座,明白课堂观察的起点与归宿都应指向学生"学"的行为与效率。无论是教师行为的改进、课程资源的利用,还是课堂文化的创设,都是以学生课堂的有效学习为落脚点。①懂得课堂观察主要从多维度、多视角、不同观察点进行观察。

慢慢地,她每次听课前都会和执教教师交流所执教的内容、学情等,拟定该堂课的观察目的,通过同伴合作方式听课,对整堂课作全面观察和分析,再聚焦整堂课关键性的内容。如此经过一段时间的修炼,有目的地、多维度地进

---

①崔允漷,周文叶.课堂观察:为何与何为[J].上海教育科研,2008(6).

行课堂观察,她的课堂观察能力得到极大的提升,设计教案、上教研课等变得轻松容易了。

从教三年,她从一名不会听课、评课的雏鸟,成长为小有名气的评课精辟、独到,上公开课亮点特多,令同仁们佩服的"老"教师。

## 【新思考】

学会课堂观察,是新教师应修炼的一项重要基本功。面对课堂,就像看一场戏一样,外行看的是热闹,内行才懂其门道。学习课堂观察方法,掌握课堂观察的技术,才能真正看懂不同课堂的微妙之处。

很多人缺乏对观察技能的掌握,只凭着感觉在听课。作为走上讲台不久的新兵,在教育教学各方面能力都亟待提高,而最重要的就是要夯实自己的基本功。新教师提高教学基本功的重要途径之一,就是学会听课。首先,我们必须有积极的心态,明白听课不是学校布置的任务,而是学校为让自己学习、提升和研修而提供的平台。要坚信"听课能让自己更快成长",因此要使自己具有听课的激情与热情,喜欢听课、盼望听课。那么听课前,应做好充分准备,熟悉听课内容,带着思想进课堂。"凡事预则立,不预则废。"就像上课需要先备课一样,我们听课也要先"备课",准备越充分,获益会更多。听课时,听、看、记、想,讲究方法。"听什么,怎样听?""看什么,怎样看?""记什么,怎样记?""想什么,怎样想?"这些都要有具体的规划。同时,听、看、记、想心智活动不可割裂,而需协调合作、联动推进。听课后,及时整理,认真反思,能针对所听的每堂课,取其优者借鉴之,对其劣者避免之。即使是"一听一得",甚至是"几听一得",都弥足珍贵。它们就像散落在你专业成长中的颗颗"珍珠",只待有心的你创造机会将其串成精美的"项链"。

学会听课,能有效地进行课堂观察,是教师的一项基本功,是专业素养提升和发展的一条重要路径。倡导教师积极地开展课堂观察,主要目的在于引领大家习得方法,并将其应用于课堂观察活动中。只有真正拥有强烈的课堂观察意识,才可能由有意识的行动转向无意识的实践渗透,从而真正提高自我的教学基本功及专业素养。

虽然新教师需要现成的课堂教学技术与技巧的指点,但更需要修炼方向的指引。由于新教师是以完全的社会人的姿态走向课堂,不再像学生时代那样,被动地受教学习,更多的学习活动是一种自觉活动,是一种非正式的学习。借助已经掌握的学习方法提升自我的实践能力素养,当前最需要的是大家能强化课堂观察意识,而后加强课堂观察相关知识和技术的学习。

面对课堂观察助力专业成长的专题,刚开始时,新教师可能会感觉举步维艰,但只要用心去做,慢慢就会悟得真谛。对于入职初期的我们而言,在前一年至五年的时间里,是一个学习的过程,是一个修炼的过程,会以梯级的方式显现习得的素养。在整个修炼的过程中,最初对课堂观察方法的掌握,能在短时间内习得。真正的困难是能运用习得的方法于课堂观察的过程中,找到课堂建构的规律,能提炼出新时期解决新问题的策略等。为此,在初涉课堂观察活动的过程中,除了坚持应用习得的观察课堂的方法之外,更需要不断加以修炼。若课堂实践经验积累达到一定的高度时,就会发现自我不经意已经跨越了专业发展的迷茫期,并且自身专业素养超越了那些进入他人课堂总随意性听课的老教师。

谈课堂观察,有一点必须明白,除了自我努力,谁也帮不了你的忙。可能在课堂观察的过程中,因为他人的参与产生了对应的物化产品,让你占有(就像前面谈到代表学校参加优质课大赛一样)物化产品,其实你自身素养没有得到真正的提高。此阶段,唯有自己才可以帮自己。等你自身素养提升,专业理论积淀厚实,自然就能为读懂课堂这本书搭好台子。我们在课堂观察活动中需要保持清醒,保持旺盛的精力,做好克难攻坚的准备。

【行动指南】

课堂观察是一种研究活动,它在教学实践和教学理论之间架起一座桥梁,为教师的专业发展提供了一条很好的途径。通过课堂观察,教师借助合作的力量在实践性知识、反省能力等方面将获得新的发展,进而提高教师的整体专业素养。[1]课堂观察需要观察者接受一定的专业培训,具备相应的观察技能,要求观察者能集中心智观察,及时、准确地收集相关信息,有效地进行分析。我们在专业素养提升的初级阶段,乐于课堂观察并重视,它无疑是一条提升自我专业发展的有效途径。

课堂是每一个教师的主阵地,其实课堂观察除了对他人的课堂观察,还可以对自我的课堂进行观察,特别是对课堂观察维度的把握,以应用到自我的教学中去。由于课堂观察存在诸多的复杂性,任何教学过程中的技术、技巧、艺术等不同层次、不同角度带来不同要素之间的关联。我们只有把课堂观察当成是教师的一种日常专业生活、一种专业学习活动、一种合作研究的活动,这样完成起来才更加轻松、容易。为此,提供课堂观察的三个步骤,以供借鉴。

---

[1]崔允漷.论课堂观察LICC范式:一种专业的听评课[J].教育研究,2012(5):79-83.

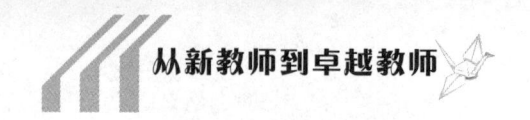

**1. 课前谋划,目的明确**

新教师应带着观察目的、观察计划,走进课堂。课前与执教老师交流了解听课的教材、教学目标、重难点、学情分析、教法学法、观察点等,自己读课程标准、教参等相关资料。教师确定观察点,准备、制作课堂观察记录的工具等,为后续的行为奠定基础。课堂观察点可参照华东师范大学崔允漷教师给大家提供的课堂观察框架来确定。

**课堂观察框架**[①]

——华东师范大学崔允漷

(4个维度,20个视角,68个观察点)

学生学习:准备/倾听/互动/自主/达成

教师教学:环节/呈示/对话/指导/机智

课程性质:目标/内容/实施/评价/资源

课堂文化:思考/民主/创新/关爱/特质

| | 维度一:学生学习 | |
|---|---|---|
| 视角 | 观察点举例 | |
| 准备 | •学生课前准备了什么?是怎样准备的?<br>•准备得怎么样?有多少学生作了准备?<br>•学优生、学困生的准备习惯怎么样? | |
| 倾听 | •有多少学生能倾听老师的讲课?能倾听多少时间?<br>•有多少学生能倾听同学的发言?<br>•倾听时,学生有哪些辅助行为?(记笔记/查阅/回应)有多少人? | |
| 互动 | •有哪些互动行为?学生的互动能为目标达成提供帮助吗?<br>•参与提问/回答的人数、时间、对象、过程、质量如何?<br>•参与小组讨论的人数、时间、对象、过程、质量如何?<br>•参与课堂活动(个人/小组)的人数、时间、对象、过程、质量如何?<br>•学生的互动习惯怎么样?出现了怎样的情感行为? | |
| 自主 | •学生可以自主学习的时间有多少?有多少人参与?学困生的参与情况怎样?<br>•学生自主学习形式(探究/记笔记/阅读/思考)有哪些?各有多少人?<br>•学生的自主学习有序吗?学生有无自主探究活动?学优生、学困生情况怎样?<br>•学生自主学习的质量如何? | |
| 达成 | •学生清楚这节课的学习目标吗?<br>•预设的目标达成有什么证据?(观点/作业/表情/板演/演示)有多少人达成?<br>•这堂课生成了什么目标?效果如何? | |

---

[①] 崔允漷.课堂观察:走向专业的听评课[M].上海:华东师范大学,2008.

续表

| 维度二：教师教学 ||
|---|---|
| 视角 | 观察点举例 |
| 环节 | • 由哪些环节构成？是否围绕教学目标展开？<br>• 这些环节是否面向全体学生？<br>• 不同环节/行为/内容的时间是怎么分配的？ |
| 呈示 | • 怎样讲解？讲解是否有效？(清晰/结构/契合主题/简洁/语速/音量/节奏)<br>• 板书怎样呈现的？是否为学生学习提供了帮助？<br>• 媒体怎样呈现的？是否适当？是否有效？<br>• 动作(如实验/动作/制作)是怎样呈现的？是否规范？是否有效？ |
| 对话 | • 提问的对象、次数、类型、结构、认知难度、候答时间怎样？是否有效？<br>• 教师的理答方式和内容如何？有哪些辅助方式？是否有效？<br>• 有哪些话题？话题与学习目标的关系如何？ |
| 指导 | • 怎样指导学生自主学习？(阅读/作业)是否有效？<br>• 怎样指导学生合作学习？(讨论/活动/作业)是否有效？<br>• 怎样指导学生探究学习？(实验/课题研究/作业)是否有效？ |
| 机智 | • 教学设计有哪些调整？为什么？效果怎么样？<br>• 如何处理来自学生或情景的突发事件？效果怎么样？<br>• 呈现了哪些非言语行为？(表情/移动/体态语)效果怎么样？<br>• 有哪些具有特色的课堂行为？(语言/教态/学识/技能/思想) |

| 维度三：课程性质 ||
|---|---|
| 视角 | 观察点举例 |
| 目标 | • 预设的学习目标是什么？学习目标的表达是否规范和清晰？<br>• 目标是根据什么(课程标准/学生/教材)预设的？是否适合该班学生？<br>• 在课堂中是否生成新的学习目标？是否合理？ |
| 内容 | • 教材是如何处理的？(增/删/合/立/换)是否合理？<br>• 课堂中生成了哪些内容？怎样处理？<br>• 是否凸显了本学科的特点、思想、核心技能以及逻辑关系？<br>• 容量是否适合该班学生？如何满足不同学生的需求？ |
| 实施 | • 预设哪些方法？(讲授/讨论/活动/探究/互动)与学习目标适合度如何？<br>• 是否体现了本学科特点？有没有关注学习方法的指导？<br>• 创设了什么样的情境？是否有效？ |
| 评价 | • 检测学习目标所采用的主要评价方式是什么？是否有效？<br>• 是否关注在教学过程中获取相关的评价信息？(回答/作业/表情)<br>• 如何利用所获得的评价信息？(解释/反馈/改进建议) |

续表

| 资源 | ·预设了哪些资源?(师生/文本/实物与模型/实验/多媒体)<br>·预设资源的利用是否有助于学习目标的达成?<br>·生成了哪些资源?(错误/回答/作业/作品)与学习目标达成的关系怎样?<br>·向学生推荐了哪些课外资源?可得到程度如何? |
|---|---|
| 维度四:课堂文化 ||
| 视角 | 观察点举例 |
| 思考 | ·学习目标是否关注高级认知技能?(解释/解决/迁移/综合/评价)<br>·教学是否由问题驱动?问题链与学生认知水平、知识结构的关系如何?<br>·怎样指导学生开展独立思考?怎样对待或处理学生思考中的错误?<br>·学生思考的人数、时间、水平怎样?课堂气氛怎样? |
| 民主 | ·课堂话语(数量/时间/对象/措辞/插话)是怎么样的?<br>·学生参与课堂教学活动的人数、时间怎样?课堂气氛怎样?<br>·师生行为(情境设置/叫答机会/座位安排)如何?学生间的关系如何? |
| 创新 | ·教学设计、情境创设与资源利用有何新意?<br>·教学设计、课堂气氛是否有助于学生表达自己的奇思妙想?如何处理?<br>·课堂生成了哪些目标/资源?教师是如何处理的? |
| 关爱 | ·学习目标是否面向全体学生?是否关注不同学生的需求?<br>·特殊(学习困难、残障、疾病)学生的学习是否得到关注?座位安排是否得当?<br>·课堂话语(数量/时间/对象/措辞/插话)、行为(叫答机会/座位安排)如何? |
| 特质 | ·该课体现了教师哪些优势?(语言风格/行为特点/思维品质)<br>·整堂课设计是否有特色?(环节安排/教材处理/导入/教学策略/学习指导/对话)<br>·学生对该教师教学特色的评价如何? |

　　参照课堂观察框架,可把课堂观察设计为4个维度,即学生学习(主要关注学生怎么学,学得怎么样)、教师教学(主要关注教师怎么教,效果怎么样)、课程性质(主要关注的是教和学的内容,它是师生在课堂中共同面对的教与学的客体)、课堂文化(指教师、学生、课程三者之间发生联系,在整个互动、对话的过程中形成课堂文化,课堂文化是关注整个课堂怎么样)。4个维度、20个视角、68个观察点共同构成了课堂观察的框架,引领教师们选择从不同观察点,借助一定的工具(照相机、录像机和课堂观察记录表等),进行有效的课堂观察和记录。课堂观察的重点可以选择以教师的"教"为主,可以以学生的"学"为主,也可以以课堂文化为主。课前还可以和其他观课教师合作、分工,分别从不同维度去进行课堂观察,再将这堂课关键的部分聚集,这样就能将整堂课观察得更全面。

### 2.课中观察,把握好维度

进入课堂,依照课前计划,根据自己的观察任务,选择观察角度和观察点,从而选择恰当的位置进行观察,准确地对观察到的信息进行记录。在课堂观察时,教师一定要注意所采集信息的科学性和可靠性。尽可能地围绕自己的观察任务展开观察,对有关联的可适当记录,但不能忘了自己的重点。记录时,必须融入自己的思考。即使是重点观察的内容,也应有所区分,不能顾此失彼。课中观察是整个观察活动的主体。[①]

### 3.课后探讨,整理与反思

课堂观察后,根据观察记录结果,听课教师和执教教师一起针对上课成功之处、个人特色、教学风格、存在问题等方面进行探讨、分析、总结,写出自己的观察报告。尤其是根据自己的观察计划,发掘其中可供借鉴的技巧以及自己需要避免的问题,并提出借鉴的措施、规避的方法。

**我们应谨记:** 作为专业素养初始层级的教师,一定要积极投身课堂观察中去,在课堂观察中提高自己的课堂观察能力,促进教学实践能力的提高。相信经过不懈的努力,定能真正站在"巨人的肩膀上",登高望远,直挂云帆,快速成长!

---

①沈建祥.观课、议课问题诊断与解决小学数学[M].沈阳:东北师范大学出版社,2010.

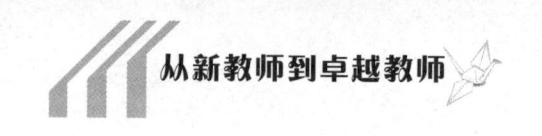

## 18. 教学活动化　重在规划

同样的课堂，不同的教师，为什么有的教师能播下希望的种子，结出幸福的硕果，而有的教师却一直在失望中吞咽苦水？

在课堂这块主阵地，人是唯一的种子，而且是带有思想情感的种子。在这里，教师可以把学生种下，也可以把自己种下。当机会来临时，个人情感不受束缚，创造的冲动让不可能变为可能。当机会缺乏时，人的愿望被闲置，最后萎缩，人的本事也被闲置而后萎缩。很明显，让课堂教学带给教师机会，带给发展的希望，关键在于执教人的想法与思考，最终影响着自己的收获。

这里将教师分成了两类，一类是保守型的教师，另一类是思想开放型的教师。保守型的教师守着传统的教学模式精耕细作，穿旧鞋走老路，即使穿新鞋也仍走老路，只为不迷失方向。思想开放型的教师就像农艺师一样对土地有着特殊的理解，只要是为了花朵的灿烂，为了阳光的泼洒，哪怕多走些弯路，甚至没路的情况下重新开路，也会去琢磨出一种好方法。如果后者的方法值得提倡，那么，作为新教师的你是否真正找到了种出金子的好办法？

一个教师不能在课堂中结出金子，只能说明能力的缺乏，并且是专业素养不达标的体现。很多教师涉足课堂，只剩下教师这份职业。其实，这份职业从做教师的那一刻就已经实现，如果后面没有发展空间，像老驴拉磨似的痛苦着。如此的痛苦正是自我能力缺乏的证明！

作为一个新教师，你已经找到了一份职业，真愿意如此无发展地过下去？真要是如此，那将是多么可怕的一件事情。但是，如果缺乏思考与行动，不善于抓住机会，找不到新的出路，也许真还如此过一辈子。

我必须告诉每一个专业化发展处于初始层级的教师，一个人并不是只要辛苦就一定能成功，就一定能达成人生的目标。我发现很多教师并非少流汗，并且是非常努力，只是这种努力并非创造的目的，只是熬干了他们内心的源泉，使得他们变得软弱、无精打采和平庸，在这样的土壤里无法培养出天才的热情。[1]提及课堂教学，首先，其真正目的之一在于帮助教师能顺着指引找到成功的方向前行。其次，是在教学过程中发现自己课堂教学驾驭能力和专业理论学习能力的不足。

---

[1]（英）伯特兰·罗素(Bertrand Russell)著.自由之路：插图本[M].北京：文化艺术出版社,2005.

很多老教师课堂教学驾驭能力和专业理论学习能力不足,源于他们在专业发展中这两项能力被忽视。这两项能力都是入职后才发展起来的,课堂教学是提升这两项能力的平台,而课堂教学活动化是最有效的方式。

**原规则:课堂教学活动化的水平,折射出一个教师课堂教学水平的高低。**

研究课堂教学活动化,更利于专业素养的全面提升。教师课堂教学管理能力、课堂教学学术管理能力低下,其实有着很多表象特征,如教师教学能力恐慌。大多数教师都没有找到真正的根源,将所有的责任都推卸给职业所致。

课堂教学管理能力和课堂教学学术管理这两项能力都与课堂教学活动化有着紧密的关系,现实是很多教师并没有理解课堂教学的实质就是活动,对于活动的简单化处理是其惯用的方式。教学活动里包含着教师成功的秘密,特别是对教学活动中相关概念忽视,更是教学活动效率低下的原因。在实际的教学中,很多教师理解的课堂教学涉及的活动意识是非常肤浅的,他们除了理解课堂教学的基本架构,便没有对课堂教学作为活动富有的创造性以理解,更没有课堂活动的计划、组织、把控、管理和评估的能力,这样怎能将课堂教学还原于一次又一次的活动?又怎能通过课堂来提升课堂教学的管理能力和课堂教学学术管理能力呢?

课堂教学活动意识是目的的基础,是发展的基础。当前,需要了解课堂教学的实质是什么。给出"课堂教学是活动"的判断,可能谁都不会否定。

课堂既然是活动,必然会想到活动在人们心目中的印象,或蠢蠢欲动,或兴趣盎然,可课堂教学这一活动能达到如此的效果吗?没有达到如此效果的是哪些人?达到如此效果的是哪些人呢?是通过何种方法达到如此效果的呢?这样的追问才可能发现教师能力不足,找到其产生的真正原因,才可能真正发现一个教师课堂教学管理能力及课堂教学学术管理能力的欠缺。

对课堂活动化的实质认识不清,依旧是一个教师发展方向不明的具体化表现。教师教学对比不重视,反映于具体的教育教学实践活动,便会促使课堂教学功能退化。很多教师愿意按部就班的做事,缺乏的是针对课堂教学而凸显的管理引领能力。一个教师的行为活动通常也与他们的思维方式有关,在其具体课堂教学实践中都能找到印证。为此,有必要对课堂活动化的性质进行了解,对课堂教学的设计、组织、实施、评价等专业素养勤于修炼。

**【现象纪实】**

　　课堂教学需要课堂教学能力、课堂教学管理能力、课堂教学学术管理能力这三种能力。虽然后两种被忽视，但它们依旧是一个优秀教师的核心能力。后两种能力容易被忽视的原因，主要在于这三种能力的载体都是课堂教学，通常的课堂教学没有明确的实践要求。只有辩证地看待一种能力的形成和其自身的表现形式，才可能看清现在状况形成的原因。课堂教学管理能力及课堂教学学术管理能力的表现形式通过课堂教学活动化来体现，反之，课堂教学活动化的弱化自然地影响着教师教学能力的形成。纵观整个课堂教学的现状，会发现那些已经忽视了课堂教学具有活动特征的教学，早已缺乏生气，原因就是课堂教学活动功能退化，或者少有课堂教学活动功能。由于课堂教学的主要目的在于让学生习得知识、能力与方法，课堂教学活动化的形式只要不被重视，自然会退化。其实，课堂教学具有活动的特征并没有萎缩，萎缩的只是教师对课堂教学活动化的能力。只有少数没有遗忘教学具有活动特征的课堂，才真正带来了新的创新与气象，并且也有真正能坚持体现课堂教学活动化的人，最终才成为优秀者。

　　当前，无数教师由于缺乏课堂教学活动化的能力，对教学活动的设计与实施的理性认知和实践经验不足，往往教学活动的设计缺乏整体、系统的构建和安排，导致活动目标不明，内容空泛，操作性不强，活动方式单一，教师指导不到位以及活动效果得不到检测和评价。这种结果主要反映出教师真不知道如何面对课堂，不知道应该在课堂里干什么、不干什么等。我们倡导把课堂还给教师，主张让教师在课堂教学中充分发挥首席的作用，必然考验着教师的课堂教学的管理方略。把课堂当作活动，教学并非那样严谨，甚至精准到分分秒秒。但一个教师是否是课堂活动高明的计划者，他的课堂组织技巧、教学把握能力以及评价能力等，都是决定着课堂教学效果的重要因素。有一点必须说明的是，一个教师课堂教学活动的执行能力的高低，并无太多的天赋成分。对一个优秀教师的教学进行分解，会发现他努力的方向是他擅长于分解活动，在课堂教学活动的每一个点都做好精心的准备，或者是长久修炼的体现。

　　很多课堂教学索然寡味，没有留下深刻的烙印，没有精彩瞬间，没有记忆定格，更没有情感冲击，这说明什么？这是谁的责任？问题出在哪儿？我们的教师不能只是增强课堂教学活动的理解能力，重点还在于能打开课堂的天窗以解决当下的沉闷。虽然无数的教师来来往往于课堂，可他们似乎缺少点什么。其实，缺乏的就是活动，缺乏活动带给课堂的灵动。作为新教师，你们所学的教育理论很多年都没有多少变化。面对一个非常具体的课堂，更多是能将教学任务分解到更多的教学活动中去,考验教师对课堂教学活动的理解,以及课堂的计划、组织、实施、领导等能力。这些是教师们只有通过教学实践,才可习得的能力。这些本是教师围绕课堂进行教学应该具有的能力却被忽视。不知何时这些能力变成了优秀教师的特殊本领。

案例4-4

**讨回的要诀**

曹老师毕业于师范院校,本科,教龄有两年多了。她大学期间积极参加社团活动,具备一定的活动策划和组织能力,对语文教学也充满激情。她参加工作后当班主任,教一个班的语文课。由于自身具备一定的活动组织能力,又喜欢搞班级活动,一学期下来,开展了多次班级语文实践活动,如读书活动、演讲活动、辩论活动、学生学习生活习惯培养的活动等。但最后总感觉效果不佳。她向带她的师傅请教:"我开展了丰富多彩的课外学习活动,为什么学生的兴趣不大,能力提升不见成效呢?"

师傅梳理了一下她所搞的这些活动,认为其活动开展过于频繁,不成系统,且没有与课堂教学紧密结合起来。师傅给她建议:"每学期的活动应该围绕语文课程学习内容来开展,把课内教学与学生的课外生活结合起来,活动的开展要贴近学生的真实生活。尤其是要思考活动的目标是什么,依据目标、课程、学生的实际需求,对活动做出整体的、系统的规划和详尽的安排。"曹老师听从了师傅的建议,每学期就围绕一个主题,设计一个模块,模块由系列紧密联系的语文活动组成。比如,五年级的经典诗文的朗读(诵)、演诵指导,朗诵是曹老师的强项与优势。曹老师根据师傅的建议,制定完备的活动方案,细化目标、过程、方式、评价(评奖),扩大古典诗歌阅读量,全面提升学生兴趣。通过课内课外练习、竞赛交流等,感受古典诗歌的魅力,增强古典诗歌鉴赏能力,以促进诗歌阅读、朗诵、演诵能力的提升。她的课堂也发生了变化,学生的朗诵、演诵汇报活动形式多样,异常精彩。

以前,在课堂教学活动设计方面,曹老师也存在定位不准、贪多求全的问题。为了解决这个问题,她经常去听其他教师的课,不断学习。尤其是她的师傅对其课堂教学活动设计进行了具体诊断,与她一起探讨教学问题。师傅听了她的课,课后坐下来与她一块对教学活动细节进行探究,并且向她传授教学活动设计的具体方法,手把手教给她教学活动设计的要领。

曹老师又经过一段时间的修炼,专业素养提升可谓神速,如对课堂教学活动化有了独特的理解,对如何选取教学内容、选择教学方法、组织教学活动等形成了自我的经验,课堂教学设计与实施能力、应变能力得到很大提高。

## 从新教师到卓越教师

**【新思考】**

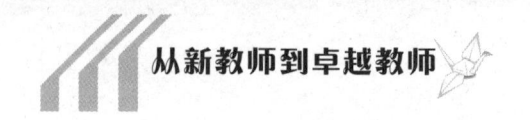

任何学科教学从某种意义上来说就是"搞活动"。正如上海师大李海林老师所说:"教学的目标不在'懂'而在'会',教学的内容也不应该是'认知',而应该是'体验'。"[1] 课堂教学体现出教师的活动组织能力。案例中呈现的故事,我们很容易从中感悟到课堂教学管理能力及课堂教学学术管理能力提升的方法,甚至可以描绘出其发展的轨迹。

很多人都愿意做出更多的贡献,万般无奈的是总感觉自身能力有限。对于新入职的教师而言,找到教学知识与课堂教学活动契合点更难。虽然课堂并没有为我们带来新生,但我们不能不思考如何为课堂带去新生。当前,纵观无数的课堂,必须认识到课堂中很多不尽人意的地方都源于教师自我素养的欠缺,特别是让课堂在一种错误的理念指引下去实现。对于课堂缺乏本质性的认识,教学知识本就不带有任何创新,只有将我们的情感渗透进教育教学活动中去,其知识才会有温度。可惜的是,在课堂教学中,我们只想到了知识的传授,并没有想到我们是以独立人格魅力的方式存在于课堂,支撑教师继续工作的并不是那些已经存在的知识,而是我们传授知识的方式及艺术。为了不让课堂教学的活动特征逐渐丧失,我们必须加倍努力,将思想全面地融入教学活动中去实现,把各种厌倦和沮丧转化为向前的精力和热情。这里必然包括管理的艺术,这里必然包括教师课堂管理能力与课堂教学能力提升。

课堂教学活动的核心是精神引领,缺乏课堂教学活动的教学自然会感觉缺少了热情,这种热情直接与教师的内驱动力相关联,与一个教师应有的素养相关联。作为年轻人,改变自我,思想的力量更为巨大。课堂教学作为主要的载体,我们应尽可能地将自我的思想完全交给课堂,找到给予自我支撑的系统。课堂是教师生命力展示的地方,这里因为内驱动力的大小,制约着一个人的冲动,需要的是充满理智。为此,我们必须认识到课堂教学活动不是冲动,而是比较稳定的一种把控能力,包括课堂教学活动管理能力和课堂教学学术管理能力。

全面认识课堂教学与自我能力的关系,全面提升自我能力,是每一个教师应有的职责。当前,不能让课堂教学因学科知识的关注而忽略活动化的特征,要将这种弱化现象给予弥补。为此,我们必须通过课堂提升自我的课堂教学管理能力,提升教师的课堂创新管理意识。在课堂教学中,往往发现教师在教学中无意识地丢失了太多的目标,我们若能强化活动的组织管理能力,更利于

---

[1] 李海林.现代语文教育的定位问题——经义教育·语言专门化·语用[J].课程.教材.教法,2015(5):61-68.

增添课堂教学的愿景。在诸多课堂教学中,愿景融入具体的课堂,达成的基本条件是我们能发自内心的期盼,制订计划时有专业化素养提升的战略思考,它必须有着对应能力给予支撑。如拥有课堂教学学术管理能力,在其课堂教学活动中才会将自我纳入教学相关的学术思考,在具体的教学执行过程中,便自然会将绝大多数的精力花费在素养提升和发展的点上。

课堂教学并非全是学科知识教学,涉及创新管理。[1]没有对应的管理能力,课堂的推进秩序定然难以得到很好的维护,特别是给予适合素养提升和发展的秩序更是难以呈现。没有对应的学术管理能力,课堂教学难以实现教育的突破,特别是与时代要求吻合的理念难以得到证明和突围。在我们看来,课堂教学活动化是教师的课堂教学管理能力与课堂教学学术管理能力的反映。全面提升这两种能力,才是一个教师通过课堂促进专业化发展优秀至卓越的关键。但应明白,课堂教学能力是基础能力,课堂教学管理能力与课堂教学学术管理能力是在课堂教学能力的基础上的提升。反之,这两项能力的发展又影响着课堂教学能力达到的高度。

课堂教学活动化,需要强化课堂教学的领导与被领导意识。让活动化趋势明显,需要我们能对课堂有机控制。课堂秩序的控制是为了更好地实现教学目标,不能促进课程教学有效实施的教育目标不是真正的目标。在一堂课的教学中,课堂教学活动控制系统越是完善,越容易促使教育目标的达成。对整个教学活动把握的过程,实质是一种信息的传递和转换,而信息转换的程度则依赖教师对当前秩序的把握程度,仿佛被"安装"上一个"驱动程序",达成对教育秩序的效率控制,实现"教学过程的最优化"。需要教师能做好角色体现和角色调整,成为课堂教学活动运行系统的"观测者"和"把控者"。

【行动指南】

课堂教学活动化是一个完整的系统工程,需要教师全面提升相应的专业知识与专业能力;需要得到优秀教师的经验传授;需要在不断磨课、辩课、研课中积累经验,形成专业实践能力;需要自身广泛阅读,厚积薄发,观摩与钻研名师课例,不断反思总结,在"实践—反思—再实践—再反思"的循环往复中增强教学智慧,磨砺教学能力。这当然也需要教师的自主探索,不断追问,以获得领悟。

---

[1] 王德清.学校管理学[M].成都:四川大学出版社,2005.

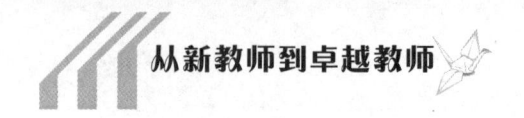

**1. 转变观念,树立教学活动设计与实施的新理念**

课堂教学活动重规划,教学活动设计目的、内容、形式、评价等都是规划的结果,这是教师对应的能力提升后的结果。全面提升课堂教学管理能力,不少教师还有很长的一段路需要走。如教师设计教学活动既要有宏观的整体思考,又要有微观的局部设计。既关系到课程标准、学科教材的研读,又关系到我们的教学能力特点,对教学对象的认知,更关系到教学活动目标的准确定位,教学活动内容与形式的选择,教学媒体与教学手段的运用,以及对教学活动效果的评估。这是一个系统工程,各个要素之间相互联系、交融、影响,每个环节都须认真斟酌,科学思考,合理安排。

我们需要不断学习、不断反思,丰富知识,扩大视野,积累教学经验,形成教学智慧。首先,需要阅读、收集教学活动设计的相关专著和最新文献。推荐新老师阅读《小学语文教学活动设计》(曾令格,北京大学出版社)、《教学活动设计》(夏家发、彭近兰,华中师范大学出版社),这些可以让我们获得系统的专业知识,扩展我们的理论视野。其次,把教学设计知识理论与具体的教学实践结合起来。尤其是要结合所教学科的特点,研究教学对象,不断反思与改进自己的教学活动设计,提高教学活动设计水平和能力。再次,多看名师的文本课例和视频课例,研究其设计的与众不同,分析其设计目的、内容、过程与方法的特点和依据。

**2. 不断提升和发展教学活动设计专业能力**

全面提升课堂教学学术管理能力,提高教师课堂教学的创新能力,任重道远。当前,诸多教学模式创新和改革成果,是课堂教学学术能力的具体体现,通过对课堂教学活动的创新以达到提高课堂教学效率的目的。教学活动的展开不是一个线性的过程,从起点到终点是一个复杂多变的动态生成过程。因为教学面对的是一个个鲜活的生命个体,学生基于自己的认知经验,对文本和问题的理解和思考是多元的。

我们应结合教师自身的特点,基于教学现场,通过课例研究、磨课、辩课、赛课等教学实践活动,不断磨砺自我教学活动设计的专业能力。教学活动设计,不同学科既有共性,又有鲜明的学科个性,应依据自身的优势与特点,结合学科教学特点,设计出符合自身实际、学生实际、凸显学科特色和个人风格的教学活动设计,提高教学活动设计的实效性。就语文学科而言,阅读、习作、习字等不同板块教学内容的设计就有差异。总之,教学活动设计一定要关注该学科的教学目的、内容、手段与方法,不能丢魂似的游离于学科之外。

**3. 整体构建,重视目标与过程**

教学活动的设计与实施是一个完整的协同系统,我们必须从整体、宏观的角度去思考。既要关注整体设计,又要重视局部构思;既要依据课程标准,又要重视教学对象(学生),还要考虑学科教学文化特点;既要关注教学活动目标、内容,又要关注过程、方法与评价,尤其是要有目标意识、内容意识、过程意识与和方法意识。教师应依据教学目标,判断所设计活动是否能达成预设效果,审查活动与教学主题是否相关,审查活动是否得体和必要,审查活动是否符合教育审美价值要求。如果采用的教学形式脱离了教学内容,偏离了教学目标,那么再好的教学活动形式也收不到理想的教学效果。教学设计形式要新颖有趣,既注重知识能力的培养,又拓展学生思维,能够激发学生积极参与活动的热情和兴趣。教学活动须加强整体建构,应紧密结合教学内容,以自身的开放性、挑战性来吸引学生,活动流程利于引导学生探究,活动过程蕴含丰富的信息量,使学生获得知识、掌握方法、提升能力,同时产生学习的兴趣,获得学习的成就感。

**4. 处理好教学活动中教师主体与学生主体的关系**

教学活动的主体应该是学生而不是教师。教师主体性价值的发挥在于调动学生参与活动的积极性,引导学生把学习活动推向深入处。学生参与活动是否有效,取决于教师的引导、反馈与调控是否恰当及时。学生在学习活动中出现了障碍,思维阻塞,面露难色,这时该是教师帮助引导的时候,及时解决学生学习活动中的问题。但教师绝不能代替学生的学习,你只是一个引导者、疏导者、组织者,而绝不是一个领导者和知识权威者。学生是学习活动的主人,是学习活动的主体。我们容易出现的问题是,要么老师包办代替学生的理解感悟,剥夺了学生自主阅读理解感悟文本的权利,更多采取"告诉",甚至"灌输"的方式,学生自己没有经历学科实践活动,没有自主的体验与感悟。纸上得来终觉浅,绝知此事要躬行。充分发挥学生的主体性,并不是让教师完全放手,若被学生牵着鼻子走,教师不只是丧失主体性作用,往往会因缺乏引领让教学低效。我们应积极主动地对教学活动进行有效调控,这是教师专业能力、教学经验、应变能力、教学智慧等提升和发展的重要节点,需要长期修炼才能获得提升。

我们应谨记:**系统、完善、科学的教学活动设计是教学成功的前提,灵活机动的教学实施是教学成功的有效保证。**

# 第 五 章

## 第五章　明晰"怎么学"　突破可能性的极限

　　风平浪静的大海，每个人都是领航员。
　　但是，只有阳光而无阴影，只有欢乐而无痛苦，那就不是人生。
　　……
　　我始终相信，开始在内心生活得更严肃的人，也会在外表上开始生活得更朴素。
　　……
　　悔恨自己的错误，而且力求不再重蹈覆辙，这才是真正的悔悟。优于别人，并不高贵，真正的高贵应该是优于过去的自己。

——海明威

人最不应该欺骗的人是自己。很多时候，明明知道自己想要什么，却害怕达不成目标，便开始敷衍自己、荒废自己、长久的欺骗自己，结果让自己变得心悸、恐慌、多疑、害怕、自私等，甚至影响到身体的健康。现实中的很多问题，只要意识到了，就能找到解决的办法。最怕的结果是自己一边想办法，一边又否定自己。很多人知道自己需要什么，往往在踏上新征程的途中，因为害怕达不到目的，便做出与实现目的相反的行为，这样的事例还真不少见。很多事会越想越复杂，越想越找不到解决的办法，也许采用最简单的办法，让矛盾与问题均暴露出来，直面问题可能更能解决问题。如涉及课堂教学基本功修炼的问题，很多新教师似乎感觉束手无策，其实要解决也不是很困难，只要抓住关键的人、关键的事件和关键的时间，便能迎刃而解。

　　若一位教师知道"怎么学"，他更易突破可能性的极限，成为充满理想、富有朝气、具有情趣的人。新教师将"怎么学"落实到具体的行动中去，以获取最有价值的东西为目标，为找到突破口而设定计划，用亲身的践行来增添核心素养的内涵与意蕴。本章所涉及的内容，主要是想告诉大家一些有关"怎么学"的理念，如"人不是产品，课程才是"。建议大家在教育教学实践的过程中学习，建构课程意识，所以物化成果比追求学生成绩更见成效；建议向专家学，提示"只要有积极主动的学术情怀，就可能被专家青睐"；建议大家在公开课中学、在常态课中学。书中所提示的"怎么学"的内容，这些都是经过教师长期一线实践得出的一些经验性的总结，对不知"怎么学"的新教师有指导作用。

## 19. 构建课程意识 注重物化生成

与新教师谈教学基本功的修炼，必须谈"专业化发展评判标准的把握"这个较严肃的话题。评判一个教师教学基本功是否得以全面提升，专业化水准是否提高，评价的标准非常多。但若用佐证的方式予以考查，主要体现在两种方式上：一是通过"他的成绩"来证明，二是通过"我的课程"加以证明。这两种评价方式，基本上代表着两种截然不同的评价方向和行为态度，很可能这两种方式将永远成为争论的焦点。采用第一种证明方式，主要是通过学生的成绩证明教师专业发展的成绩，它是一种基于第三人称建立起来的一个标准，有着强大的说服力：教师的主要职责就是教学生，学生成绩似乎可以代表教师的成绩。采用第二种证明方式，主要是通过工作主体的发展证明教师的成绩，是一种基于第一人称所建立起来的一个标准，当然也有充分的理由：学生的成绩并不完全代表教师的成绩，教师专业化发展虽然不能像学生成绩那样直观给出评价等级，但可以通过专业化发展过程中建立的课程意识，采用所生成的物化成果给予证明。两种评价方式，由于采用的语境、选择的参照不同，呈现在世人眼中的结果也有差异，所以争论难以停止。对于专业素养处于较低层级的教师而言，能否辩证地审视评价标准并正确抉择，需基于自我在专业化提升过程中，对其适当的取舍。

"他的成绩"证明自我是一种非常朴素的证明思维，"我的课程"证明自我是一种讲究现实的证明思维，两者之间的争论实则可以进一步简化，即教师工作的产品是人还是课程的争论。两个评价标准反映出不同的主张，一个主张努力地超越他人，一个主张努力地优于过去的自己。在争论下，让人看得出两者间实则又是一组二律背反的存在。一个永远是另一个的结果，同时又是另一个的原因。这种互为因果的存在，经常把教师的行动目标搞混乱，让教师难以对目标进行取舍，难以对给予结果支撑的原因进行取舍。只不过，教师只要明白原因与结果之间的关系，便可知道如何选择。如教的目的是什么？教的目的主要就是为了学生的发展。教的目标对象既然是学生，而不是教师，试问教能促进教师发展吗？"教学相长"的理念是空穴来风吗？教若没有促进教师发展，那教师的发展又靠什么呢？只要综合思考便会明白，教师的发展主要还在于自我的学习。事实上，多少年来，教师并没有把教的主要目的弄清楚，很多教师尝试通过"教"来促进自我专业的发展,结果却未能如愿。教师一生盲目而努力地教,自身没有发展,找不到突围的方向,这是致使众教师对教师职业失望的原因之一。与青年教师谈这些,目的在于让大家明白,教主要是为了学生发展,而"教学相长"的前提是教师先发展,是在自我教学基本功全面提升的道路上不间断地学习,为实现自我专业化发展不断地学习,才可能真正地促进自我专业化素养的提升。

### 原规则:人不是产品,课程才是。

全面提升教学基本功,走专业化发展的道路。通过阅读本书,教师似乎已经建立起了专业化发展的批判意识,特别是在发展受到阻碍的时候,存在一种怀疑态度。此小节与大家一起探讨的话题,大家切不可认为可有可无,也不可囫囵吞枣。因为我们发现,无数的年轻教师在专业化发展的道路上都陷入过瓶颈,他们都在努力教好自己的学生,自认为学生教好了(表面上),但自我没有达到一个更高的专业化水平——怎能更好地教学生。教好学生是一位教师的本职,这里并没有否定认真教是不对的,但是教师自我没有得到专业化提升,这样的教肯定是要受到批判的。试想,一位教师只教不学,或只教而少学,或被动地接受学,怎会有专业的提升呢?教师的教和教师的学并不矛盾,更没有时间上的冲突,教师在教的时候可以学,教师在不教的时候也可以学,教时可以在课堂中学,也可以在课外学,可以集中学,也可以分散时段学。教是不影响学的。相反,学影响着教,只要不学,特别是长久不学,其教的能力会下降。只要在学习,教师的教学水平当然会得到提升。教师能辩证地看待教和学的关系,才不至于长久地只教不学。对于一个新教师而言,最初的学习主要在于弥补教学基本功,在于弥补教学专业知识、教学专业方法和教学专业技能上的不足。只要认真修炼,少则一年,多则五年,就能达到一个成熟的状态。

选择学什么可以是多方面的,可以根据自我的爱好做出与他人不同的选择,但是有一点是相通的,那就是需要建立起课程意识。所有的学都应以课程为中心,全面提升自我的课程理解能力、课程批判能力、课程建构能力、课程设计能力、课程开发能力、课程评价能力等。[①]如此,才不至于学无所用。建立起课程意识,学习就不只是基于基本功修炼的提升,而是将注意力从实践方法的获证,走向对与教相关的课程理论的关注与学习。正如重庆江北区教师进修学院院长李大圣曾在一次讲座中说:"一位教师只要开始关注教育理论,他的专业素养便开始嬗变。"对于新教师而言,除了需要努力地教,教出成绩得到第

---

① 周海涛,谢镒逊.教师的课程建构力及其培育[J].当代教育科学,2017(4):46-50.

三方的认可,保证职场的安全,但不能不为明天考虑。把握住明天唯一的办法就是不断地努力学习,在教的同时把目光集中于全面提升自我课程能力的学习中。很多教师仅仅用学生的成绩证明专业化的发展,这单一的证明方式是很可怕的。其实,一个教师只要拥有课程意识,有效地教,持之以恒地学,把课程当作自我专业发展的产品一样开发与构建,在这样的过程中,不但教学行为会发生转变,学生成绩得以提高,自我的专业化水平也会大幅提升,而且围绕教而衍生出很多课程新产品,这是除教学成绩以外的通过物化方式表现出来的课程产品。

## 【现象纪实】

教师职后无发展的依据是什么?教师通过自我教育实现发展,特别是通过努力,得到极速发展,做出这一结论的依据又是什么?面对这些质疑,如若没有一个合理的解释,除了得出的结论不能信服于人,还在于因为没有更好的衡量标准,不能引领需要发展的教师。

如对成果与成绩的理解,人们没有把握它们的实质,便作为评价的依据是不正确的。其实,成果与成绩之间的区别是非常大的。成果是现实的,成绩是应有的,必须处理好二者的关系。逻辑上的交叉性,不可回避。这两者是思想态度和行为选择之间的抉择,它是调和社会生活需要与个人愿望需求关系的标准。教师有必要了解成果与成绩在性质上的区别。

成绩只是成果中一个极小的部分,成绩代表着的是过去,成果却能连接起过去、现在和未来,是后续进步的基础。成绩会定格在某一点,不会再发生着变化,而成果则会因专业化素养的提升不断呈现上升趋势。但教师同时也还应该看到,成绩是基于学生水平的发展而产生的,成果是基于自我水平的发展而产生的,两者的影响力不同。成绩只是在固定的范围内产生作用,对于教师而言,能给予一个评价结果。成果却不同,它不但会在一个较开放的区域产生影响,而且对自我后续的专业素养提升产生作用。

教师课程成果意识的建立,在很长一段时期内,随着教师素养不断地提升,重视程度会越来越高。新课程改革让教师、学生和课堂发生了巨大的转变,变化之一,体现在教师不仅仅是课程的忠实执行者,还是课程的创造者。教师们不再把教材当"圣旨",不再只是"教教材",取而代之的是课程资源的开发与整合——"用教材教"。教师主导课程的水平,反映着一位教师应有的专业水平。只不过无数的教师习惯于用一本教材和一本教学参考书来教书,不但成绩有限,更不会有成果。新教师要发展,必须与时俱进地建立课程意识,开发和建构自己的课程产品。

对于新教师而言,最怕的是选错方向。在教学基本功全面修炼的初期,教师完全可以采用"两条腿"走路的方式,既要学生的成绩,又要物化的课程成果,促进自我全面发展。事实上,无数的新教师喜欢按照老教师的行为方式去做,认定只要把时间全耗在教学上便会让教学出成绩。于是,注重学习基础性的知识,以及基础的教学方法和技能的提升,忽视自身的专业发展。久而久之,导致自我内驱动力不足,自然就丧失促进课堂生成迈向更高层级的激情,工作总处于一种低层级的恶性循环中,而不可避免地会产生职业倦怠。

很多教师因为接受了以学生成绩为评估标准的评价方式,于是,众教师为了过独木桥,成为这一评价标准的受害者,让自我身处职场的生存空间越来越小,让自我难以得到他人认可以保证自身社会认定价值。然则,增强课程意识,不断提高自我课程力,让成果作为评估依据的教师,不再是自己和众人比,而是自己和自己比,是今天的自己和昨天的自己比。只有心中和行动中先有课程,后有教学,其社会认定价值才会得以最大化,让自我变得越来越强大,也由此因拥有特殊的物化成果,才使自己具有强大的前行力量,让人人争相效仿。

案例 5-1

## "循环周记"显奇效,课程开发出成果

新学期开学,吴老师被安排到四年级一班任教语文学科,同时任班主任。开学不久,吴老师就发现学生的写作能力很差。虽然部分学生的父母是知识分子,但由于工作忙,很少对孩子的学习进行指导。吴老师刚从学校出来,担心学生成绩考差了受到领导批评,心里很着急。吴老师怀着忐忑的心情去问其他教师,怎样才能提高学生的写作能力呢?教师们告诉她,要提高学生写作能力的方法,一是多读书,二是多写、多练笔。

吴老师如获至宝,在语文教学中要求学生每篇课文都要背诵,除了按教材要求写作文外,每周让学生写一篇周记。然而,一学期下来,吴老师发现学生的成绩并没有像自己期望的那样,学生的作文还是没有大的起色。这是怎么回事呢?

一次,吴老师到县城观摩小学语文教研活动,内容恰好是小学作文指导方面的。在教研活动上,一个优秀教师指出:小学生写作文是"我手写我心",要让小学生敢说心里话,会说心里话,在写作时要有读者意识。

听了那位教师的话,吴老师反复琢磨,联想自己读书时写作文的经历,觉得很有道理。怎样才能帮助学生树立读者意识呢?吴老师苦思冥想,终于想

出了一个办法,让学生写循环周记。

第一周,她要求每个孩子写一篇周记,内容是写人的,可以写教师,也可以写同学。接下来的第二周,吴老师要求孩子们交换自己的周记本,在别人的周记本上写周记。这一来,孩子们诧异了:为什么要在别人的本子上写周记呢?我的周记写的是我自己的所思所想,把它拿给别的同学看,别人就看到了我内心的秘密,怎么办呢?很多孩子都不情愿。吴老师告诉孩子们:"交换周记本,虽然你们写的周记被别人看了,同时你们也在看别人的呀,每个人一周只写一次,但你却能看到班上其他同学的周记,看别人是怎么写周记的,对我们自己写好日记不是有很大的帮助吗?"孩子们虽不愿意,但还是按老师的要求去做了。

开始,吴老师利用中午的时间,随机拿出几个同学的周记,与同学们一起分享。每每这时,孩子们总是把眼睛睁得大大的,聚精会神地聆听。过了一段时间,吴老师把循环周记放在窗台上,让孩子自由翻阅,孩子们总是争相阅读。渐渐地,同学们喜欢上了写循环周记,有的同学索性写日记。

一天,吴老师在班上说:"你们的周记写得那么好,你们想不想让自己的爸爸妈妈看呢?"于是,有几个同学偷偷地把周记拿回家给爸爸妈妈看了,但来到学校谁也不说。又过了几天,吴老师察觉到把周记拿回家给家长看的同学多了,通过调查发现全班只有几个同学没有把周记给家长看。吴老师"得寸进尺"说:"你们想不想知道爸爸妈妈内心的想法,想不想领教他们的写作水平?"同学们都十分兴奋说:"想!"

"好!但老师有要求。把周记拿回家,不能在爸爸妈妈忙的时候给他们看,不能强求他们写,家长写什么由他们自己定。家长想写什么就写什么,想写多少就写多少。"

刚开始,还没有几个家长愿意在孩子的周记本上留下墨迹,但孩子把周记拿回家的次数多了,他们看见了孩子的心灵,看见了教师的评语,教师对孩子的勉励。渐渐地,在孩子们的周记本里留下了家长对孩子的希望和鼓励,对教师的要求和感谢……一句、两句,一段、两段……

奇迹发生了,学生喜欢上了作文,不仅写作水平和学习成绩明显提高,而且学生变得文明有礼,团结友爱,互相帮助,尊重他人,知道感恩,学习自觉认真。一年过去了,五年级下期,参加"中华魂"主题教育读书活动征文比赛,班上有一名同学获得市一等奖,两名同学获得市三等奖,两名同学获得区二等奖。吴老师也获得市级指导教师一等奖。这在学校是从没有过的事儿。

教师们纳闷了,这小姑娘使的什么招,居然取得了这么好的成绩?校长很高兴,让吴老师在学校教师会上分享经验,并将她的"循环周记"在全校推广。

【新思考】

　　对于一个教师而言,眼里不能只有成绩,需要用智慧教学,在点燃学生智慧的同时,建立自我的课程意识。就像案例中的吴老师那样,当一个新的课程被自我开发出来后,无形中形成了专属于自我的课程力。自然地,学生会在教师引领下,轻松愉悦地向前迈进,登上一个崭新的台阶。学生成绩提高,说明学生在成长,教师本人不一定形成了自己的成果。如果你的学生第一年考得好、第二年也考得好、第三年考更考得好,这说明你不但教得好,而且教的方法对。事实上,不可能全是如此理想的一个状态。对于多数教师来说,总是执着地关注学生成绩,以学生的成绩来对照自己是否教有所获,也以此来体现自己的价值。教师的行为大体可以归纳为以下几种情况:一是得过且过,对个人发展与学生成长漠不关心,这种人往往对生活也是持消极态度,很难有所作为;二是每天待在教室,但管理不济,教而无法,成绩平平;三是上课进教室,下课常与学生一起游戏、活动,就像"孩子王",平时也显得"悠闲",但每次考试班上成绩总是名列前茅。相互对比,你欣赏哪一种教师?你愿意做哪类教师呢?第三类教师既重视学生学习习惯和能力的培养,也注重自身专业能力的提升,学生考出好成绩是必然的结果。

　　课程观念决定意识。新课改经过多年的沉淀,已逐渐成为新常态。如若不考虑新课改的存在,更多的意识产生便只能是虚浮的体现。静心观察可发现,新课改的存在决定教师很长一段时间的发展走向和价值取向。新教师如果想有所作为,必须在教与学的探讨中思考自己在新课改中的位置,以及自我围绕新课改是否产生新意志。通过自我的行动,对新课程的发展产生影响。

　　真正能产生影响,往往是通过评价标准检验,才产生好评情形,给予自我曾经行动的最好证明。而现实是,新教师对课程作为专业化发展产品的认识与行动存在着严重的不足,也因为课程成果过于专业化,存在曲高和寡的现象,致使很多一线教师不理解或产生畏难情绪。

　　每一个教师在专业化发展的道路上,需要有明确的追求,往往也会因为明确的追求,最终有不同专业发展水平的生成。成绩和成果两种评价标准都有着无穷的吸引力,对教师产生影响。甚至是每一种评价都是一种主张,都有着自己的长处。这也是教师在发展的过程中难以抉择的一个真正原因。为此,对于评价标准,要求我们每一个教师在发展的道路上,行为取舍时不存在一种对另一种的说服和妥协。更多的时候需要有明智的选择,需要明白其长处与短处,需要将其融合,弄明白自我到底需要的是什么,需要怎么做。必须明白的是,成绩只是暂时的,只代表过去,以课程力提升为追求的成果,才是教师在某一时期内自我专业素养的反映,它会给自己和学生以长远的影响,它往往以物化产品的形式生成和呈现,比如教学论文、课题结题报告、专著、大赛证书等。只不过,教师应该看到,物化的课程产品存在着层级之分。只有自我素养提升达到一个更高的层级时,才会产生更高层级的物化产品。为此,每一个教师若以课程物化产品的生成作为目标,会产生一个对更高层级物化产品的追求,便会在原有的能力素养基础上追求更大的发展。

对教师专业化发展的评价,要么依赖成绩,要么依赖成果。教师的行为方式和思维方式都习惯于采用成绩进行评价,而忽略了以成果来评价教师的发展,或直接将它排斥在外。要知道,人们往往非常现实,评价标准成为教师追求的指挥棒,对于未纳入评价范畴的采取忽视的态度。学生的成绩只能是学生的发展,绝对不可能代替教师的发展。这种用学生成绩代替教师专业化水平的判断,实则是专业化水平处于较低层级而心虚的表现。教师对于课程意识的淡漠,自然会在教的同时较少存在课程意识,少有促进课程力的提升,产生课程产品自然少之又少。课程产品已经成为时代的稀缺产品,对于每一专业素养处于初始层级的教师而言,特别是对于追求专业化发展的教师来说,必须清醒地认识到专业发展是属于教师自我的事,不能完全受到成绩评价标准的限制,否则,容易走进死胡同。

【行动指南】

人不是产品,将课程理解成产品,持这种观念对于反对应试教育、铸就新课程观,是一种进步与文明的体现。但真正要实现这一转变,也不是一件容易的事。只有大多数教师专业化素养都得以提升和发展,发展过程中通过自我教育内化,生成带有个性的课程,才可以完成这一转变。否则,评判教师的专业水准又只能采用以前的那些办法,特别是广大教师都无发展,也无课程产品来证明的现在,人们都不会接受并采用这一评估标准,甚至会集体反对这一标准。但是,对每一个想自我发展的教师而言,应该清醒培育的对象(学生)绝对不属于个人所私有的教学产品。只有那些用自我心血铸就的课程,才是自我专业化发展以及对应能力素养的证明。

**1. 树立新课程与成果意识**

立志终身耕耘教坛的新人,从当教师的第一天起,都会认真思考如何把书教好,如何把人育好,力争在教育教学方面取得好的成果。然而,有不少初入职场的新教师,或许知难而退,或许缺乏模范引领,忽略教研成果,缺乏成果意识。少有教学理论学习与研究,少有教学方法改革与创新的思考,也不知道打造物化成果是理论升华的过程,是思维训练的过程,是成果转化的过程。

强制不可能真正解决认识的问题。虽然课改多年,但是很多人依然没有适应新的环境,不知道怎么做,最终没有拥有自己的产品。环境生疏、目的不明、动力不足、成就渺小,属于正常的现象。强行推进新的评价标准,(如规定发表代表自我学术水平的论文作为职称评聘的必要条件),致使反对声一片,导致顶层设计时不得不妥协、取消。

有一点必须重新认识,一位教师没有专业化层级提升的佐证,只能说明为师者的失败。教育的产品是什么?有的专家指出:"教育的产品不是人,而是通过教育促进人成长。教育的产品不是思想,而是通过教育传播思想。教育的产品到底是什么呢?教育的产品是课程。"

课改多年,谈教师的个体成就,不如谈自己多年来在新课程改革中的经营,不如反思自我是否受到自我教育而发展,不如问问自己到底拥有多少教育的产品(课程)。掂量自我的价值,掂量自己生产的产品的价值,想明白了这些问题,自然会摆正自我与课改的关系,主动地去找发展点,建立课程意识,且教且研。在教书育人的过程中,倾注大部分精力用于课程产品的生成。对于渴求专业化成长的人而言,首要树立成果意识,用它引领自己的教学,才会在收获的季节硕果累累。

### 2.融入课改后的产品理性

如何在新课改进入深水区后,更加理性,即有新动作、新举措、新需求,是一个有头脑的教师应有的判断和抉择。其探讨所涉及的课程产品带有功利色彩,但它是支撑专业化发展不可能回避的话题,因为课程产品是自我教育发展层级的直接表象。围绕新课改进行教育科研,课程是直观的易被认可的产品,且教且研更容易促成课程产品的生成,让自我发展进入快车道,让自我教育找到捷径。

全面开启教育教学的大门,以开放的姿态面对教育产品,习惯性地将课改融入其中,认清其价值,才可纳入课程要素,最终变成自我发展中的最基本需求。将新课改中的课题变成最基本的需求,加以教育教学经验向理念的转化。这对于更多一线的教师而言,依旧存在着自身素养和条件不具备的情况,需要自我在意识与行为中进一步调整,能对自我的需求进行理性的分析,而后才会主动作为。

### 3.全面适应课改新环境

适应课程环境有一个复杂的转化过程。对自我的基本需求和超越性需求有所了解,才有利于新教师且教且研。如果仅将人(学生)的发展作为目的也只能属于一个保底性的需求。学生的发展只能说是教的前提要求,教师自我发展依旧需要通过"研"实现,才可能达成超越性需求。教师在满足前提要求的情况下,才可感知自我的基本需求和超越性需求之间的差异。为此,判断一个教师是否真正适应新课程环境,不是以进入新课程时代而作推论,主要考察教师是否构建了以课程生产为基础的基本需求和超越性需求,以及实现的程度。

新课改中,从适应其指定的理念到融合成自我实践,以及凸显"我"的教育思想和教学主张等来理解,如若没有为自我专业化发展奠基基础,定然会失去前行的动力,没有促进课程产品生成的可能。理性构建课程产品,只要围绕产品的生产与生成,专业化发展作为最大的价值追求,便有得到满足的可能。

关于课程产品的生产,发现教师存在着两种取向。一是专属教师个人的行为取向。自发地围绕新课改开展实验,把一切行动归结为个人行为,如开展小课题研究、教育叙事研究等。二是以公众需求为行为取向,以团体或行政推动的方式来进行,如带有区域性的教学模式研究。这两种课程产品取向虽然出发点不同、实现的方式与途径不同(一个为了充分发展个人的潜能、天赋和气质,另一个需要全面完成自己扮演的角色分工)。可这两者实现的目的与动机是相同的,即全面提升教育教学质量。在实现自我教育的过程中,通过教师个人专业化素养提升,为解决教育教学问题发挥主体作用。

**我们应谨记:梦想教育这一责任田里结出硕果,需要不断追求完美和无限超越的精神,每个教师挖掘出专属于自我的几桶金,才会形成百花争艳的势态。**

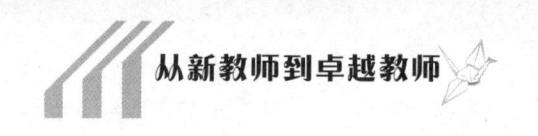

## 20. 向专家学 建立开放网格体系

人一出生，便逃不出被比较和相互比较的命运。小时候，我们与同龄人比较，比身高、比成绩；长大后，比工作、比家庭。初入职场的教师也不例外，他们被同行们拿来与老教师比较、与同龄人比较，比教学技艺、比教学基本功、比教学业绩，他们也期待着在教学的路上一帆风顺。强大是保护自我的唯一办法。作为一个职场新人，如何自我强大，这里实则是有玄机的。"近朱者赤，近墨者黑。"职场新手往往社会经验不足，与什么样的职场人交往，在经历第一个五年期后，受其影响，可能会成为那样的人。为年轻教师作讲座，我也时常告诫他们，不要与没有上进心的人为伍，不要和一些坏家伙（土语，意指不怀好心，不求上进的人）在一起，要不然以后可能会成为不思进取的人。

作为教师，让自我强大，全面提升专业素养，是值得首肯的一件事。这里不只是涉及做学问，更涉及为人。换句话说，只有为人成功和学问成功的人，才可称得上强大。提倡新入职的年轻教师向专家学习，这里包含两层意思：一是建议向教育领域里的佼佼者学习，二是建议新教师能够找到机会，与专家为伍，多受教育领域里专家的熏陶，最终成为像专家那样的人。当然，其中包含了很多挑战。如新教师作为教育领域里的新人，凭什么能与专家为伍呢？专家又凭什么接纳一位年轻教师呢？

**原规则：只要有积极主动的学术情怀，就有可能会被专家青睐。**

与什么人为伍，不是一件想当然的事。专家本就和新教师不在一个层级，想要经常与他们在一起沟通交流，绝对不是一件容易的事。但是，机会总是留给有准备的人，机会多会留给有志向的人。任何人虽都活在当下，但也不能只看重当下而不重视未来。专家也是如此，他们在某一领域里，经过十年磨一剑，取得了丰硕的成就。不过，专家在前行路途中，同样怕孤独，需要有与他们一同前行的人。能与他们同行的人，往往会经受苛刻地挑选。我发现通常有两种人受到他们青睐：一种是希望成为像他们一样有建树的人，另一种是经过专家调教能接过他们衣钵的人。新入职场的年轻教师，都有着美好的憧憬，只

## 第五章
明晰"怎么学" 突破可能性的极限

要明确目标并努力便可拥有无限的未来,只要真正具备了上进心,何愁找不到能引领自我前行的人呢?

向专家学习,结伴前行,需具备三个条件,即找到专家,得到他们认可,并与他们为伍。能让自我真正进步的人,一定是稀缺资源。专家往往是在某一个点上取得卓越成就的人,掌握精辟理论和能解决现实问题的人。专家属于稀缺资源。我所说的教育专家,是指拥有教育思想和教学主张的卓越教师,拥有建树的能引领教育教学革新的凤毛麟角。但这并不意味着专家找不到。在互联网较发达的今天,要渴求拜见钟爱的专家,可以通过传统的在途中等候、登门拜访等方式,也可以借助网络平台,通过QQ、博客、网站等方式,实现与专家交流。通过网络请教的方式,除了比前往口授更经济外,还有一个更有利的因素,那就是可以避开现实生活中的世俗不对等的偏见,让新入职的教师不会因社会经验不足而增添沟通难度,让自尊得到更大保护。在现今的网络时代,很多专家是网络大咖,通过网络平台不难找到他们。当然,要拜见专家首先要想办法得到他们认可才行。

拜见专家,得到专家的认可,包含着无比的智慧。专家出现的场所,通常是专家为体现自我的价值、展现出自我特殊的专业本领、以引领或教化他人之地。这时,教师需要改变自我视角方式才行。在通常情况下,因为专家是站在讲台上,采用俯视的视角看待下面的听众,作为跟随者往往采用仰望的视角,聆听专家的教诲。可这种常规的方式通常难以引起专家的注意并认可。为此,可与大家共享一个小妙招。只要你能主动地寻觅或聆听专家的讲座,深入专家的研究领域去审视现实的教育教学,总会发现依旧还有很多没有彻底解决的问题。在专家与大家互动交流时,你可以拿出自我深入思考的需要专家经过沉思才可解答的问题向他们请教,或者以专家倡导的"矛",婉转地攻击专家的"盾",让专家给予解说处理的办法。这样可促使专家转换与你交流的视角,不再俯视,而是平视。当他感觉到后生可畏时,自然便会因为你的与众不同而对你的认可度提升。当然,这里需要把握好与专家交流的度,是请教,而不是钻牛角尖,为的是达到专家认同目的,从而得到专家的认可,便可因为这"一面之缘"产生深刻的印象,建立起后续交往的机会。

【现象纪实】

如果依旧按常规思维办法解决问题,新教师拜见专家机会是不多的。前瞻的教育理念自上而下的实施,从顶层设计到一线实践,需要加以深刻领悟,才不会出现偏差。否则,理念出问题了,教育的方向自然出现偏差。所以,课改之路漫漫,误入歧途、走弯路者层出不穷。

这是一个崇尚专业化的时代。去医院看病,很多人要挂专家号,希望专家能对症下药;参加一个选秀节目,报名者比比皆是,期待成为专家的学徒,得到专家真传。只要是专家,不论是哪一方面的,都会成为大家争相追捧、顶礼膜拜的对象。但不可否认,这也是一个跟在专家后面学习,更易出现专家的时代。其实,古往今来,都是如此,正所谓名师出高徒。孔夫子弟子三千,七十二贤人。但凡一个优秀的教育者背后,都会有一位优秀的引领者。如陶行知师从杜威,才有了"生活即教育""社会即学校""教学做合一"等教育理论;沈大安之于张祖庆,在人生关键处给予他指点,张老师毅然决然放弃行政管理岗位,转向到教育研究这一条专业道路上来,成了小语界又一领军人物。

前面与大家交流了与专家建立关系的技巧,可能大家依旧没有勇气去那样行动,或感觉自己作为一个年轻教师,不可能有那么幸运,不可能轻而易举地得到专家的青睐,也不敢想像自我的未来有成教育专家的可能。这是因为,在现实的生活中,专家多与自我工作、生活等都不在同一平面,专家已经给人们留下了清高不易接触的印象,甚至得出如果没有站到高高的教学竞技赛场,是鲜有机会与专家面对面交流和接触的结论。这种将希望掐死在起点上,是众多年轻教师一生没有跟好师的一个真正原因。

与专家建立平等对话的交流平台,是非常容易的。只是在现实中,人们往往自我设定很多门槛,还没有迈出自我设定的门槛,便与专家失之交臂。年轻教师缺乏的是前行的方向,与专家为伍,在于觉得专家有丰富的学科经验和前沿的理念。跟着专家让自我增强前行的方向感,能近距离的学习专家的教学思想、教学经验、教学风格。再次重申,在如今高度信息化的自媒体时代,建立开放的网格体系,向专家学习是一个不错的选择。在信息学中,网格是一种用于集成或共享地理上分布的各种资源,使之成为有机的整体,共同完成各种所需任务的机制。新教师要学会借助网络平台,建立开放的网格体系,能将网络中的教学资源为自己所用。正如英国伯兰特·罗素的《权威与个人》书中所写:"整个社会进步,需要为与向社会秩序相容的个人主动提供最大空间。"网格化的时代,我们只有抓住时代提供的新秩序,才可能为自我的主动性提供最大的空间。

案例5—2

### 群文阅读的美丽绽放

程老师,师范校毕业分到一所乡镇小学,一直从事小学语文教学。她没曾想到,命运会因为"群文阅读"而改变。

2013年4月16日,她参加了区里"打造群文阅读卓越课堂,深入推进课堂教学改革"实验项目的启动会。"群文阅读"这种全新的阅读教学方式冲击着她的视野,让她心潮澎湃。

她加入了全国"群文阅读"研习QQ群。不久,群里发布了一则研习公告:2014年5月,西南大学李玉文教授作在线语音讲座"群文阅读的集体备课"。那天,她静心地坐在电脑面前聆听讲座。李教授从"何为集体备课、群文阅读课型集体备课的特殊性、群文阅读集体备课的内容、群文阅读集体备课的基本步骤、群文阅读集体备课成功的条件"等几个方面作了详细的讲述,并一一回答了教师们提出的问题,交流一直持续到晚上十一点多钟。这一讲座,就像一阵及时雨,给她本已干涸的"语文课堂"以润泽。网络学习虽未见其人,只闻其声,她却已被李老师的涵养深深折服:诗词歌赋信手拈来,诗经离骚倒背如流,各版本中小学教材熟记于心!因为仰慕,她抱着试一试的心态,胆怯地向李老师发出了QQ好友申请:"李老师,您好!我是XX,听了您讲座,非常想向您学习!"没想到,李老师居然接受了她的好友请求。从此,她便成为李老师的QQ好友,徜徉于QQ空间,不时向李老师请教。

第二年,得知李玉文教授要到她所在的区县指导"群文阅读"教学,她在QQ上留言:"李老师,欢迎您明天到铜梁来指导工作!"李老师回复:"我已经到铜梁了哦,下午到的,正梳理明天的讲稿!"第二天,她见到了李玉文教授,李老师语重心长地对她说:"有'群文阅读'实践层面的思考与困惑,可以给我发邮件共同探讨!"虽然第一次见面,但她们就像老朋友一样。程老师,一个小小的乡镇学校的一线教师,竟然认识了"群文阅读"的专家,还得到了李玉文教授的耐心的指教,她真的不敢想象。

又过了一学期,李老师再次来铜梁给国培班的学员上课。她作为国培班的一员,休息间隙上前和李老师打招呼,没想到李老师居然说:"你是铜梁的小程吧,我在座次表上面看到你了!"这只是她们第二次见面,没想到李老师居然记得她,她怎能不激动呢?

后来,她继续参与QQ群的研习,听过王林、尹祖琴、于泽元等专家对"群文阅读"的专题讲座,看过蒋军晶、李祖文、曹海棠等先行实践者的经典课例,听过杨纯彦、吴群、许莉等一线教师对"群文阅读"的实践分享。QQ群研习,这种学习交流方式,让她的学科专业知识得到扩充。足不出户,不花钱,不用舟车劳顿,就能近距离地与专家接触、向专家请教,学习到前沿的教育理论与知识,结识一群积极上进、充满正能量的同行者,她以前真没敢想。

后来,程老师在"群文阅读"这一条研究道路上越走越顺,她的"小学生'自主发现'群文阅读教学模式"获区优秀课改模式,并选入已出版的《卓越,从模式建构起航》一书;论文《群文阅读,指向课堂内容的深度改革》获市三等奖,

《群文阅读,且行且思且珍惜》获市一等奖;群文阅读录像课"爱的教育"获市二等奖;群文阅读教学设计《故事中的狐狸》获全国优秀奖。她还获得了"2014年度群文阅读十大明星教师"这一殊荣,全国十人获奖,重庆仅程老师一人。站在重庆人民大礼堂,面对无数聚光灯和摄像头的那一刻,她如此笃定,让她坚信付出就有收获,或早或迟。

接下来,她把对"群文阅读"所建立的信心与热情继续延伸,经过努力,终于以全区第一名的成绩考调入城,实现了人生中的又一次蜕变。

## 【新思考】

现实中的专家,新教师几乎没有与他们见面交流的机会。因为人与人之间本来就存在着安全保护区,在现实的世界里,人们总是将自己严严实实地包裹起来。况且,专家都很忙,忙教学、忙研究、忙讲座,他们来去匆匆,少有可能给一个毫不认识、毫无交集的新教师指引与点拨。而新教师刚踏入教育这一行当,对周遭的世界从学生时代到职业状态的再认识,一切都是新的,一切都要学习,可究竟学什么、如何学,他们一无所知。如果有一位专家站在他们的面前,如何请教,以及请教什么问题,他们都会因为觉得自己幼稚而羞于启齿。但是,网络世界里的专家不一样,网络中的专家往往比现实中的专家更容易接触,因为网络中的专家少有世俗的羁绊,也会敞开心扉将自己所知所学毫无保留地贡献给教育事业。

有种说法,你身边的五个朋友决定了你的高度。这在日本教育家佐藤学的理念里,就是"学习共同体"。所谓学习共同体,即学习社区,是指一个由学习者及其助学者共同构成的团体,他们彼此之间经常在学习过程中进行沟通、交流,分享各种学习资源,共同完成一定的学习任务,因而在成员之间相互影响、相互促进的人际联系。[1]它与传统教学班和教学组织的主要区别在于强调人际心理的相容与沟通,在学习中发挥群体动力作用。QQ群的研习活动,将五湖四海有着共同愿景的教师纳入同一个学习社区,好比一个开放的网格体系,一线教师与专家、学者在网络中进行有主题的、任务驱动式的研讨与交流,解决教学中的难题与困惑,实现资源共享。一线教师作为教学的实践者,需要专家的理论支撑为其引领方向。教育专家需要了解一线教师实践中的案例,找出其共性与个体差异,以便进行更接地气的深入研究。他们之间构成了一种互利互惠的依存关系,这样的交流与学习,才是理论与实践的完美结合。而处于专业素养较低层级的新教师,需要得以引领、支持、认同,学习者聚集的能量场将会

---

[1]郑葳,李芒.学习共同体及其生成[J].全球教育展望,2007,36(4):18-22.

产生强大的动力,支撑他们在教育教学的路上收获成长,实现自我超越。

教师应学会建立开放的网格体系,参与到专家所致力的某一项研究中去。唯有如此,才会有更多得到专家的指点与青睐的机会。如群文阅读的学习与研究,已经成为一个系统,成为一个品牌。不仅限于QQ群的研习活动,主办方已经开通了微博,建立了网站,并开发了教材及课程资源。此项目,全国各地,几百所上千所学校、成千上万的教师加入其中,一系列的资源,一个巨大的开放的系统,撷取馨香一瓣,定会收获无限。

程老师专业化素养得以快速提升,在于她敢于与大家共同学习和探讨中,得益于专家的指引与点拨。如此快的成长与蜕变,若依旧如从前日复一日、按部就班,几乎是不可能的事。如果几年前,她就加入了亲近母语的点灯人阅读计划;如果几年前,她就了解了新教育、海量阅读。那么她站在最高领奖台上的时间是否会缩短?她的教育人生是否会是另一个样子?但是,人生没有如果。无论在哪个阶段,现在前行,就是最好的时机。

向专家学习,需要的是虚心,需要的是有恒心、耐心和事业心。教育界不像娱乐圈,作为教育这一职场的人,必须去除浮躁与金钱的诱惑,只有静心才可寻找有助于专业化提升的资源。

向专家学习,需要自我主动地打破自闭状态,建立开放的网格体系。作为年轻教师,必须打破传统的学习方法,敢于下苦功修炼自我,勇于解决现实中的存在问题,如解决囊中羞涩和工学矛盾等。很多年轻教师希望到高端的现场学习,那样的学习成本是难以承担的。教育行业不同于其他行业,本是"一个萝卜一个坑"的职业,一人外出培训,另一人就得顶班,工作与学习的矛盾实则也是不可避免的。利用网络能解决很多困难,如可以不到现场学习,节省了诸多费用,在工作之余可以网络请教等,不仅解决工作与学习的矛盾,其学习效果可能并不差于现场学习。

【行动指南】

初出茅庐的新教师,对他们来说,一切都是新的,一切都需要学习。抓住开放的网络,建构专业化成长的网格,是一个好的方法。在此,将进一步探讨与专家近距离接触,期许得到指点的方法。

**1.研究专家,站在前人的肩膀上前行**

教师要学会研究专家,研究所任教学科、所擅长领域里的专家。研究专家,并不是为了成名,也不是要成为专家,而是让自己的教育工作少走一些弯路,让自己的课堂教学更加轻松愉悦,让自己过幸福而完整的教育生活。新教师要学会站在前人的肩膀上前行。前人已经走出了路,为何不沿着他们的足迹踏歌而行,在他们的基础上实践,在实践的过程中摸索,在摸索的进程中创新,在创新的道路上收获。

如果你喜欢阅读,至少你应该知晓在阅读教学方面颇有建树的专家;如果你热爱作文,那么当前的作文教学流派,你一定要熟知;如果你从事数学学科的教学,那么你应对走在数学教学前沿的专家有所了解……只有研究专家的成长轨迹与领域,你才能找到适合自己专业成长与发展的路,也才能有方向的了解他们的研究成果。这就好比一些带有正能量的明星,粉丝不仅仅喜欢他们作品,更是将其人作为榜样,汲取身上的正能量,并在学习与行动中用这种动力实现对自己的超越,成就更好的自己。研究专家的方法很简单,在互联互通的时代,利用各种工具搜索,问题就能迎刃而解。

### 2. 虚心好学,积极主动的情怀最动人

同一个班级里,教师会喜欢怎样的学生呢?答案是虚心好学的学生。同一个班级里,教师会把哪些学生作为班干部培养的对象呢?答案是积极主动的学生。教育就是培养积极主动好学的人。

在一个两千人群的学习共同体中,为什么有些教师会备受专家的垂青?就是因为他们虚心的求教和积极主动的学习。学习力决定创造力。作为"90后"的教师,比"70后""80后"教师更具有敢冲敢闯的勇气,更具有敢作敢为的气势,这是青年教师最好的资本、最大的个性。教师不应缺乏学习的激情与热情,要放下胆小自卑的束缚,跳出妄自菲薄的泥沼,敢于向专家发声,大胆向专家请教,专家才乐于向具有积极主动情怀、阳刚朝气的新教师传授秘籍。

有主动的心态、积极的状态,才能更好地关注与自我教学相关的领域。有思考、有研究,才能在与专家相遇时有交流内容,方才便于让专家引领你前行。

### 3. 参与研究,用专注的心做专业的事

苏霍姆林斯基曾说:"如果你想让教师的劳动能够给教师带来乐趣,每天上课不至于变成一种单调乏味的义务,那你就应当引导每一位教师走上从事研究这条幸福的道路上来。"[1]一个只关注教学不参与研究的教师,永远只能做一个教书匠,而无法成为一个教育家。一个热爱教书育人工作的教师,应该是一个乐此不疲的教育研究者。

只要提到教育研究,许多教师便望而却步。因为他们害怕,害怕自己底蕴不足,会在教育研究的世界里盲人摸象。因为他们未曾参与研究,不知从何下手,如何落地。其实,任何一件事情都是一个学习的过程,都是一个从不会到会的过程。如果因为胆怯,止步不前,那么成功永远不会向你招手。教育研究

---

[1] 姚玲英.教育科研:教师专业成长新途径[J].教育科研论坛,2011(9):50-51.

是帮助教师专业化成长快速的路。真正来说,研究也不是那么高深,不是一定要搞规范化的课题才叫研究。"问题即课题"发现日常教学中的问题,去探索解决的办法就是研究。坚持不懈,就能得到更大的收获,就能提升研究能力,就有力量和勇气向专家靠近。新教师要意识到这一点,要积极地参与到专家致力的某一项研究中去,有了专家的指点,多会事半功倍。一般来说,不管做什么行业,都有一年的学徒期、两年的生存期、三年的职业期,最后才步入事业期。作为新教师,一旦选择了某一项研究,入职便踏上从教的高速列车。与专家、同行近距离接触,开始了就应坚持下去,用专注的心做专业的事。只要中途不下车,往往能缩短前几年的迷茫期,较快地进入事业期,才会到达光辉的顶点。

  我们应谨记:网络是离专家最近的地方。

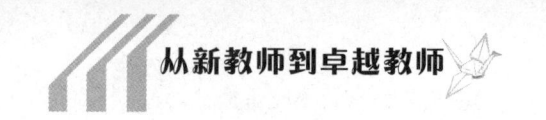

## 21. 常态课中学 增添课堂内涵

在此,有必要先就什么是常态课与大家交流。很多人认为平时教师进行的课堂教学就称之为常态课。其实,这样的理解是不完整的,存在很多漏洞,没有对常态课的内核予以充分的表述。判断一堂课是不是常态课的课型,有三个要件:一是有着相对固定的教学时间,二是有着相对固定的教学地点,三是有着固定的工作对象(教师和学生)。常态课的主要特征:教学时间、教学地点、教育对象这三者是否固定不变,只要其中一个因素变了,此课便不再是常态课。三者融入并非简单相加,就像三个鸡蛋并非简单地放在一个篮子里整合,而是将其打碎倒入一个碗里搅拌,进行深度的融合。课堂里的常态,需要综合考查要件,才会发现不同情境对授课者的影响。

既然是课堂的常态,这样的课定然会保持这三者的不变,若只要构成的条件引起其他一个因素发生变化,课进入了非常态。教学时间、教学地点和教育对象通常是不会发生改变的,但也有发生改变的时候,如原本固定的时间与其他特别的安排有冲突,自然便会发生着更改。不知大家发现没有,若只有一个条件发生变化,虽然打破了常态课的固有方式,但并没有改变常态课的固有形式,只要三个因素中有两个发生变化,其课型结构便已经被打破,其课型状态也随之发生变化,由常态进入一种非常态。如教学的时间和地点同时发生变化,工作对象依旧没有变;或教学的时间和教学对象发生变化,教学的地点不变;或者教学的时间没有变化,教学的地点和对象发生变化;甚至是三者都同时发生变化,便会发现其课堂形态由常规课堂转化成非常规课堂,或一些常见的研习课堂。与大家交流课堂形态构成的三要素,主要的目的是让大家看清什么是常态课和非常态课,更在于让大家知晓三要素之变,课堂情境随之变化,对主导这一课的教师的影响也随之发生变化。常态课的情境与非常态的情境到底谁的影响大一些呢?这需要我们能辩证地思考,不能一概而论。

**原规则:看破完美课堂下的虚假,开启属于自我的成长历程。**

打个比方,执教常态课往往就像吃家常饭一样,执教非常态课就像请客下馆子一样。两种饭菜哪种更养人呢?当然,这里需三个设问,以启发教师拥有自己的判断标准：一是到底哪种情况给人印象深刻；二是到底哪种常态的饭菜更养人；三是自我更喜欢哪种情境下的生活。要是没有这三个判断，可能大家以为我是在闲聊瞎扯。其实，像家常饭一样的课堂，天天如此没有更多的花样，是难以给人留下深刻印象的。下馆子会因为饭菜一下子变得丰盛，佳肴满桌，这种情境的变化不但引起视觉的变化，同时引起味觉的满足。自然，我们会更加留恋下馆子时的情形。到底哪种饭菜更养人呢？人们下馆子的次数相对少一些，提供给人营养的不是下馆子时的这几顿美餐，更多的是那支撑着日子一天又一天过下去的家常饭。可能有人会说大餐营养丰富，似乎喜欢那种非常态下的生活。真是这样的吗？对常态课的不屑一顾，对非常态课的肯定与向往，这实则是一种看问题没有抓住本质的体现。如果问喜欢金还是铁？大家都会选择金子。要是再深入追问，是金子所发挥的作用大还是铁发挥的作用大？可能大家一下子便明白，是铁带来了真实的社会发展，金子发挥的作用甚至可以忽略不计。看破完美课堂下的虚假，找回真实、朴实、扎实的课堂，从中努力提升自我专业素养，这便是我与大家交流的主要目的。

教师的努力，为的就是全面提升常态课的质量。当然，非常态课的存在是非常必要的。教师教学中经常改变课型要件，开展优质课、公开课、示范课、观摩课，虽然这些非常态课有存在的必要性，但教师更应该看重常态课，而不是只有非常态的存在时，才需要那种高大上的现代信息技术、前瞻的教育理念、科学的教学内容和完美的课堂设计等。最需要的是慢慢地通过自我的努力，全面提升常态课的质量，才是我们每一个新教师应该确立的长远规划。在平素的教学中，有很多的教师出现认知上的偏差，少有对常态课的研究与思考，在常态课中随随便便地处置，本不该省略的省略，采用应付的办法，这是对自我专业提升不负责的体现。

【现象纪实】

常态课依旧是一个容易"温水煮青蛙"的地方，因为这里不增加压力，便不增加自我提升的动力。如有的新教师认为网络是无所不能的，于是每天都在网上泡着。教案、课件都从网上下载，今天到这个网站找到一篇，明天又去另一个网站下载一篇，然后一字不落地照本宣科。结果，教案和课件不相匹配，教学设计和自己班级学生的情况大相径庭。虽然自己使出浑身解数，课堂却乱成一团，讲着讲着，自己都不知道该讲什么了。由于对课本缺乏正确的解读，教学内容在自己的头脑中没有系统性和完整性，训练点很零散，就像掰玉米的猴子，掰了这个，扔了那个，不明白自己究竟要达到什么教学目的。其实，这种在常态课中耍小聪明的现状,采用拿来主义,还不是个别现象。

"家常饭最有营养",教学也是一样,只要精耕细作,常态课更有助于成长。教师需要深入研究常态课,从常态课中汲取营养。常态课没有公开课、优质课那么匆忙,没有那么迫不及待地想得到别人的认可和称赞,有的是心态平和的教师带着全班学生一步一个脚印地在智慧的丛林里漫步,在知识的海洋里漫游。常态课里教师和学生心里都踏实,大家都有安全感,都从容不迫地吮吸知识的甘露,汲取文化的养分,享受着教学的快乐。在这样的课堂上,教师和学生的身心都自由舒展,思维的火花尽情闪耀。

常态课无疑是教师教学基本功修炼的主阵地。[1]职场新教师面对常态课,教学专业素养基础不扎实不是问题,最怕的是认知上出现偏差。当前,最让人担忧的是,很多教师对常态课的态度出现问题,对常态课的认知远远不及非常态课那样重视。课堂非常随性,课前准备不充分,教学生不求效率搞敷衍。但是,他们面对非常态课却是另一种情形,全然换了一个人似的,教学风格变了,教学设计变了,教学理念变了。构建课型因素的变化,让课堂情境变化,授课的教师往往面对突然的变化,出现不适应的症状。面对一个特殊的时间、一个特殊的地点和特殊的工作对象,全然一种救急的状态,得到不实的感受。这种倾其全力,进入一堂非常态课,常态的课堂运行机制被迫发生变化,就像为了准备一餐酒宴,家庭中的其他正常活动停止运转。为了一餐而浪费大量财力、物力和人力,等非常态过后,回归到常态时,一切又都涛声依旧。人都会在劳累之后放松自己,教师也不例外。这其实也是一种自我保护。众所周知,教师要上好非常态课,前期准备十分繁忙甚至是痛苦的,常常疲惫不堪,结束后进行必要的放松和修整是无可非议的。但放松不是放纵,如果教师在完成"任务"后放纵自我,不对非常态课堂教学的得失进行总结反思,不及时调整,稍不注意便会使自己的教学走向随性状态。这不但达不到提高教学质量的目的,更不利于教师的专业素养的提升。教师只有将非常态课中的成功之处移植到自己的常态课,才能进一步夯实教学基本功,促进专业发展。

案例5-3

常规课堂,教师成长的摇篮

王老师是音乐专业毕业的大学生,梦想当一名音乐教师。2006年,她报考了音乐教师岗位,被分配到一个乡镇中心校,担任三年级二班的语文教师,同时兼任三年级的音乐教学。王老师极不情愿,惶恐不安,她找到校长,说自己学的是音乐,不会教语文,安排她教全校的音乐都愿意。但学校的决定不是她

---

[1] 杨霞,李园,马丽娅.教师职业技能素养[M].南京:南京师范大学出版社,2009.

能改变得了的,校长说:"你是高中毕业考上的大学,在学校除了学习专业知识和技能培训外,还学习了必要的文化知识。相信你是能胜任语文教学工作。"

第一天上课,她走进教室,教室里一片沸腾。有的学生在高声讲话,有的学生在教室里走动,有的学生在敲东西……学生自己忙自己的,就像她不存在似的。尽管她喊了几次,"同学们,上课了",教室里还是没有安静下来。后来,还是班长站起来边敲击桌子边高声喊:"上课了!请安静!"教室里才渐渐平静下来。这节课,王老师自己也不知道自己讲了些什么,怎样走出教室的也记不清了。她十分难过、委屈,回到办公室伏在办公桌上,越想越生气,越想越伤心,以至于抽泣起来。

这时,三年级一班的李老师走进办公室,抚摸着她的肩膀,亲切地问道:"小王老师,怎么了?有什么需要帮忙的,你尽管说。"李老师的关心就像黑夜里的一点星光,让她感到了一丝温暖。她像无助的孩子突然来到母亲身边,失声哭起来。哭过之后,便把她想教音乐,学校却安排她教语文,以及她走进教室,教室又是怎样的乱,还有她不知道怎样上语文课,更害怕教不好今后学校领导和教师瞧不起自己等想法倾诉出来。李老师是有着二十多年教龄的女教师,她递给王老师一张餐巾纸,并用手温柔地捋着王老师的秀发,亲切地说:"不用难过,任教的学科与自己原来学的专业不一样的大有人在,我们学校也不是你一个。周老师是美术专业毕业的却也教语文,金老师学新闻的却教英语。语文其实很好教,主要是让学生多读、多记、多写。刚开始上课上不好是正常的,只要你肯学,过不了多久就能上好课。今后,在教学中有什么问题,我们可以互相探讨、互相学习。"接着,李老师又告诉她:"其实,你有很好的条件,年轻有活力,声音清脆明亮,又会唱歌,相信自己今后语文课一定会上得很好。"听了李老师的话,王老师的心里好受多了。

渐渐地,从纠结于教音乐却被迫教语文的情结中解脱出来,她把精力转移到语文教学上来。她一方面按照学校的要求备课、上课、批改作业,另一方面学习上语文课的方法和技巧。她从老教师那儿了解到,语文教师要上好语文课要具备两方面的条件:一是教师的自身素养,如书写能力、朗读能力、写作能力、文学素养等;二是教学基本功。王老师是一个勤奋好学、追求进步的热血青年。她对自身情况进行了分析,发现自己的语文教学技能为零,语文素养有待提高,特别是汉字书写较差,横不平、竖不直,有时笔顺也不正确。为此,她制定了自己的学习计划。

白天,王老师认真钻研教材,认真备课、上课,认真批改作业。课余,虚心向老教师学习语文教学的基本方法和技巧,如:怎样确定课文的重难点;怎样引入课题才能吸引学生注意力;怎样设计板书;当学生回答错了,怎样说才不打消他的积极性,学生回答得好该怎样鼓励;怎样布置作业,作业布置多少才恰当;怎样对学生进行朗读训练;怎样指导学生写作文;教师在课堂教学中要注意些什么等。班上出现的问题她不知道怎么解决,下课后就去请教。因为王老师的谦虚、真诚、上进,教师们毫无保留地把自己在常态课中的做法和经验告诉她。为了真正理解教师们的方法,有时在别的教师上语文课时,她悄悄地坐在教室后面听课。

每天晚上回到家里,她至少看一个小时的书,朗读一篇文章,练习写字四十分钟。学习的内容有经典的文学作品、教育教学理论丛书、教学杂志;朗读的文章主要是原来学过的优美的散文或诗歌,也有教科书中的课文。

半学期过去了,王老师上课不再紧张和不安了,范读课文变得流畅和有感情,板书也有很大的进步。在新教师汇报课上,她顺利地完成了教学任务。虽然汇报课有许多需要改进之处,但她清脆甜美的嗓音,以及流利而有感染力的范读,给学校领导和听课教师留下了深刻的印象。教师们提出的改进意见,王老师一一记录下来,并落实到自己的课堂教学中。

王老师逐步掌握了常态课的教学方法,并立足课堂,尝试着融入一些新的教学理念,采用一些新的教学方式进行教学,教学技能不断提高。2007年下半年,当地开展青年教师优质课竞赛。在教师们的鼓励下,王老师抱着锻炼自我的目的报名参加。从学校的选拔赛,到镇里的初赛,再到片区复赛,她一路过关斩将,均以第一名的成绩取得参加区里的决赛资格。

决赛的时间是2008年的5月16日,正是"5·12"汶川大地震后的第四天。她执教的课题是"十里长街送总理"。在课前谈话中,以汶川地震这引子,播放地震造成的灾难和解放军奋力抢救受灾群众的视频,提议为在地震中逝去的生命默哀,向奋战在地震灾区的解放军官兵致敬。如此为学生学习课文做了很好的情绪铺垫。接下来,王老师慢慢将话题引到正题:"在20世纪70年代,一位老人的逝世,让全国人民悲痛万分。当载着他的遗体的灵车离开长安街时,万人空巷,十里相送。是谁有这么大的魅力让人们如此悲痛?当时是怎样的一个场景?今天,就让我们走进课文《十里长街送总理》去看看这一场景,体会这种悲痛吧。"教学中,她以朗读贯穿整个课堂教学,先让学生自读课文,说说课文讲了怎样一件事。在学生对课文内容有了一个初步了解后,让学生说说对周总理的了解,说说周总理是怎样的一个人,进而引入背景资料,让总理在学生心中的形象逐渐高大起来,学生渐渐体会到那个特殊年代的人们对总理的崇敬。接着,让学生带着感情朗读课文,之后找出课文中描写场景的句子,以及描写人物感情的句子进行深入的分析,使学生进一步感受到人们沉重而悲愤的心情。后面的配乐朗读更是将学生的情绪带入长安街送别总理的情境。低回沉痛的乐曲,加上她声情并茂的朗读,不少学生抽泣起来,就连评委和后面听课的不少教师都拿出纸巾擦拭眼角。下课了,学生久久不忍离去。

比赛结束,她获得了一等奖。获奖后,她十分平静,没有像人们想象的那样兴奋。她给李老师发了一条短信,报告了这个喜讯,并向李老师表示感谢。回到学校,她对参加赛课以来的过程进行了梳理,站在新的高度审视自己的教学行为,对自己提出了更高的要求。通过这次赛课,王老师的教学水平迅速提高,获得学校领导和教师们的一致好评。2010年,她被提拔为学校德育主任。不过,她要求学校还让她教语文。她说:"语文丰富了我的思想和情感,提高了我的文学素养,课堂教学体现了我的价值,增强了我的信心,让我感到充实和快乐!"

【新思考】

我们经常看到的各种比赛课、展示课都是经过许多教师集体备课,多次打磨,经过专家多次指导形成的。这样的课为了呈现出完美的课堂效果,往往不真实,有很多表演的成分。有的教师在上课前就已经把问题抛给学生,让学生提前想好答案,更有甚者是把答案直接发给学生,让学生背下来,以展示课堂教学效果的完美。这样的课堂看起来没有瑕疵:教师的设计环环相扣,一气呵成;学生的回答妙语连珠、精彩不断。但是,却少了课堂上生成的灵动,少了生命拔节的声音,少了让人欣喜的感动。教师如果都听这样的课,就会渐渐浮躁起来,就会过于追求表面的光鲜,而静不下心来研究真实的课堂,导致各个训练点不能落到实处,使学生在课堂上学不到多少真正的东西。

教师不管是在常态课中还是在非常态课中,都应逐步建构自己的教学思想。课堂教学不需要这么多花架子,花架子也不可能支撑起教师的专业素养。如果说那些非常态的课堂是在吹气球,若不把好度,定然会有气球被吹破的一天。为此,需要教师能用平常心看待所有的课堂,特别是常态课。教师也应静下来分析班级学生的实际情况,根据自己学生的情况量身定制一套完整的教学计划。这个计划不是把课一节一节的割裂开来,而是融汇成一个整体。有了这样的整体把握,有了自己独立的思考,教学就会更加有底气,更加从容淡定,就不会人云亦云,也不会不知所措,自己也逐渐会变得有思想、有情怀。这样就能根据自己班级学生的具体情况,每节课训练一个点,并研究透彻,做到"一课一得"。时间的把握也不需要那么精准,掌握得好就可以早一点结束训练,给学生留下更多拓展的时间和空间。如果很多学生理解起来都比较吃力,就可以多训练一节课。这样的课堂是张弛有度的课堂,是充满人性关怀的课堂,是真正让学生得到提升的课堂。虽然没有公开课、优质课那么精彩,但老师和学生可以静下心来踏踏实实把每个训练点落到实处,让学生真真实实地成长。这样真实扎实的训练,经过长期积累,学生的基础知识、思辨水平、表达能力都会得到发展。教师只有经常观摩并研究有经验教师的常态课,进行解剖麻雀似的认知,学习和借鉴他们常态课中教学内容的选择和处理、课堂生成的处理和调控、"双主"落实的艺术、训练的切入点等,才能不断吸取原汁原味的养分,增加自己课堂的内涵,让自己能实实在在地得到成长和发展。

常态课中努力,是教师从教后一段时间内应该确立的方向。教师应该明白非常态中有很多不真实的东西,须理智判断。对那种倾尽一切占优势的非常态课的追求,必须谨慎对待。对于新教师而言,或许经历一段时间的常态课的磨炼,便会要求上汇报课。一时因为课堂情境的变化,让心境不适是可以理解的。但是,新教师更应该明白不适的原因,找到努力的方向。常态课高质量,是我们教师追求的永恒主题。在常态课中学习和提高教学技巧,是每一个新教师应该努力的方向。在常态课中实践前瞻的教育理念,学习和运用现代信息技术,以改变传统的教育模式,唯有如此,才会让自我专业素养因长久修炼,于无形中得到提升。

在专业素养发展和提升的过程中,只有拒绝各种虚假的行为,才可能真正促进理想层级的达成。在教学实践中,由常态课进入非常态课,虽然存在着合理性和必要性。但新教师必须要有清楚的认识,非常态课只是对常态课的一次检阅,是对前期修炼的总结。倘若前期不作为,在非常态的课堂中绝对难以取得满意效果。如果常态课都难以驾驭而进入非常态课,造成巨大的心理落差是再正常不过的。正常的发展应该是,首先提高常态课的教学质量,掌握常态课的基本方法和技巧,再走向非常态课的讲台。通过非常态课检阅在常态课中形成的能力素养,发现存在的不足,以便在后续的实践中加以改进、弥补。通过上非常态课促进专业化提升,必须拒绝浮躁和虚假,避免过激行为。非常态课中对情境产生强烈地关注,或者对情境不屑一顾,都是不成熟的表现。

## 【行动指南】

教师应懂得,通过常规课堂教学,依然能赢得教师尊严。教师应该树立一种正确的素养观,充分认识到常态课对自我专业提升与尊严之间的关系。当然,一位教师专业素养提升包含着价值体现,通过教学往往能产生一种属于教师才有的尊严。让自我在常态课中有尊严存在,而不是凭借非常态课让自我教学公开化后产生尊严,唯有如此,其内心才不易浮躁。当然,这里涉及教师自我对课堂情境的认识,在常态课中唯有对提供的套餐、大餐质量有保证,才可能因此让自我不断强大,以保证自我专业化素养持续提升。这实则是课堂由常态课进入非常态课之后,又进入一种新常态,在原有的基础上继续提升。

**1. 认清自我,制定行动目标**

认清自我,往往最难。作为一个新入职的年轻教师来说,一定要有直面自己的勇气。要在自己内心平静的时候,认真地剖析一下自己,对自己各方面的情况有一个清晰的认识,从而明确自己努力的方向,要知道自己愿意成为一个怎样的教师。

最好在自己的头脑中描绘出一个理想的形象,越清晰越好,而后通过一点点的努力,让自己和理想中的自己越来越接近。为了尽快达成自己的目标,最好有一个明确的职业规划,把自己的长期目标、中期目标、近期目标留存心间,并告诉自己一定能做到。除了给自己进行积极的心理暗示以外,同时要清楚达到目标必须苦练哪些基本功,并能持之以恒地坚持。俗话说得好:"台上一分钟,台下十年功。"等自己的功力达到后,自己也就成为理想中的自己。

教师都需要对自我的优势和劣势有较为全面的认识,对自己需要苦练的基本功了然于胸,知道自己每天要干什么,然后在常态课中创造性地实践。对于各种前瞻性的观点,要认真分析,全面审视,批判性地吸收,不人云亦云。否则,就会感到无所适从。要根据班级学生的情况,脚踏实地地开展教学活动,并且在教学中不断反思、不断改进。同时,主动地向优秀教师取经,多交流、多反思、多更新。只有在常态课中坚持实践,才会逐渐形成自己的教学思想、教学主张和教学风格。

**2. 向他人学习,掌握教学技能**

"三人行,必有我师焉。"作为专业层级较低的新教师,教学经验缺乏,一切都要从头学起。新教师须向身边有经验的教师学习。为了学习的效果更好,一定要用心观察、静心思考,了解身边老教师身上都有哪些优点值得自己学习。只要平时多留意,通过观察可能你会发现张老师的工作效率特别高,李老师很善于调动学生的学习积极性,王老师的语言特别美,秦老师的教学方式很灵活……原来,身边的每一位同事都是自己的教师,他们每天都在用行动给你上着一堂堂生动的课。当然,你身边的同事并不是只有优点而没有缺点,要"择其善者而从之,其不善者而改之"。了解身边的同事,是为了更好地向他们学习,从而就能更好地提高自己。深入他们的常态课,有针对性地学习,更利于加快自己前进的步伐。

通过学习他人,常态课能濡养从容淡定的性情。如对于一个知识点,教师可以在借鉴中把它讲实讲透,不会因为时间不够而浅尝辄止、蜻蜓点水,也不会因为担心自己讲得不好影响教学效果而不敢畅所欲言。新教师应多到优秀教师的常态课中接受熏陶,才不会滋生浮躁、焦虑的情绪,同时才会像他们那样潜心教学,心平气和地享受课堂所赋予的快乐。

**3.勇于创新,提高教学水平**

青出于蓝而胜于蓝。作为一名新教师,精力充沛,观念新潮,满腔热情,是学校的新鲜血液。要相信自己一定能开拓出一片属于自己的天地。要干出特色,成就一番事业,一定不能只满足于从老教师那儿学到的教学方法。要在他们的基础上,结合自己所学的知识,走出一条属于自己的路来,形成自己的教学风格。问渠那得清如许,为有源头活水来。在工作之余,一定要不断学习,不断充实自己,让自己的教学理念和教学方法常用常新。要知晓最新的教育资讯,了解最前沿的教学动态,不断消化吸收,并介绍给身边的同事。在教学过程中,大胆引进一些科学的教学方法,让课堂永远充满吸引力。同时,勤于笔耕,把自己的教学心得、教学感悟写下来,并尽量提升学术素养以达到发表水平。这样,在继承的基础上大胆创新,坚守自己的信念,坚持自己的理想,成功定会早早而来。

**我们应谨记**:常态课多是不平凡的起点。新教师只有睿智地看待常态课,聪明地相伴行动,才可能不被常态课似的大海淹没。磨炼意志,同时锻炼自我水性,才能成为常态课的真正水手。

## 22. 公开课中学 增加露脸机会

谈公开课，须先与大家一块交流与之相关的欲望和冲动。认清与公开课相关的一些欲望与冲动，再看清与公开课相关的一些特征，而后教师更能把握住自我的行为动机。课堂中产生的欲望，不外乎体现在两个方面：一个是保护自我，另一个是挑战自我。通过课堂保护自我，给予职场的安全感，是出于一种本能的体验；通过课堂挑战自我，给予自我职场的价值感，是一种高峰体验。对于教师而言，谈公开课堂里存在的欲望和冲动，是对教师行为目的的了解，更能看清本真。其实，行为目的表现方式有三种：一是随性，二是积极，三是消极。能够准确地把握住行为表现方式，便能看到一个教师的行为态度，而后分析出他的行动目的。相对于公开课而言，不管是新教师还是老教师，原始欲望与冲动几乎差不多，皆因职场生存环境系统不同，以及教师个性化素养表现方式不同，方才生成各不相同的欲望与冲动和相关联结果。

公开课是一种有别于常态课的课型，年轻教师对公开课的认识，不如先问问自我的欲望和冲动。如果说常态课中的欲望具有隐性特征，教师日复一日按部就班地推进着教学，不需要去追问有什么欲望。然而，公开课由于特殊的公开的授课方式，每一个授课教师的欲望几乎是可以公之于众的。新教师来到一所学校，会被要求上公开课，而很多教师被动地接受上公开课，其欲望的体现更多的是一种职场的自我保护，为了给予职场安全感而努力。保护职场安全，而后行动的强烈程度，随之便会在具体的课前准备、课堂生成和课后评价中表现出来，有些教师表现出被迫地积极应对或者被迫地消极应对，还有些教师表现出主动地积极应对或者主动地消极应对。新教师的欲望目的主要体现于职场安全性，很少有出于挑战自我专业素养，找到课堂带给的高峰体验的欲望。谈欲望与冲动，为的是能产生一个很好的结果。为此还有必要与教师一块分析"我的公开课"和"我与公开课"之间的关系。每一个新教师差不多都要上公开课，最终因为各种目的而走进公开课。自然，这一非常态的课便定格在那一特殊的时间段里，最后锁定成"我的公开课"。既然要上公开课，就应该提前主动做好上公开课的准备。对于新教师而言上公开课可能是被动的，但可以变被动为主动。思维上变主动，积极做好准备，"我的公开课"的效果定能满足公开课的基本欲望的需要，甚至是带给自己高峰体验。

**原规则**：公开课是新教师的曝光台，也是T台秀的地方。若错过机会，只有通过多倍的努力，方才树立自我形象。

人们在通过公开课寻求专业提升的过程中，必须面对两大阻碍：一种阻碍来自形式；一种阻碍来自教师自我。在通常情况下，科学的教育理念用来抵御形式的阻碍，专业素养的提升用来抵御教师自我的阻碍。公开课的形式需要与常态课进行对比，才可能真正认识它背后的信息。公开课的形式是开放的，它与常态课的不同就在于因公开而具有开放的特征。相反，常态课因其形式的特殊具有封闭的特征。严格说来，课堂是教师与学生之间的对话，不存在绝对的封闭。常态课的封闭特征主要体现于课堂信息不对外公开化，只是在固定的授课时间、地点和授课对象之间进行交流。公开课的开放特征主要反映在一是授课时间、地点和授课对象的特定化，再是课堂信息已经超越常态课的三维空间，在一个更大的范围内交流与对话。教师的专业发展，必须打破封闭走向开放化，对于每一个新教师而言，打破封闭而走向开放的授课形式，需要弄清两种课型之间封闭和开放的内涵，增添自我常识性的认知，掂出"我的公开课"应有的分量。

了解公开课的特征及权威性，人们更应该明白科学的教育理念，才可能抵御形式的阻碍。公开课绝对不是一群人坐在一起随便听一个教师在一个特设的地方给学生上课。因为代表着权威的检阅，公开课需将权威的要求呈现出来。包括解决当前教育教学困惑的新理念的运用，包括科学地执行教材课程的要求，包括教师课堂教学艺术与智慧的需求等，全都具有权威性和严肃性。为此，每一个教师在接受公开课任务，进行公开课教学的前期，特别需要对权威要求认真解读，特别是对近期推崇的教育理念的运用，以及对最前瞻的现代教育技术的巧妙设计等，都应该是大家提前去理解、接纳、实践和掌握的内容，这才能在权威面前体现尊重。除了科学的理念以解决公开课形式带来的困局，更应以全面提升专业素养为基础，抵御源于教师自我的阻碍，尽早对公开课需要展示的教学内容、教学方法和教学技能做足准备，提前将公开课中设想出来的困惑像移除一座大山那样，将公开课中因为自我专业素养因素形成的阻碍降低到最低程度。如果我们新教师在公开课的准备前，不能将因形式体现出的两个阻碍予以解决，会影响公开课的效果，从而影响到自我的职场安全和专业发展。

## 【现象纪实】

新手来到一所学校,往往会借助公开课露第一次脸,公开课也会成为新教师的试金石。无数的新教师对公开课的认识是不足的,甚至存在着惶恐。面对公开课,至少发现三种应对的方式:一是试图打破僵局型,因害怕上公开课,怕出丑,为此学着老教师的课、名师的课而画葫芦,大有"抄课"的嫌疑;二是"初生牛犊不怕虎"型,乐于运用新理念,敢于运用新技术,力争把课做得"有声有色",只不过给人留下形式过多华而不实的感受;三是集约型,能紧抓"公开课"的平台,通过备课、磨课的过程,集他人的优势智力展示风采。如此的应对方式,结果如何呢?有的人在哭,有的人却在笑。

教师得区分公开课与常态课的不同。公开课指的是有教师同行参与观摩的课,而按照学校计划仅仅面对学生所进行的教学称为常态课。[①]在公开课中,学生会潜意识地收敛自己开小差等行为。而在常态课中,课堂管理是教师课堂行为非常重要的一方面。公开课的教学主题是可以自主选择的,可以是教师擅长的、能凸显课堂艺术的学习主题。但在常态课上,教师擅长不擅长的、喜欢不喜欢的都得教,很少有选择的余地。公开课具有一定的表演性,为体现理想追求和展示高素养,上公开课的教师总是要把自己最美好的一面展示出来。

大部分新教师在面对公开课的任务前,总会感到迷茫、紧张,无所适从,多像无头苍蝇,四处摸索,并总是碰壁。在摸索中,他们总在意教学设计却发现无可靠理念支撑且思路混乱;在意上课细节却不知从何抓起;想表现自身特长但感觉自我一无是处……有的时候,越是自己很在意的地方,越是容易出错;有的时候,紧张得连自己的两只手放在哪里合适都不知道。

但新教师应明白,许多优秀教师都是通过公开课脱颖而出的。新教师应勇于面对自我素养的不足,努力迎接公开课的挑战。也许最初难以达成期望值,其实就算情况再糟糕也没关系,只要永不言败,勇于接受挑战,定会化压力为动力。

案例5-4

### 厚积薄发,华丽变身

张老师是一个热爱生活、热爱工作、热爱学习的青年女教师,2005年被分配到一所偏僻的农村小学校任教。当张老师来到她任教的学校时,被眼前的景象惊讶到了:矮小的木屋,破烂的桌椅,凹凸不平的操场,唯有学校的红旗和

---

[①] 陈昊. 公开课中教师表演的质性研究[D]. 重庆:西南大学,2014.

校门口的几棵松树在微风的吹拂下显出一丝生机。这对于满怀激情又充满期待的张老师来说,如同晴天霹雳,心情顿时跌落谷底。令人欣慰的是,张老师并没有被眼前的困境击退,而是开始把自己青春的热情挥洒在这所偏僻的农村小学校。

2010年3月,张老师遇到了人生的一个契机。2010年,举行全区语文青年教师大赛。通知下发到学校,其他同科教师都嫌太麻烦,而张老师主动请求到中心校参加第一轮学校的初赛。张教师说,她其实心里没有底,欣然接下这个任务只是觉得这个机会太难得了,不想错过。因为没有底气,所以准备得尤其卖力。那时,张老师没有电脑,不能在网上摄取信息,只能借助教学参考书、教本和平时视若珍宝的《今日教育》杂志,找到相关的信息作为理念支撑和设计参考。由于没经验,准备工作变得纷繁而复杂。张老师白天趁其他教师有空的时候,主动向他们请教并做好记录。下班后,对老教师给出的意见进行梳理,细心揣摩,认真拿捏,生怕有一丝一毫的问题。备课时,不断修改教案,精炼语言,设置互动,体现亮点。经过一周时间努力,终于设计出了自己比较满意的教案来。于是,在学校先试上了一次。试上效果与预设相差甚远,同事们纷纷提出意见。然而,张老师并没有放弃,知不足而后勇,结合同事给出的意见,对原来的预设果断作了调整,并再次试上。这一次,同事们肯定了她的进步,同时也指出课堂中还存在的一些问题。张老师又作了一次修改。

比赛那天,课堂上张老师因充分预设而胸有成竹,其精心的设计和过硬的教学基本功,折服了听课的教师和评委们。张老师在此次比赛中,以无可争议的第一名获得继续参加区里比赛的资格。继续参赛的准备工作又紧锣密鼓地开始了,张老师根据听课教师的建议,结合自己的认识,再次对教学设计作了修改,然后再次试上。如此反反复复,终于在无比"煎熬"的过程中,迎来了区里的比赛。张老师在区里的比赛中,再次得到了一等奖。经过这次公开课的历练,张老师知道了一节好课付出的艰辛,也知道学无止境的道理。因为此次公开课出色的表现,学校领导和教师对张老师刮目相看,她华丽变身。这以后,张老师也通过自己的努力和出色表现,获得了"区级优秀教师"的称号,并通过公选顺利调到一所区里的直属小学任教。

【新思考】

新手上路,虽然活力四射、知识丰富、思维活跃、谦虚好学、热爱工作,然而,多因教学经验不足,教学效果往往不尽人意,很难在短时间得到学校领导和同事甚至家长学生的认可。如何打破这种尴尬局面?如何让自己的专业素养得到更快更好的发展？如何展示自己的教育教学水平,体现自己驾驭课堂的能力,获得别人的认可？

在公开课中学,增加露脸机会,这早已是被很多教师践行确证可行的一条路子。虽然很多教师都有公开课情结,但更应该理解它是教师行为与学术自由综合体现。作为专业素养处于初始层级的教师,无从提及其教育学术思想在公开课中展露,更多是将权威者的主张加以理解、吸纳和运用。这一阶段严格说来还是一个无自我教学主张的阶段,整个行为并不是自由的体现,整个课堂多会因随意行为而降低教学效果。但这是教师迈向成功的初级阶段,吸纳权威理念是推进进步的体现,这里带有强制性。新教师由于自我理念体系建构还在初期,不能随性地自作主张,搞得不好便会让公开课充满冒险性。对于公开课里渗透学术思想,虽可作为新教师专业素养提升的奋斗目标,但切忌操之过急。

"我与公开课"之间关系的认识,目的在于让自我保持着清醒。公开课不只是存在着欲望与冲动,这里还存在着利益与生存之争。公开课的体现方式非常多,不管是何种授课方式,授课的人作为特殊的主体存在,很可能有人会说公开课的主体还有学生。其实,只要考虑利益与生存关系,学生这一主体的利益几乎可以忽略不计。一堂公开课,不管是汇报课、优质课,还是观摩课,授课者都会是以特殊的身份出现。正因为身份特殊,才会被权威认定为授课者。对于新教师而言,第一次公开课往往会是汇报课。权威者的目的其实非常明确,主要是通过公开课这一形式,对新教师的教学基本素养进行一次摸底。但对一位新教师而言,实则是给予权威的初始印象。很多年轻教师因为自身的心理素养和专业素养的不成熟,会有一种常态课被迫推置前台的感觉。授课的结果虽然不存在着直接的物质利益,但可能会对一个新教师的终身发展产生影响。当然,这里并不需要对新教师的汇报课的影响作扩大化,后期的努力往往能对前期的专业素养有提升,但是不能低估公开课。

公开课需要教师用强大的专业素养和心理素养作支撑。由于其开放的特征,难以使具体的课堂教育教学达到一个满意的效果。但对于新教师而言,绝对需要在一个更开放的环境中得到磨炼,才可能快速地成熟与成长。公开课通常目的出于教师自我发展,全面提升自我专业素养与心理素养,从而改善职场生存环境。只是每一个新教师应该知道公开课执行效果会以最现实的状态呈现,结果可能会是毫不留情地给予打击让后期的发展雪上加霜,或者是合不拢嘴地表扬相伴马太效应的利益。我们应明白公开课体现出的残酷,是为什么每一个新教师必须认真对待的原因。

对普通教师而言,上公开课的机会是不会太多的。对于一个新教师而言,每一次公开课都有着它特殊的意义。把握机会,是每一个新教师智慧的体现。为了更好地展露自我,对公开课背后信息了解越多越好。如对授课标准的制定权、解读权知晓,对授课效果的评判权、引领权了解。积极争取公开课的机会,新教师应敢于接受挑战,能对权威标准有效拿捏,能对同事的帮助及时吸纳,才可能遇险而逾越,遇到困难有效化解。

【行动指南】

一位教育家说过:"教师的定律就是你一旦今日停止成长,明天你就将停止教学。"[①]身为教师,尤其是专业素养处于初始层级的教师,在公开课中学,非常重要。尽管前路十分艰辛,生涩蜕变并非易事,有效的方法是促进专业素养提速的基本前提。

**1. 观摩公开课,学习有法**

观摩公开课并对其进行反思,是提高教学水平的一种重要途径。然而,很多人认为公开课虽然精彩,但其教学形式和教学方法很难用到自己的课堂上来。究其原因,往往是片面模拟其"形",而忽视其"神"。

新教师向公开课学习,应透过精彩的教学活动,深入分析其中体现的教育理念,灵活掌握其教学方法,积极批判性反思。首先,深入学习公开课上所传递的教育新理念。公开课中教学行为,近乎都有着特定教育理念的支撑。如公开课的小组合作环节,我们不仅要审视"小组合作"形式,更要深入内在实质观察引导方式,学习其突破难点的技法。其次,批判性学习公开课呈现的先进方法。教无定法,任何一种教学方法都与特定的教学情境相关,对公开课的教学方式方法不可盲目照搬到自己课堂,应结合自己所教的内容、学生特点及具体学情合理借鉴。向"公开课"学习,切忌"照猫画虎",只有透过教学活动现象,抓住精髓所在,融入自我教学实践才能有所收获。

**2. 参与公开课,有效磨课**

赞可夫说:"没有个人的思考,没有对自己经验的总结,没有对自己经验寻根究底的精神,要提高教学水平是不可思议的。"[②]我们积极参与公开课,只有经历磨课,专业素养才可能得以快速提升。

公开课前,应努力做好知识储备工作。准备工作可以分四个阶段完成,即海选、吸收、精选、创新。抓好海选工作很重要,主要工作是围绕课题搜索相关信息。如查阅课题相关的教案、课件等资料,浏览后根据将授的课和自我特色

---

[①] 孙自慎. 新课标下如何上好一堂语文课[J]. 现代教育科学:中学教师,2012(8):88.
[②] 张先华. 教育思想的革命[M]. 北京:北京大学出版社,2005.

取其精华,"拿来"为我所用。别人的例子不能照搬,主要是对其教学思想和先进主张借鉴,在继承的基础上创新。

备课时建议做到事无巨细,能围绕"目标、学生、环节、听众"四个点做详案。教学目标影响着教学策略的选择及教学的深广度等,它是教学活动的灵魂,制约着教学活动的全过程。[①]教学目标应根据课程标准、教材内容的分析及学生学情的分析找出教学的主攻方向,制定一节课的教学内容、重点难点、学习层次水平。明晰的教学目标,合理的教学方法,清晰的教学环节,课堂才会亮点纷呈,预约精彩才会环环相生。

无论课前预设教案多么充分,都不如试讲一次获得经验来得直接和丰富,让解决新冲突时更有针对性。应知晓,磨课环节是专业素养得到提升的关键时间。备课后一定要反复试讲磨课,听取优秀教师建议后及时反思、改进教学方案。上好公开课,其间有很多讲究,应多方准备。如着装,应尽可能穿职业装,大方得体,干净整洁。克服紧张情绪,可以抱着学习研究心态,抱着展示心态来,以"我能行"的心态来应对将要登临的课堂。

公开课的收获不只是课堂生成,还应有在其结束后下的苦功。如揣摩磨课得失改进和课堂生成技巧。写反思时,应记下生成的经典细节,记下"败笔"之处,记下教学中机智处理问题的方法,记下同事见解等。课后反思,贵在及时,贵在坚持,聚沙成塔。

**3.凭借公开课,"露脸有方"**

一出戏,要演好序幕;一部乐章,要奏好序曲。"良好的开始是成功的一半"。因此,在刚刚参加工作的初期,新教师一定要通过自己的努力,争取"露脸"的机会,力求给学生和同行一个美好的印象,从而为自己以后教学乃至个人的发展创造良好的条件。

新教师应抓好"首因效应"。凭借第一堂公开课,打好职场生涯"第一仗","露脸"成功至关重要。如何上好公开课,前面已作详细说明,这里不再赘述。机会留给有准备的人,作为职场的新人,一定要在平时的教学中用心储备专业素养和专业能力,不断反思,改进教学,促进自己进步,才能顺利抓住"露脸机会"。磨课阶段,珍视同行交流机会,虚心学习,取长补短。听取意见时,不要仅仅是听着,应详细地记录,而后慢慢琢磨,能吸收的吸收,能改进的改进,将试讲中存在的问题改掉!如此,新教师的教学能力才会快速进步,公开课上才会以自我最完美姿态展示风采。

腹有诗书气自华。一个满腹经纶的人,站在讲台上就是一道亮丽的风景。"露脸"之前,别忘记海量阅读以丰富学识,方才可提升自我专业素养和专业能

---

[①]李保强.教学目标体系建构的理论反思[J].教育研究,2007(11):53-57.

力。机会总是垂青于有准备之人。一旦"露脸"机会来时,才会拽住,厚积薄发,关键时刻发挥举足轻重的作用,使自我专业素养快速跨越到新高度。

新教师应明白,公开课具有区域性特征,知晓它存在的价值和功能。其区域性代表着集体理念的实践与推广,代表着区域内权威的意志和执行。我们每一个教师均属于某一区域内的成员,上公开课实则代表着区域内的意志体现。为此,新教师应把公开课理解成责任与担当,必须在个人意识上得以重视,努力地借此助我施展才华。为此,需要自我阳光般心态面对它,有追逐卓越素养的决心,有勇立潮头的信心。

我们应谨记:公开课像一顶花轿,拥有上轿的勇气,才会与课堂结缘。

# 主要参考文献

## 一、著作

[1]纲目.全面突破用人界限:用人要疑 疑人要用[M].北京:中国纺织出版社,2002.

[2]王克明.治校方略录[M].兰州:兰州大学出版社,2001.

[3]孟万金.职业规划:自我实现的教育生涯[M].上海:华东师范大学出版社,2004.

[4]鲁子问,靖国平.新教师成长中的困惑与解读[M].沈阳:东北师范大学出版社,2011.

[5]王小平,夏惠贤.个别化教师专业发展研究[M].上海:上海教育出版社,2006.

[6]蒙佐德.青年教师专业成长论[M].成都:电子科技大学出版社,2014.

[7]庞夕同.哈佛销售课[M].武汉:华中科技大学出版社,2012.

[8]党书国.海尔管理模式全集[M].武汉:武汉大学出版社,2006.

[9]张万祥.一句话改变人生:400位优秀教师的智慧感悟[M].南京:江苏教育出版社,2006.

[10]湖北省语言文字工作委员会.语言文字规范简明读本[M].武汉:武汉大学出版社,2002.

[11]崔允漷.课堂观察:走向专业的听评课[M].上海:华东师范大学,2008.

[12]沈建祥.观课、议课问题诊断与解决 小学数学[M].沈阳:东北师范大学出版社,2010.

[13](英)伯特兰·罗素(Bertrand Russell)著.自由之路:插图本[M].北京:文化艺术出版社,2005.

[14]王德清.学校管理学[M].成都:四川大学出版社,2005.

[15]杨霞,李园,马丽娅.教师职业技能素养[M].南京:南京师范大学出版社,2009.

[16]张先华.教育思想的革命[M].北京:北京大学出版社,2005.

[17]钟发全.走出困局做幸福教师[M].天津:天津教育出版社,2012.5.

[18]钟发全.锁定15年做一名出色教师[M].天津:天津教育出版社,2013.3.

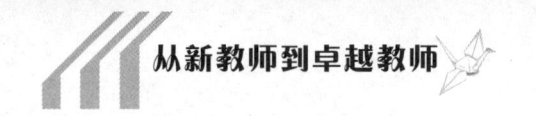

## 二、期刊

[1]罗鸿.高校师生人际关系由"紧张"走向"和谐"的思考[J].青年与社会,2014(2):177-178.

[2]李佳.职场"司马他"语录[J].秘书之友,2010(7):19.

[3]马安利.成功教育的思考[J].青年与社会,2014(15):165.

[4]卿素兰.关于中小学专家型教师培养若干问题的思考[J].小学时代(教育研究),2010(5):6-8.

[5]周如俊.新教师如何进行职业生涯规划[J].教书育人,2008(29):24-25.

[6]孙丽丽.一心系一境[J].中国职工教育,2017(23):53.

[7]钟发全.造就卓越的不是"短板"[J].教育实践与研究,2010(7):24-25.

[8]戴岳,易连云.论大学德育中道德批判力的缺失[J].教育学报,2008(1):41-46.

[9]梁红京.论教师评价中的区分评价[J].教育科学,2003,19(6):31-34.

[10]于晓波,李臣之.基于学生"学"视角的教师课堂教学自我评价[J].教育理论与实践,2014,34(35):44-46.

[11]刘中琼.突破教师专业成长的几个瓶颈[J].继续教育研究,2014(6):59-60.

[12]黄白.教师专业发展的起步:美国新教师入职教育[J].河池学院学报,2006,26(5).

[13]段伟.教师的课堂期望值不同对学生学习成绩的影响[J].课程教育研究,2012(16):26.

[14]刘文,张宏伙.巧设阶梯式问题 突破课堂难点教学[J].中学课程辅导:(教学研究),2013(4):86.

[15]钟发全.试论语文教学观念从"非本体"到"本体"的转变[J].教师教育论坛,2015,28(12):47-49.

[16]吴忠豪.本体性和非本体性教学内容——关于语文教学内容的选择[J].新教师,2014(2):18-20.

[17]张忠华.论提高课堂教学效率的策略[J].教学研究,2001,24(1):19-20.

[18]辛晓岚.先学后教与有效初中英语教学[J].海峡科学,2014(5):90-92.

## 三、学位论文

[1]赵大莉.中学教师入职培训研究——以郑州Z中学为例[D].新乡:河南师范大学,2017.

[2]邢琴琴.新课程背景下反思性教学问题探析[D].芜湖:安徽师范大学,2007.

[3]刘倩.新课改背景下中学历史教师教学基本功研究[D].扬州:扬州大学,2014.

[4]李艳.试论情感、意志在人的活动中的作用[D].贵阳:贵州师范大学,2008.

[5]林琳.发展性教师教学评价体系的建构与实施[D].福州:福建师范大学,2005.

[6]王春红.语文教学中的宽容教育探索[D].济南:山东师范大学,2009.

[7]余凰.小学教师时间管理问题及对策研究[D].长沙:湖南大学,2016.

[8]周征寰.论高中古典诗歌教学目标的有效预设与生成[D].苏州:苏州大学,2011.

[9]刘本娜.运用多媒体技术突破化学教学难点研究[D].济南:山东师范大学,2007.

[10]徐章韬.师范生面向教学的数学知识之研究——基于数学发生发展的视角[D].上海:华东师范大学,2009.

[11]蒋运萍.生成性教学理念下教师教学行为的研究[D].新乡:河南师范大学,2015.

[12]陈昊.公开课中教师表演的质性研究[D].重庆:西南大学,2014.

# 后 记

完成一本书稿，对自己而言是一个交代。对读者而言，又能留下什么呢？

说真话，完成这本书稿，我无时不在经历着阵痛。书稿内容表面上看主要是围绕"教什么""怎么教""学什么""怎么学"来谈专业修炼，实则需要哲学、教育心理学、社会学、美学等学科知识的融合，才能真正地给教师以引领，因为一个人的发展不只有课堂教学那么简单。整个完成的过程，实则是对自我学识的一次检验。书稿涉及的内容，有一个遗憾不得不提及，因为本人视野受限，其中涉及的教育教学案例，很多是从朋友那里讨教得来再进行编撰，多数是语文教育教学方面的。没有办法，一个人视野关注的尽是他所熟悉的人和事物，要不就只能是自欺欺人。为了体现真实性，我再没有针对案例做太多粉饰。为此，只求每一位读者朋友谅解。

书稿搁笔之际，请让我真诚地道一声"谢谢"。感谢多年来对我关照的领导和朋友，并没有因为我的不合群而抛弃我；感谢我见过面或不曾谋面的良师益友，没有他们多年来的悉心帮助和理解，我定然走不到今天；感谢西南师范大学出版社郑持军老师，他无微不至的关心与指点，才促成此书的顺利出版；感谢责任编辑陈才华老师，是她的智力支持，才得以使本书化腐朽为神奇。

我是一个思想大过文字的人，再次感谢曾给予本书润笔而付出辛劳的每一个人。完成此书稿后，我大脑又透支了，日不出门，还搞出一些小毛病来。外面是艳阳高照，我也打算走出书斋，去疯一把，找回我失去的快乐。

最后，还得有一点交代。此书稿很多观点出于书斋，多还不成熟，希望读者朋友多担待。

钟发全<br>2019年6月9日